安全保障のポイントがよくわかる本

「安全」と「脅威」のメカニズム

編著◆Security Studies Group, National Defense Academy
防衛大学校安全保障学研究会
責任編集◆Takeda Yasuhiro
武田康裕

亜紀書房

安全保障のポイントがよくわかる本

安全保障のポイントがよくわかる本▼目次

第4章 何で安全を担保するのか ▼207

手段

岩田修一郎

第5章

どのように安全を担保するのか

武田康裕
Takeda Yasuhiro

序論

本書の狙いと特徴

1 平和と安全に関する日本国民の意識変化

二〇〇六年七月五日未明、北朝鮮が発射した七発の弾道ミサイルが日本海に着弾した。そのうちの一発は米国本土に到達可能な長距離弾道ミサイル「テポドン二号」であった。残る六発は、日本全土を射程に収める中距離弾道ミサイル「ノドン」と西日本を射程に収める「新型スカッド」（射程六〇〇〜一〇〇〇キロ）などであった。さらに同年一〇月、北朝鮮は、国際社会の警告を無視して地下核実験を強行した。

日本テレビが実施した緊急世論調査によれば、ミサイル発射後に「日本が北朝鮮から実際に攻撃される脅威を感じる」と答えた割合は六〇％、核実験後に「危害を加えられる脅威を感じる」は七六％にのぼった。また、核実験後に朝日新聞が実施した世論調査によれば、国際社会は「対話と制裁のどちらを重視すべきか」との問いに対し、「制裁」を支持する意見が六二％で「対話」を支持する二六％を大きく上回った。一時的にせよ日本人の危機感が否応なしに高まったことは間違いない。

従来、日本人の安全保障や危機管理に対する意識は、諸外国の人々と比べて希薄であるといわれてきた。こうした通念が、北朝鮮の核実験によって完全に払拭されたとは思えないが、二一世紀に入り、日本人の危機意識が確実に高まっている証拠は他にもある。

内閣府が実施した世論調査によれば、「日本が戦争に巻き込まれる危険性があると思うか」との問いに対して、一九六九年の調査開始以来、「危険がある」と「危険がないことはない」と答えた者の割合は、それぞれ一〇〜三〇％台で増減を繰り返していた。しかし、二〇〇〇年の調査以降、「危険がある」および「危険がないことはない」と答えた者の割合が急増し、二〇〇三年の調査では、「危険がある」（四三・二％）と「危険がないことはない」（三六・八％）を合わせた割合は八〇％に達した。二〇〇六年二月の調査では、七八％に微減したものの、「危険がある」と答えた者は四五％に達し過去最高を記録した。

二〇〇六年一〇月の核実験後に同様の調査が行われていれば、より多くの人々が危険を訴えていたであろう。

　日本人の危機意識を高めた原因が、一九九八年のミサイル発射実験以降、能登半島沖不審船事件（一九九九年）から最近の核兵器開発と続く一連の北朝鮮の動向、そして二〇〇一年九月一一日の米国同時多発テロ以降の国際テロリズムの活動にあることは想像に難くない。実際、二〇〇六年二月の調査において、「日本の平和と安全の面から関心のある問題」として、「朝鮮半島情勢」を挙げた者の割合が六三・七%と最も高く、以下「国際テロ組織の活動」（四六・二%）、「中国の軍事力の近代化や海洋における活動」（三六・三%）、「大量破壊兵器やミサイルなどに関する軍備管理・軍縮分野」（二九・六%）と続いた。

　こうした日本を取り巻く安全保障環境の悪化は、確実に日本人の危機感の高まりに反映されている。しかし、それが必ずしも平和と安全に対する不安に直結してはおらず、最近の日本人の安全保障認識の複雑さを示す興味深いデータがもうひとつここにある［**図表A**］。

図表A◆世論調査「現在日本は平和で安全だと思いますか」

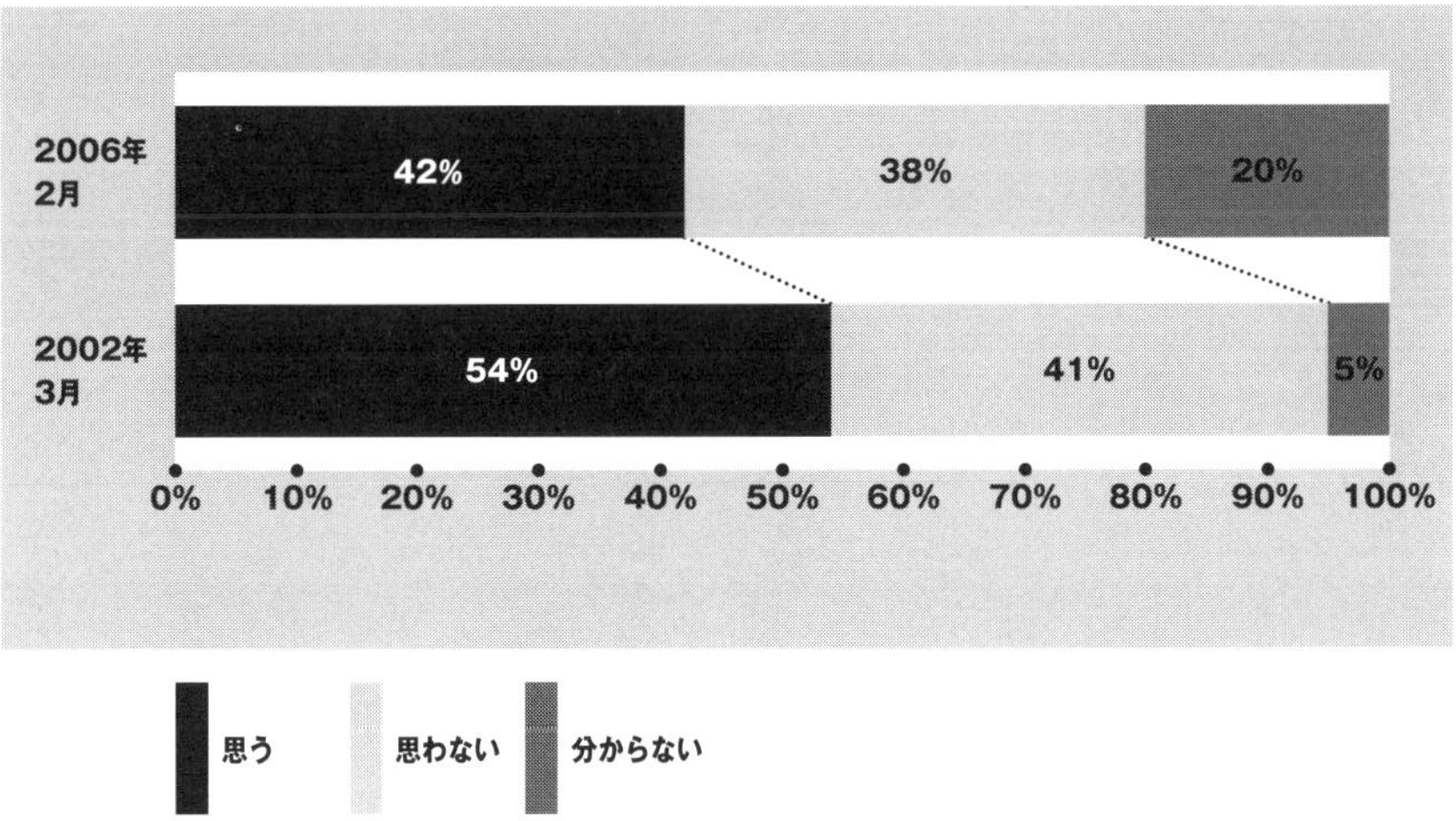

出典：外務省「日米安全保障体制に関する意識調査」［2006年2月10日～13日実施］
「安全保障に関する意識調査」［2002年3月7日～10日実施］より。

外務省が委託した世論調査によれば、「現在日本は平和で安全だと思いますか」との問いに対して、「思う」答えた者の割合は、二〇〇二年三月の五四％から二〇〇六年二月の四二％へと一二％も減少した。しかし、不思議なことに、「思わない」と答えた者の割合も四一％から三八％へと僅かながら減少しているのである。つまり、この四年間で、日本の平和と安全に対する信頼は確実に低下したものの、直ちにそれが深刻な危機感に転じたわけでもなかった。

むしろこの調査で注目すべき点は、「わからない」という回答が五％から二〇％へと一五％も増加したことにある。安全保障は、常に国民の大多数が多大な関心を寄せる重要な課題でありながら、何がどう問題なのかを的確に把握するのがきわめて難しい問題でもある。それだけに、「わからない」という慎重な見解は、複雑な現実を安易に単純化してしまうよりは健全な態度といえるかもしれない。しかし、安全保障問題につきまとうとらえどころのなさが、潜在的な危険を見過ごすことを助長したり、反対に、漠然とした不安感を常に煽るようなことがあってはならないだろう。

本書を上梓する狙いは、われわれの身の回りで日々起きている安全保障の問題を理解し考える手がかりを提供すると同時に、学問としてそれをさらに探求したい読者への道案内をすることにある。

2 伝統的な安全保障と新しい安全保障との対話

元来、安全保障とは、「自国領土に対する外国の侵略を軍事力によって守ること」を意味した。少なくとも、共産主義の脅威と米ソ核戦争の危険性が厳然と存在していた冷戦期までは、国家と軍事を中心に据えた伝統的な安全保障概念の妥当性に疑いを差しはさむ余地はほとんどなかった。ところが、冷戦の終結と九・一一テロ事件を経た今、安全保障という言葉が一体何を意味するのかはきわめてわかりにくくなった。

経済のグローバル化や相互依存が次第に深まるなか、

領土の拡張が国家のパワーと繁栄に直結する時代は去り、国家の安全が国際社会全体の安全と密接にかかわるようになった。冷戦後、大戦争が勃発する危機は遠のき、国家間戦争の発生頻度も大幅に低下した。その一方で、内戦や国際テロリズムのような非国家主体による暴力的撹乱が、国家の安全に対する新たな脅威として浮上した。また、国家の安全だけでなく、国家より下位の集団や個人の安全にも関心が向けられるようになり、安全保障の問題として取り扱われる課題は限りなく拡散する傾向を見せはじめた。

その結果、伝統的な安全保障は、世界が抱えるさまざまな脅威や危険に十分対応できないとして批判される一方で、非国家と非軍事に焦点を移した新しい安全保障論が台頭した。伝統的な軍事安全保障は、特に日本では長年にわたり議論することすら忌避され、政府や一部の研究者に委ねられる専門性の高い分野とされてきた。それだけに、国家の軍事的安全だけを最優先するのではなく、経済や環境といった非軍事分野の安全との関係のなかで軍事を相対化させた新しい安全保障は、日本人にとって馴染みやすい考え方であるに違いない。

一般論として、平和と安全を脅かす要因は、戦争という軍事的脅威だけに限らない。経済、自然環境、資源・エネルギー、社会、健康、食品、教育に至るさまざまな分野で、安全を脅かす非軍事的な危険が偏在している。しかし、戦争の発生頻度がどんなに低下しようとも、中央政府を欠いた国際社会から戦争の可能性が完全になくなったわけではない。実際、冷戦が終わったからといって、軍備を放棄した国はなく、軍事力は国家および国際社会の平和と安全にとって主要な手段であり続けている。日本を取り巻く東アジア地域では、冷戦後も軍拡が続いており、前述の世論調査が示すように、日本国民は冷戦期よりも軍事的脅威を感じているのが実情である。

本書の第一の特徴は、新しい安全保障概念との対話を通じて、伝統的な安全保障の重要性を再確認し、二一世紀の安全保障を道案内することにある。安全保障として扱われる範囲がどんなに拡大しようとも、少なくとも安全保障の第一義的な責任と能力を有するのは国家あるいは国家を代表する政府であるとすれば、本書は国家安全保障を再検討する試みともいえる。

ところで、伝統的な安全保障と新しい安全保障は、どのような関係にあるのだろうか。両者は、必ずしも相互に排他的な概念ではない。したがって、どちらか一方を採用すれば、それが他方を代替し不要にするという関係にはない。国家の軍事的安全が確保されても経済の発展や安定を維持できないこともあるし、エネルギーの安定供給が確保されても、軍事的安全は確保されないこともある。ただし、国家の軍事的安全がなければ、その他の安全は成立しえないという点で、伝統的な安全保障は新しい安全保障の中核に位置する［**図表B**］。そうであるからといって、新しい安全保障は伝統的な安全保障を包含する単に射程の広い概念にすぎず、大は小を兼ねるのだから新しい安全保障概念を採用しておけばよいということにはならないだろう。新しい安全保障の外延には、明らかに伝統的な安全保障の論理とは異質なものが含まれている。

国家の安全保障（security）は、日常生活で使用される市民一人ひとりの安全（safety）とは異なる領域で形成された特殊な概念である。国内社会において国民の生命は政府によって守られているのに対し、国際社会において国家の生存は、自助と他国との協力によってしか確保されない。つまり、作為的脅威からの安全を政府に保障されている個人は、健康、経済福祉、生活環境面でのさまざまな不作為な危険からの安全が身近な関心事となるのに対し、国家の安全保障は、意図と意図との相互作用から生じる脅威に対処することが最優先の課題となる。

こうした違いを念頭に置けば、第一に、安全保障は、本来他者からの作為的な脅威に対応するものであり、非作為的な危険に対応するものではなかった。伝統的な安全保障は、他国による軍事力の行使又は威嚇だけに脅威を限定したが、国際テロ組織のような非国家主体による暴力的撹乱も作為的脅威に相当する。しかし、世界的大

図表B◆安全保障の射程

安全保障の客体		脅威の発生源：国家	脅威の発生源：非国家主体／作為的暴力	脅威の発生源：非国家主体／非作為的撹乱
国家		［伝統的安全保障］ 侵略、武力介入 大量破壊兵器の拡散	内戦 テロリズム	環境破壊 通貨危機 資源枯渇 自然災害
非国家主体	集団	民族浄化 弾圧	民族紛争 破綻国家 移民	
	個人	人権抑圧	海賊、麻薬	飢餓、貧困 失業、疫病

被害範囲：広 ↔ 狭

暴力の強度：大 ↔ 小

出典：山本吉宣「安全保障概念と伝統的安全保障の再検討」『国際安全保障』［第30巻、第1-2合併号、2002年9月］pp.12-36の枠組みを参考に一部加筆した。

不況、地球温暖化、エネルギー資源の枯渇、疫病の発生といった問題は、非人為的かつ構造的に発生した危険であり、こうした非軍事（暴力）的な撹乱からの安全は国家安全保障とは明らかに異質である。したがって、新しい安全保障概念を採用することで、安易に国家の軍事安全保障が相対化され、軽視されるようなことは避けるべきであろう。

第二に、国家が第一義的に安全保障の責任を負う対象（客体）は自国民であって、他国の社会集団でも特定の個人でもない。国際社会が主権国家を主要な単位として構成される限り、他国への内政不干渉は、国家の安全保障と国際社会の構造を維持する基本的な規範である。他国の内戦や民族抑圧を放置することは道義的には許されないとしても、自国民を保護するのと同様に他国民の保護のために軍事介入することが無条件で認められるわけではない。深刻な人道的問題や破綻国家への国際社会の対応は、それらが国境を越えて近隣諸国や地域全体の安全に影響を及ぼすかどうかをその都度検討して決定されることになる。つまり、社会集団や個人といった非国家主体が安全保障の客体となるかどうかは、条件付きとならざるを得ないのが現実である。

3 安全保障を見る複数の視角・視点

本書の第二の特徴は、安全保障を複数の視角からとらえる点にある。安全保障問題を考える際、特定の立場に立脚して力強い主張を展開することは決して悪いことではない。しかしその前に、複数の別の見方が存在することを知っておくことはとても大事である。そこで、本書は敢えて論争点を提示し、それに応える形で安全保障を考えるという手法をとることにした。

同じ物体でも見る角度によってその形はまったく異なって見えることがある。たとえば、円柱を真上から眺めれば円であり、真横から眺めれば長方形である。どちらも絶対に間違っているというわけではない。しかし、視点を変えてみることによって、円や長方形という面でとらえられていたものが、はじめて円柱という立方体として姿を現すことになる。ましてや、円柱のような単純な形状の物体とは比べものにならないほど、安全保障という複雑な社会的現象を正確に把握するのは難しい。それだけに、物事の本質を見極める第一歩は、自分の視点とは異なる複数の視角や視点が存在することを知ることではないだろうか。

長年にわたり伝統的な安全保障論をリードしてきたのは、国際政治の対立的側面を強調し、軍事力の役割を重視するリアリズム学派である。この視角の特徴は、平和と安全を脅かす根本原因を、自国の力を常に極大化しようとする国家の権力欲に求める点にある。したがって、際限なき力の拡大を抑制して安全を担保するには、現状変更国の力に対抗できるだけの力を独自で追求するか、もしくは他国と同盟を組んで対抗することになる。つまり、いわゆる勢力均衡（バランス・オブ・パワー）の原理と力を調整する手段としての外交が重要になる。

たとえば、北朝鮮の核・ミサイル開発を止めるには、国際社会が「対話と圧力」によって北朝鮮の行動を直接制御すべきであるという主張は、このリアリズム的視角から理解できる。しかし、対話の形式として、六者協議のような多国間枠組みと米朝協議のような二国間枠組みのどちらが有効か、あるいは圧力の形態として経済制裁と軍事制裁のどちらが有効かについて、リアリズムの答えは一様ではない。対話に参加するアクターの数が増えるほどかかる圧力は大きくなるかもしれないが、抜け駆けをするアクターの可能性が増えれば圧力の信頼性は低下するかもしれない。また、効果だけを考えれば軍事制裁のほうが経済制裁より有効かもしれないが、制裁のコストを加味した効用という点では経済制裁のほうが政策として勝る場合もある。

　脅威に対して軍事力を含む直接的な対抗措置を唱えるリアリズム学派に対し、国際政治の協調的側面を重視し、脅威の発生を防止するための視角を提示してきたのがリベラリズム学派である。この視角に基づけば、平和と安全は、国家間の力関係だけでなく、経済関係や各国の国内政治によっても影響を受けている。そこから、貿易や投資などの経済交流が活発になれば、国家間の経済的相互依存が深化し、武力による国家間の紛争解決を抑制できるとの考えや、国民が代表を選ぶことのできる民主的国家であれば、国民に負担をかける戦争行為は回避されるといった考えが生まれる。

　台頭する中国への対応をめぐり、「封じ込め」ではなく国際社会に「関与」させるほうがよいという主張や、体制変革がない限り北朝鮮による核開発問題も拉致問題も解決しないという主張は、このリベラリズムの視角に沿ったものといえよう。しかし、たとえば体制変革をどう実現させるのかという具体的な方法論について、リベラリズムの視角が答えを提示してくれるわけではない。内発的な体制変革には時間がかかるかもしれないし、外から圧力がかかれば返って体制が一丸となって強固になることも考えられる。

　また近年では、国家の属性に立脚したリアリズムやリベラリズムのなかから、アナーキー（無政府状態）な国際社会の基本構造から安全保障を解き明かす新しい視角が出現した。ネオ・リアリズムは、安全を保障し国家間の約束を遵守させる中央政府が存在しない以上、国家は自国の安全を自助で確保せざるを得ないとする。ただし、ネオ・リアリズムの描く国家像は、古典的リアリズムが想定するような力の極大化を目指す国家ではなく、安全の最大化を目指す国家である。ここでは、力の増強は目的ではなく安全保障のための手段と位置づけられる。それでも、より強い力を持つことがより確実な安全に連動するのであれば、上述した古典的リアリズムの見方に回帰する。

しかし、生存に必要最低限以上の力の追求は、相手に不安や不信感を与え対抗措置をとらせてしまうため、かえって自国の安全を損なう結果になるとすれば、国家は自助の一環として他国と協力することも可能であると説くリアリズムも存在する。他方で、同じく国際社会の無政府性に着目しながら、ネオ・リベラリズムにとっての無政府状態は、ネオ・リアリズムが指摘するルールなき権力闘争の世界には直結しない。安全という共通利益を実現するためには、国際制度を通じて持続的な安全保障協力が可能であるとの主張が展開される。

このように、国家や国際社会のあり様を違った視角から眺めれば、平和と安全に対する脅威の発生原因やその脅威に対処すべき処方箋もまったく違ったものになる。また、同じ視角から眺めた場合でも、具体的な方法論については正反対の視点に立つことが可能であることも事実である。本書は、こうした視角や視点の相違を意識しつつ、一見自明に思える事柄について、一つひとつ丹念に疑問を投げかけてみた。

4 本書の構成

本書の構成は、「何を、何から、どのように守るのか」という基本的な命題に答えるオーソドックスな形式をとっている。

第1章「何を守るのか」では、安全保障とは、誰のどのような価値を保護することなのかを論じる。国家・国際社会・人間の安全保障、経済の安全保障、環境の安全保障、資源・食糧の安全保障、政治・文化の安全保障などを取り上げ、まさに伝統的な安全保障と新しい安全保障との対話を展開する。続く「安全を脅かすものは何か」に関しては、第2章で伝統的脅威（侵略と現状不満国、地域安全保障環境、国際安全保障環境、国内紛争と国外勢力の介入）を、第3章で非伝統的脅威（国際テロリズム、大量破壊兵器の拡散、破綻国家、移民、海賊・麻薬）を扱う。第4章「何で安全を担保するのか」では、脅威に対処する軍事的及び非軍事的手段（軍事力、外交、経済手段、情報と技術、ソフトパワー）を考察する。第5章「どのように安全を担保するのか」では、脅威への対抗と脅威との協調という観点から安全保障協力（勢力均衡と同盟、国連と集団安全保障、協調的安全保障、国際法と安全保障レジーム、安全保障共同体）の有効性を扱う。

なお、各章の最後には、「日本の視点」として、政府が取り組んでいる政策やアプローチを紹介する。

第1章

何を守るのか

拡大する安全保障の概念

久保田徳仁
Kubota Norihito

1 国家・国際社会・人間の安全保障

KEYWORDS
主権国家
アナーキー
非戦闘員撤退作戦
人間開発報告書
保護する責任

論点▼▼▼▼▼ 国家が安全であることは国際社会や人々の安全につながるのか

1 主権国家の安全保障

安全保障の議論の出発点として、最も典型的な「主権国家の安全保障」を取り上げることにする。**主権国家**［＊1］の安全保障については、外部勢力（特に隣国）の侵略を防ぐという点で一見自明である。しかし国家が侵略される可能性は、論者によって異なる。この違いを生んでいるのが、国家の目的についての意見の相違である。国家は自らの生存を目標としているのか、それともパワー（権力）の最大化を追求しているのか。侵略される可能性は、後者の立場のほうが前者より高く見積もられる。まずこの点から整理してみたい。

安全保障において「何を守るか」を問うた場合、古典的な答えは「国家の生存」ということになる。国際社会では安全保障に限らず、経済、人権、環境などさまざまな問題に関する政治が繰り広げられている。しかし、そもそも政治の主体（プレーヤー）が存在しなければ政治は始まらない。伝統的には国際政治の主体は国家とされてきた。国家は、あたかも人間であるかのように、何が大切かの価値判断を行う。そして、大切だと判断した価値の保護のために行動する。これが伝統的な国際政治である。国際政治の中で、プレーヤー自身の生存を確保することが古典的な安全保障である。

こうした考え方の裏側にあるのが、国家が唯一の正当な暴力装置の独占者であるという国家観である。近世以来、世界は「主権国家」を唯一の正統な主体としてきた。主権国家とは対内的には武力の独占を含めた絶対的な支配を確立し、対外的には他の一切の権力からの独立を果たした政治組織である。そして、国内に対しては警察が治安維持を、国外に対しては軍隊が防衛を行ってきた。このように内外に対して最高の権力を掌握した組織が国家であり、これが複数集まって国際社会を構成している、というのである。

国家を取り巻く環境は「**アナーキー**[*2]（無政府）」な国際社会である。日本語の「アナーキー」は無秩序で混沌（カオス）というニュアンスが含まれているが、ここでいうアナーキーとは、必ずしもそういった意味を含んでいるわけではない。実際、国際社会には国際法という法が存在するし（第5章**4**「国際法と安全保障レジーム」参照）、それはかなりのレベルで遵守されており、通商・金融・環境などさまざまな問題に対し一定の秩序が存在する。国際社会がアナーキーであるとは秩序がないという意味ではなく、国家より上位の政府（世界政府）がないという意味である。

しかし、この「上位政府が存在しない」ことは、重大な意味を持つ。国家は自身の力によって生存を確保しなければならないのである。国際社会は国家が自身の生存を第一に考えなければならない仕組みを内在している。この意味で国際社会は「自助の体系」ともよばれている。

もっとも、国家が生存を脅かされるのは主権国家が誕生する近世に始まったことではない。歴史的には数多くの国家が他国の侵略にあって滅亡、消滅してきた。イスラエル王国、カルタゴ、西ローマ帝国、南宋、ビザンツ帝国、インカ帝国など、他国に侵略にあって滅亡した国家は枚挙にいとまがない。

もちろん国家の滅亡は他国の侵略のみに起因するわけではない。内乱や王朝内の勢力争いから国家の分裂を招いたり、農地の荒廃から経済が没落したりと、さまざまな形の国家の滅亡を見つけることができる。しかし、外国による国家の侵略・滅亡は軍事力による強制の側面が強く、その住民の受ける痛みのレベルにおいて他の国家の滅亡形態と一線を画している。最近でも一九九一年の湾岸危機において、クウェートはイラクによる侵攻を受け国土を完全に占領された。このとき、クウェート側は数千人に及ぶ死者のみならず、破壊と略奪、油井への放火、インフラストラクチャーの破壊、大量の国民・外国人の避難出国による労働力不足など甚大な被害を受けた。

しかし、湾岸危機の事例を除けば、現在において直接的に国家の生存が脅かされる状況は稀となっている。湾岸危機に関しても、国際社会はイラクによるクウェートの併合を認めず、速やかな原状回復を求め、最終的には多国籍軍による武力行使を通じてクウェートの独立を回復した。この点ではクウェートは生存の危機にはあったかもしれないが、滅亡したわけではない。もし国家の生存のみが守るべき価値であるならば、国家はきわめて防御的な対外政策を採るはずであり、国家間の紛争はかなり希少なものになるであろう。国家の生存のみが最重要課題であれば、安全保障はごく稀に生じる「狂気」がなせる攻撃に対応すればよいことになる。

ところが、たとえ国家が生存のみを目的としていたとしても、パワーの追求は不可避であり、必然的に攻撃的な政策を誘発する（J・ミアシャイマー）という指摘もある。すなわち、相互不信の強い国際社会では、国家は必然的に他国より優位に立とうと考える。したがって国家はパワーの追求をし、勝てるチャンスがあれば戦争にさえ訴える。このように国家が生存のみを目的としても拡張主義的、攻撃的な政策が採用される可能性は高い。

この点を明確に強調しているのがH・J・モーゲンソーの権力政治観である。彼は、国家は自由、安全、繁栄などさまざまな目的を持つだろうし、その価値基準は宗教的、哲学的、経済的、あるいは社会的なものにあるかもしれないと認める。しかし、それらの実現のためにはパワーの追求が不可避である。その上で、モーゲンソーは(国家の)利益はパワーによって定義されると述べた。つまり、国家が追求すべき最大の価値はパワーである、というのである。こうして生存を目的とするはずの国家は、パワーの追求を介して互いに生存を脅かす存在になる。安全保障は互いに危険な存在である国家同士が自らを守るために行う活動である。

2 国民国家の安全保障

前項では主権国家の安全保障について整理した。しかし、生存であれ、パワーの追求であれ、国家の安全保障が国民にどのように役立つのかという点は明らかではない。ここでは国民から見た国家が守るべき三つの価値(政治的独立・領土的一体性・国民の生命と財産)について述べ、これらが相互補完的であると同時に、時として矛盾することを示す。

現代国際社会を構成する国家は主権を持つ国家(主権国家)であると同時に、国民が国家をコントロールする「国民国家」でもある。国民が国家という政治機構を用いて自らを統治するのが国民国家である。埋念上、国民国家では国民が国家を支え、その国家が国民を統治する。その一方、両者は統治者・被統治者の関係であるから微妙な緊張関係が存在する(なお、日本語で言う「国家の安全保障」は、英語では national security というが、直訳すれば「国民の安全保障」になる)。

国民国家では、国家そのものが絶対的な善であるとか、目的であるとか、そのような捉え方をすることは稀である。国民に対してどれだけの自由や厚生、幸福が与えられるかがその国家の価値を定めている。ここでは、国民国家の安全保障が国民の何を守っているか(何を守ろうとしているか）を見ていくことにしよう。

国家は、国家の要求に従い、複数の目標を同時に追求する組織である。その中で最重要とされているものが「国家の政治的独立」「領土的一体性の保持」「国民の生命と財産の保護」である。政治的独立とは、国家が政治的に他者の支配を受けないこと、つまり主権を保持することである。領土的一体性とは自らが主張する領域が侵害されず実効支配することである。国民の生命と財産の保護についての説明は要らないだろう。

これら三つの根源的な価値は多くの場合において互いに補完的と考えられ、同時に追求すべきものと考えられている。たとえば政治的独立性を失ってしまい他国の統治を受け入れてしまえば、その国民の生命を他の国家にゆだねてしまうことにつながり、領土の一体性も失うことになる。領土的一体性は、国家の産業の基盤を担保するものであり、政治的独立に不可欠であると同時にその住民の安全を確保している。国民の生命の保護ができなければ、政治的独立の維持に不可欠な動員もできず、当然領土的一体性を保持することもできない。このようにこれら三つの価値は相互補完的なものと考えられている。**図表1-1**は過去四〇〇年間に戦われた戦争で何が主要な争点であったかを表したものである。時代によって増減はあるが、一般に領土、政治的独立、国民の生命財産が多く、これら三つが全体の半分近くを占めることがわかる。

ただし、いつもこれらの目的が補完的であるとは限らない。たとえば、国家は無人島となっている自国領を死守しようとすることがある。これは国民の生命の保護には直接つながらない（財産という面で重要である場合もあるが）。逆に、自国領土が保護されたからといって国民の生命が保護されない場合もある。端的な例が海外にいる自国民の存在である。外国において自国民が人質にあったり、攻撃対象となったりした場合、**非戦闘員撤退作戦**［＊3］(Noncombatant Evacuation Operation: NEO) が行われる。このように、自国の領土外においても、守るべき価値として自国民の生命が考えられている。

極端な例では複数の目標の間に矛盾も生じる。いかな

図表1-1◆戦争の争点［1648～1989年］

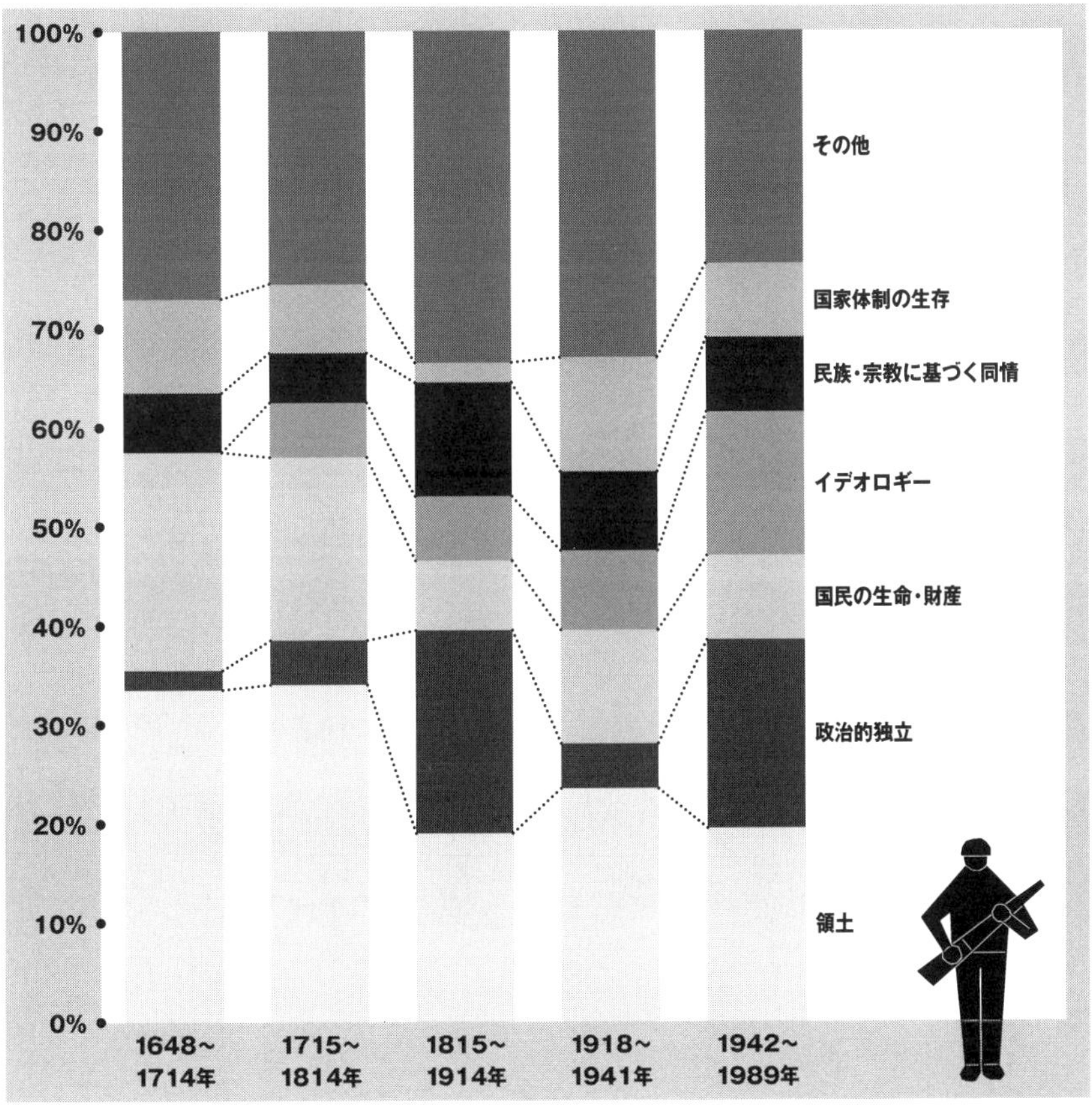

出典：Kalevi J. Holsti, *Peace and War: Armed Conflicts and International Order 1648-1989*, Cambridge University Press, 1991, p. 307より筆者作成。

る場合においても守るべき絶対的価値は存在せず、一方の価値を守るために他方の価値を諦めなければならないという究極的な状況が想定しうるのである。たとえば第二次世界大戦以前のチェコスロバキアがナチス・ドイツに対してとった政策を考えてみよう。一九三八年、チェコスロバキアはヒトラーの要求に応じ、領土の一部の移譲を行った。これは、戦争をすることによって考えられる国民の生命の犠牲を防ぐため、領土的一体性を放棄した例である。逆に、領土紛争がエスカレートして大きな戦争にいたる場合もある。その場合は戦争で被る犠牲より領土の一体性を保持することに価値が置かれている。

また、政治的独立性と領土的一体性の間にも矛盾が生じる場合がある。たとえば、分断国家の例を考えてみよう。旧東西ドイツや、現在の韓国・北朝鮮のように、一つの民族としてのアイデンティティーを持ちながら、そのなかに複数の異なる政治体制が成立してしまう事例がある。その場合、各政府の政治体制の独立性を維持するという目的と、国民の主張する領土的一体性という目的の間に齟齬が生じる。つまり、もし領土の統一が行われてしまえば、少なくとも劣勢にある側の国家は優勢な側に吸収されてしまうことになり、それまでの独立性を放棄しなければならなくなる。優勢にある側としても、統一後は劣勢の側に対してある程度の配慮をしなければならないだろう。これは統一後の東西ドイツに実際に起きている問題である。

同様に、政治的独立性と国民の生命の保護にも矛盾が生じうる。A・ウォルファーズの示した仮想的な例に拠れば、核兵器の威力が増大した現在において、戦争はある国の全人口ないしは大半の人口を消滅させてしまう可能性がある。したがって、そういった場合、国家は自国民を保護するためには軍事的防御策を凝らすよりは降伏したほうがましと考えるかもしれない。

このような価値の相克をさらに複雑にしているのが「時間」である。人間は将来の利益のために現在においてある程度の犠牲をいとわない性格を持っている。現在の国民の生命を守ることは重要である。しかし、将来に多くの国民の生命が奪われることを促進してはならない。テロリスト集団が起こす人質事件において犯人の要求に応じることが批判されるのは、テロに屈する姿勢を国家が見せることで次のテロを誘発し、将来の国民の生命を危険にさらすと考えられるからである。ここでは現在の人質となった国民の生命と将来の国民の生命を比較しなければならない。

つまり、国民国家の安全保障を考える場合、追求するべき価値が複数存在し、それぞれがどこかで矛盾する可能性があり、この場合なんらかの犠牲を強いられる。こうした価値の相克の存在は、追求するべき根源的な価値が客観的に実在するのではなく、政治的プロセスのなかで決定されることを示している。そこには程度の問題が存在するだろうし、微妙な判断が要求される。国家にとって重要な戦略拠点を戦闘によって守る場合にどの程度の犠牲まで受け入れるか、内戦の終結に際し妥協策として提示される連邦制を受け入れるか戦闘を続けるか、分断国家の現状を受け入れて独立を確保するべきか。こうした判断が要求される事例は頻繁に見られ、決して例外ではないのである。

3 国際社会の平和と安全

[1][2]では、安全保障の範囲を国家に限定した考え方について概観した。しかし、安全保障論においては、地域や世界全体などのより広範な領域、つまり国際社会における平和や安全を目指す考え方も存在する。ここではそうした「国際社会の平和と安全」と「伝統的な国家・国民の安全保障」との対立について取り上げてみる。

戦争の近代化は、国家同士の関係の悪化がいかに危険であるかを知らしめた。同時に国際社会をいかに安定的で平和なものにしていくかが課題として考えられるようになった。見方によれば、第5章で述べられるような安全の担保の追求は、方法であると同時にそれ自身が守られるべき価値とも考えられる。

国際連合憲章は国連の第一の目的を「国際の平和およ

び安全を維持すること」と規定している。国際社会が平和で安全であることが国連機関の目標とされている。

ただ、国連は憲章に定められた国連軍を創設することができず、国連が安全保障分野で果たす役割は限定的なものとなった。しかし、そのなかで生み出された平和維持活動は、紛争そのものの解決にはあまり成功しなかったが、紛争が拡大することを防いだ。平和維持活動は地域紛争が拡大して大国間の核戦争にいたることがないようにする「予防外交（preventive diplomacy ただし冷戦後の予防外交とは若干ニュアンスが異なる。第5章**3**「協調的安全保障」参照）」という考えをもとにしている。特に冷戦期の平和維持活動は国際社会全体の平和と安全を目的としていた。

もっとも、こうした国際社会全体の安全を考えることは、二〇世紀に始まったことではない。たとえば、国家の主権と表裏一体の関係にある「内政不干渉」の原則は、一七、一八世紀に確立したが、これは国家が他国の内政に干渉しあうことによって国際社会が不安定化し、安全を損ねるという不安を背景とする。また、安全保障の議論に頻出する「勢力均衡」（第5章**1**「勢力均衡と同盟」参照）という考え方も、本来は国際社会の安全を確保するための方策として考え出されたものである。勢力均衡の例として頻繁に挙げられるのが一九世紀の「バランサーとしての英国」である。英国は欧州諸国に深刻な敵対関係が生じたとき、常に劣勢の側に立つことによって勢力を均衡させ、欧州において深刻な戦争が発生することを防いだとされる（アジア・アフリカ諸国が植民地化されていた当時は「国際社会」＝「欧州」だった）。英国は、国際社会の安全のためにバランサーとしての役割を果たしたと考えられる。このように現在安全保障を担保するための手段として考えられている諸制度は、同時に国際社会そのものを守る役割も果たしているのである。

また、「国際社会の平和と安全」は全世界を対象とするものに限らない。世界は地域や陣営などを基準にさまざまなグループに分けられる。欧州における欧州連合（EU）をはじめとし、アフリカのアフリカ連合（AU）

や西アフリカ経済共同体（ECOWAS）、アジア太平洋におけるASEAN地域フォーラム（ARF）などの地域機関が設立されている。こうした地域機関が備える手段や強制力の程度は地域によって大きく異なるが、いずれもその地域全体の安全の維持を目的としている。

しかし、安全保障の目的として国際社会や地域全体の安定を考えるのは、あくまでもひとつの立場に過ぎない。安全保障を最も古典的に定義する立場（現実主義）からは、国家が国益を犠牲にして国際社会の利益を追求することはなく、国際社会の平和と安全を考えるというのは過度に理想主義的である、と批判される。国際社会全体の安全を守るために国家が行動を起こすというのは一種の偽善であり、それは国益を追求した行動を覆い隠す隠れ蓑ではないかという指摘もある。先ほど述べた英国がバランサーの役割を果たしたという議論についても、作り話に近いという批判は根強い。英国は単に分裂と征服を追及した行動を正当化しただけにすぎず、「大陸諸国の状況を好転させるというよりは大陸諸国の分裂を促すことが多かった」（H・キッシンジャー）。実は前項までに述べた「国家安全保障」という概念は、こうした国際社会の安定を目指した利他的な安全保障概念に対して「原点に戻れ」という意味で現実主義者によって主張されたのである。

4 人間の安全保障

近年、安全保障の議論のなかで「人間の安全保障」という概念が用いられている。人間の安全保障は、これまでの国家や国際社会のような人間集団の安全保障とは異なり、個人を安全保障の対象としている。ここでは人間の安全保障と、既存の国民や国家の安全保障、および国際社会の安全保障との関係を整理する。

安全保障を最も狭く「国家・国民の生存」と定義した場合、そもそも「国民」とは誰なのかが問題となる。もし「国民とはその国家をコントロールしている人々」（K・ドイッチュ）とするなら、逆にその国家をコントロールできていない人々は国民ではなく、安全保障の対象とならない。

国家をコントロールできていない人々は「マイノリティー（少数派）」と呼ばれるが、人口の面で少数とは限らず、大半であることもある。ある種の全体主義国家は、対外的に頑強な体制を作り上げるが、国内のマイノリティーに対して強い抑圧的政策を行う。このように、たとえ国家が外的な侵略を受けないほど強いものであったとしても、その領域内の住民の安全が保障されるわけではない。

そこで、一九九四年国連開発計画（UNDP）は『**人間開発報告書**』[＊4]において「人間の安全保障」という概念を提示した。人間の安全保障の特徴は、安全保障の対象が国家ではなく人間という点にある。個々人は、国家間の戦争による暴力だけでなく、政治的抑圧、失業、環境破壊、家庭内暴力などさまざまな脅威に直面している。こうした脅威にさらされず、安心して暮らせるようにするべきだというのが人間の安全保障の基本的な考え方である。UNDPは人間の安全保障の七つの領域をあげており、❶雇用と収入の確保、❷基本的な食料の保障、❸疾病など健康面の不安がないこと、❹環境破壊からの安全、❺物理的暴力（女性や弱者に対する暴力、戦争、民族紛争）がないこと、❻地域的・民族的社会における安全、❼人権侵害や抑圧からの保障、である。

これらの領域を概観してわかるように、人間の安全保障は軍事的な領域に限定されない。UNDPはその名が表すように国連の中において開発を担当する機関である。開発機関であるUNDPが安全保障の概念を提示したのは、開発を実施するうえで、人々の安全の確保がその重要な基盤となると考えたからである。

人間の安全保障は国家・国民の安全保障と複雑な関係にある。人間の安全保障が脅かされる事例は大きく二つに分類できる。一つ目は、国家の能力が過度に脆弱であり、国民一人ひとりの生命や財産が十分に保障されない場合である。たとえば経済、社会政策の失敗によって貧困や飢餓が生じたり、政争が軍事化して内戦が発生し、国内避難民が生じたりする場合がある。これは第3章の「破綻国家」の項でより詳しく述べられるだろう。こうした地域では、保健衛生の問題も深刻であり、特にHI

V/AIDSの大規模な流行は国家の存亡を左右する大きな問題となっている。このような場合、国家・国民の安全保障を確保することはひとつの強力な手段となりうる。人間の安全保障と国家・国民の安全保障は相互補完的な関係となる。

二つ目は、国家が個人の生活に過剰に介入し、個人の自由や権利が侵害される場合である。先に述べたように国家は国内の少数派や反体制派を弾圧することがある。また、国家全体の論理と個人の論理が矛盾した場合、個人の安全が犠牲になることもある。たとえばテロや犯罪から社会全体を保護し国内的な秩序を維持するための政策は、個人の安全や自由を脅かすことがある。兵役や軍事基地の存在によって個人や地域住民の安全が脅かされることもある。この場合は人間の安全保障と国家・国民の安全保障が相反する関係になる。

その後、人間の安全保障は前者の場合を体系化した「欠乏からの自由」と、後者の場合を体系化した「恐怖からの自由」という二つの規範群によって構成されると考えられるようになった。国連のアナン事務総長は、ミレニアム・サミットに向けて執筆した報告書 *We the Peoples* においてこの二つの柱を明示した。

人間の安全保障は国家の安全保障との関係だけでなく、国際社会の安全保障とも微妙な関係にある。人間の安全保障は国家・国民の安全保障を相対化し、世界市民主義（コスモポリタニズム）に基づく理想主義的な側面を持っている。この点では人間の安全保障と国際社会の安全の維持とは相互補完的な関係にあるといえる。

しかしある一面では、両者は矛盾する関係にもなりうる。たとえば、ある国家が住民に対して抑圧的政策を行った場合、隣国や国際社会は抑圧された人々の保護をすべきだろうか。従来は国際社会の安全のためには隣国はできるだけ干渉をしないという原則が一般的だった。したがって人間の安全保障が犠牲になった。しかし現在では、過度の人権侵害に対しては「**保護する責任**［＊5］(Responsibility to Protect)」があるとして、一定の介入が認められるとする議論が盛んに行われている。

2 経済の安全保障

KEYWORDS
自由主義経済
近隣窮乏化政策
国際経営開発研究所
軍事転用
COCOM

論点▼▼▼▼▼安全保障の名の下に経済活動の制限を行うことは望ましいことか

1 経済と安全保障の複雑な関係

経済と安全保障は互いに影響を与えあう複雑な関係を持っている。ここでは、経済と安全保障が互いに支えあった補完関係になっているのか、それとも競合関係になっているのかを整理する。その上で経済主体（企業）の安全保障をすることの問題点を浮き彫りにしてみたいと思う。

まず視点を国家レベルに固定し、経済と（軍事的）安全保障が相互補完関係になっている点から見ていこう。たとえば、経済は、その国や地域が安全だからこそ順調に運営できる。また、軍事基地周辺には経済効果が見られ、軍備の増大は軍需産業など特定の産業への刺激を与える。こうした点で安全保障は経済を支えている。他方、安全保障で用いられる手段のうち、先端技術を用いた軍備などは、その国が経済的に成功しているからこそ可能である。経済的にうまくいっていない国は内戦に陥る可能性が高いとも言われている。つまり、これらの点においては経済が安全保障を支えているといえる。このように、一面では経済と安全保障はお互いに支えあっている。

ところが、安全保障では時として戦争という手段が用いられる。戦争は生産基盤の破壊を伴うものであるから、少なくとも短期的には経済の運営に負の側面を持つ。また、戦争に至らなくても、軍備強化政策は生産というよりは消費の側面が強い。過剰な軍備はその国の財政を圧迫する。そこで一国の政府は、経済政策と安全保障政策のどちらを重視するか悩む（大砲かバターか）。これは予算制約が存在するために、資源をどちらかに配分しなければならないからである。つまり、別の一面では経済と安全保障は相反する。

歴史的にみると、経済問題は頻繁に戦争を引き起こしてきた。人類がはじめて武装集団による戦闘を行ったのは、水源の確保や放牧地の排他的利用（本章**4**「資源・食糧の安全保障」参照）に加え、通商路の独占を確立するためだったといわれている。ギリシャでは貿易の独占と通商に用いられる水路のコントロールをめぐってしばしば戦いが行われた。近代に入っても経済を原因とする安全保障上の危機は頻発した。たとえば植民活動が国家によって資金提供、組織化されるようになり、これに伴って貿易の独占や市場への優先的なアクセスをめぐる争いが深刻化し、しばしば戦争に至った。戦争の違法化が国際社会で受け入れられるようになった今日、経済を理由として露骨に戦争を始めることは難しくなっている。しかし、経済活動をめぐる国家の対立は時として「経済戦争」と呼ばれる事態を引き起こしている。

現在、人々は人・物・金・情報の国際的な移動によって生活を維持している。人々の生活は国際経済にますます強く依存しているのである。経済が混乱したり停滞したりすると人々の生活は大きく脅かされる。先進国の人々にしてみれば、国家が破綻したり戦争で国土が荒廃したりすることよりは、失業や物価の高騰といった経済的な問題のほうが、身近で深刻な問題といえるかもしれない。人々は良好な経済活動が運営されることを強く願っている。「経済の安全保障」では、こうした良好な経済活動の運営を人々や国家にとって死活的な利益であるとみなす。つまり経済を安全保障の問題として考えていこうとする立場である。

もっとも、経済を安全保障の枠組みで考えることについてはいくつかの問題が指摘されている。最も有力な議論として、「経済において安全を保障することは経済そのものを破壊する」という議論である。**自由主義経済**〔＊6〕は、各企業・個人が最適な生産、最適な配分を求めて自由に競争することによって支えられている。この競争は敗者に対して倒産や破産の危険を課している。つまり、経済の主体が不安定であるからこそ競争が行われ、これによって、最適な生産、最適な配分が行われるのである。もし企業や個人がこの競争に対して完全に安全であろうとすれば、市場を独占するほかはない。独占市場は経済システムそのものの破壊につながる。このように経済において安全を保障することは経済そのものを破壊する危険を伴う。したがって、「経済の安全保障」論において企業を保護の対象と考える議論はきわめて例外的である（なお、ごく例外的であるが、その企業が破綻したときに経済システムへの影響があまりにも大きい銀行や大企業に関しては、保護の対象とするべきという議論はある）。

したがって、経済の安全保障が論じられる場合、その多くは、企業ではなく「国家の経済」であったり、「国際経済」であったりする。このため経済の安全保障の定義は論者によってさまざまである。ここでは経済の安全保障の議論の中で頻繁に取り上げられる「世界の経済秩序」「国家の競争力」「自国の軍事技術」の三点について取り上げてみることにする。

2 世界の経済秩序

最も大局的に見た場合、経済活動が行われる「場」は世界経済システムである。現在の世界経済システムは自由貿易などを原則とする自由主義経済秩序によって支えられている。この自由貿易・自由主義経済秩序を維持することが世界の経済秩序からみた経済の安全保障である。こうした側面を重視した経済の安全保障論は特に一九七〇年代に論じられた。世界経済システムの安全保障が唱えられた背景にはどのような事情があったのだろうか。

第二次世界大戦後、各国の産業に占める貿易量（貿易依存度）は急激に高まった。そして、資本の国際移動の自由化が行われた。これは、戦後の（特に西側の）国際経済体制が自由貿易、国際資本移動の自由化を強く支持し、これを支える国際制度を整えてきたことに大きく依拠している。ここには、戦間期（第一次世界大戦と第二次世界大戦の間）の国際経済の失敗の経験が反映されている。

戦間期の一九二九年、アメリカの株式市場の大暴落を契機として大恐慌が発生した。その後約五年間に危機が連続して発生し、国際経済は大きな打撃を被った。この間、各国がとった保護貿易政策と為替レートの引き下げ政策は世界市場の縮小とブロック経済化を招き、第二次世界大戦の遠因となったといわれる。

もう少し詳しく見ていこう。国際貿易における保護貿易政策とは、関税の引き上げや輸入数量規制などである。外国産の製品に高関税をかけたり、数量を規制したりすることで、海外から輸入される量は減少する。自国の産業は保護されるが、外国企業は市場を失うことになる。

金融における為替レートの引き下げとは、各国の中央銀行が為替相場に介入し、為替レートを人為的に切り下げることである。自国通貨が切り下げられるということは、自国の産品が安く輸出できるようになり、外国産のモノが高くなることを意味する。輸出が増人し輸入が抑制されるわけであるから、国内は好況になり、海外では不況が誘発される。これは「失業の輸出」または**近隣窮乏化政策**［＊7］と呼ばれたりする。

各国がこうした政策をとった結果、世界市場は急速に縮小した。その上市場と資源が大国を中心とするそれぞれのブロックに排他的に配分された。このことが大国間の植民地獲得競争に拍車をかけた上、いわゆる「持たざる国」の拡張主義政策を正当化することにつながった。最終的に、こうした植民地獲得競争と拡張主義政策の相乗が第二次世界大戦へとつながっていった。

これらの経験から自由主義国が得た教訓は、経済における国際的な協力体制の必要性である。関税を引き下げ、協調的な金融政策を維持していくため、戦後から現在にかけて、さまざまな国際組織、国際制度が作られた。こうした流れの中で出てきたのが、世界の経済秩序を守るための、経済安全保障である。これは「グローバルな経済安全保障」と呼ばれることがある。

一九七〇年代は、国際経済秩序にとって大きな転換点だった。一九七一年、米国はそれまで維持してきた金とドルの交換を停止した。この措置によって戦後の国際経済を支えてきた固定相場制が崩壊し、国際経済は大きな衝撃を受けた（ニクソン・ショック）。また、一九七三年、中東戦争に際して、アラブ石油輸出国機構（OAPEC）は、イスラエル寄りの政策をとる国々に対し、石油の値上げや輸出禁止措置をとった。この措置は西側諸国にオイル・ショックを引き起こし、石油という商品が国際政治の目的達成手段として利用可能であることを知らしめた。

こうした状況下、米国では、先進諸国間の経済政策の協調をどう維持・向上させていくべきか、エネルギーや食糧をどうするべきか、東側諸国も含めた世界貿易をどうするべきか、といった問題に関心が集まり、更なる国際的な協力体制の確立を通じた（集団的）経済安全保障が提唱された。

同時期に日本でも「総合安全保障」（章末「日本の視点」参照）の中核として経済安全保障が提唱された。通産省の審議会では経済安全保障の定義を「わが国の経済を国際的要因に起因する重大な脅威から、主として経済的手段を活用することにより守ること」とし、そのために世界システムの機能の維持・強化、重要物資の安定供給の確保、国際貢献を重視した技術立国への道の三つを挙げている。

いずれにしても、一九七〇年代の経済安全保障論は、国際的な協力を通じ国際経済秩序の安定を達成し、これによって経済的な不安定要因を除去していこうという試みであった。つまり、守られるべき対象は「国際経済秩序」だった。

3 国家の経済安全保障

グローバルな経済安全保障が国家の経済安全保障へと変わっていくのは、冷戦の終結を契機としている。特に米国では日本との貿易赤字が高まり、「冷戦でソ連に勝ったとしても経済で日本に敗れたのではないか」という不安が高まった。そして一九九三年、大統領選挙においで「経済安全保障会議」の設立を提唱していたクリントンが大統領に選出された。クリントン政権は、経済を外交政策の中心に据え、最優先課題のひとつに「経済安全保障」を挙げた。ここでは冷戦後の国家中心的な経済安全保障論で注目されたもののうち、自国産業の競争力の維持・向上、雇用の確保という二つの点を取り上げ、国家の経済安全保障には、どのような目的があったのかを見ていくことにしよう。果たして国家が経済の競争力を高めるために保護主義政策を採ることは望ましいことだろうか。

冷戦後に米国において議論された経済の安全保障は、七〇年代のそれとは大きく異なっている。七〇年代の経済安全保障が、国際経済秩序の維持を目指したのに対し、九〇年代の経済安全保障は時としてこれと相容れない保護主義の傾向があった。従来の自由主義経済原理では政府の介入をできるだけ減らして世界規模で企業間の競争を行うことが、資源の最適配分を達成させるための最良の方法であると考えられてきた。しかし、ハイテク産業などでは巨額な投資が必要であり、自由競争より寡占・独占状態を生みやすい。こうした産業では政府による補助金や保護によって意図的に自国産業に優位な状況を作るべきだ、というのが新しい経済安全保障論の理論的支柱である。そこでは国家の「競争力」の維持・向上が目指された。

九〇年代の経済安全保障論のひとつの柱である「競争

力」は、「自由で公正な市場という状況下で自国民の生活水準を引き上げつつ、グローバルな市場のテストに合格する製品を生産する能力」と定義される。この概念はあいまいであり、これに対する批判は強い。しかし、直感的に考えれば、自国製品を海外で売りこむ能力と考えることができる。**図表1-2は国際経営開発研究所**［＊8］の国際競争力国別ランキングである。

　自国経済に競争力があると、どういったメリットがあるのだろうか？　その代表的なものを二つ挙げてみる。ひとつは競争力が国力（パワー）として利用できるとする考え方である。国際政治において国同士の利益が対立することがある。そうしたときに、相手に譲歩を促し、自分の望む行動をとらせるよう仕向けるのが国力である。冷戦期は軍事力がその機能を果たしていたが、冷戦後は経済の競争力であると考えられた。さらに、競争力という目で見える指標で世界の頂上を占めるということは、国民にとってある種の自尊心を満たすものである。

　もうひとつは雇用である。自国製品が海外で売れ、自

図表1-2◆世界の競争力上位10カ国［2006年］

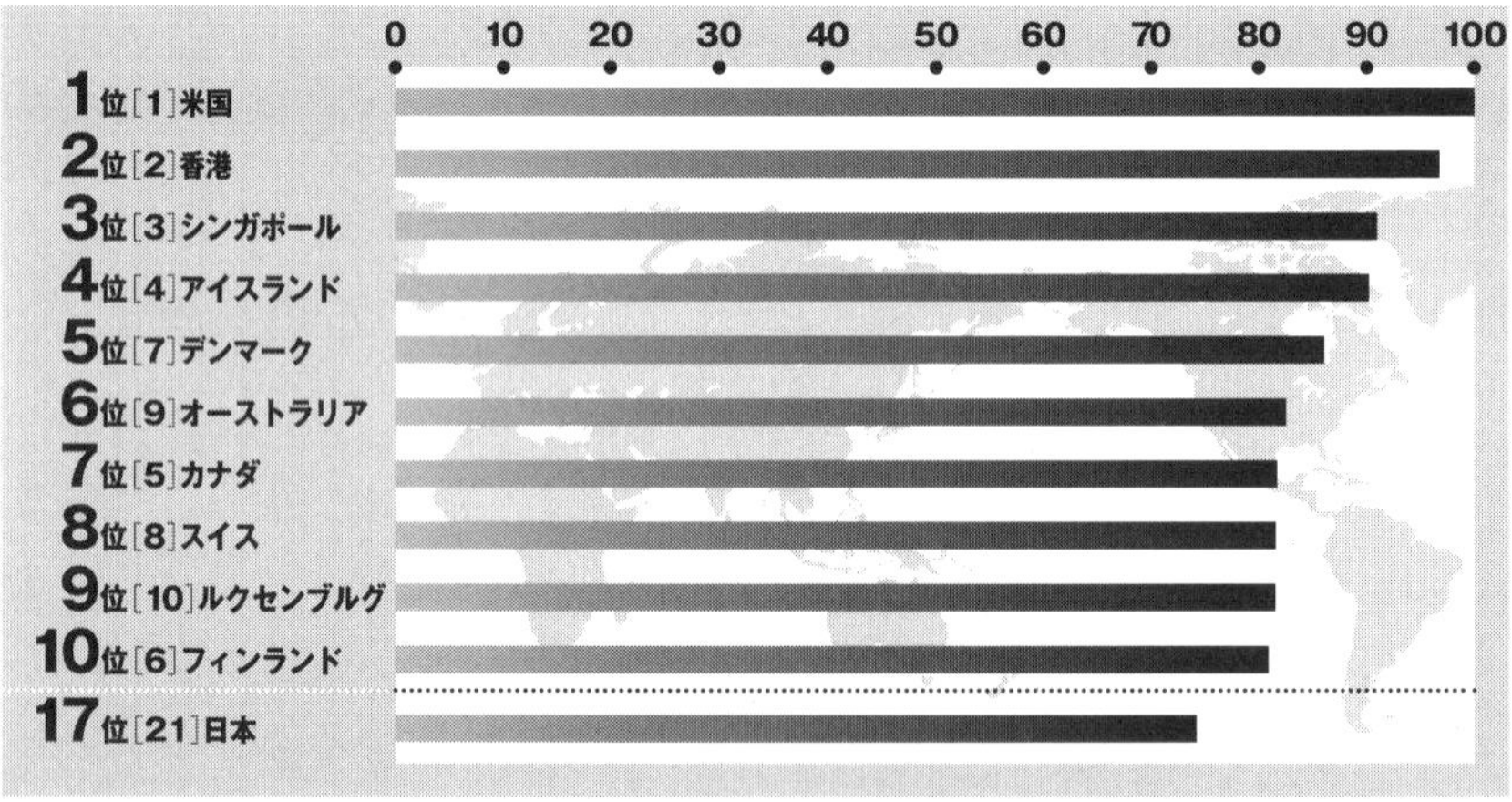

注＊［　］内は2005年の順位
出典：*IMD World Competitiveness Yearbook 2006*
(http://www.imd.ch/research/publications/wcy/upload/Overall%202006.pdf)
2007年4月17日アクセス。

国の産業が活発になれば、それに伴って雇用が確保される。冷戦期から雇用の安定は「ジョブ・セキュリティー」という用語で経済の安全保障と同一視される傾向があった。競争力が高まれば雇用の安定と豊かな生活がもたらされると考えられた。

しかし、こうした競争力の維持向上を目指す経済の安全保障には根強い批判がある。最も強い批判が、「経済安全保障が保護主義の隠れ蓑であり、保護主義は国民の生活の向上には直結しない」というものである。日本の製品が米国の市場を席巻したことは米国の経済安全保障論を活気づかせ、これに対する保護を訴えるきっかけとなった。そして「競争力」の議論の背景にはアメリカにおける保護主義の台頭がある。

たしかに、日本製品が米国市場で好調であれば、米国企業の業績が悪化し、雇用が失われるという議論には一理あるかもしれない。しかし、その一方で、米国の消費者は安価で高品質の製品を購入するメリットがある。産業団体は雇用の安定と競争力の向上を望むが、消費者は安価で高品質の製品を望む。守られるべき対象となる「国民」は、生産者である一方、消費者でもある。産業団体は企業や業界団体を通じて組織化されやすいのに対し、消費者は国全体に広がっており、組織化が難しい。このため、貿易摩擦において保護主義が各国の「国益」として提示されやすくなる。この結果、貿易摩擦において「ジョブ・セキュリティー」が追求される場合、消費者として高額で技術的にも粗悪なものを買わされるという犠牲を伴っている。経済学の基本的な理論によれば、保護主義は非効率で発展を阻害すると考えられている。

さらに「競争力」の概念は、問題の本質を隠蔽し、悪化させるという批判もある。本来、企業の「競争力」は各企業の努力によってもたらされるものであり、国家間の競争として捉えることは、産業の怠惰や政府の経済政策の失敗を隠蔽し、責任を外国に転嫁するものである。現在は多国籍企業の数・規模が増大し、それぞれの企業がどの国籍であるかということの意味が薄れつつある。たとえば、日本のホンダが米国に設立した現地法人は、米国人を雇用している。そうした場合、いわゆる「日本車」が売れることは米国の雇用に対し負の効果だけではないことがわかる。つまり、競争力の概念は、経済の世界を不必要に国家間の友敵関係でとらえることにつながり、ひいては保護主義と世界経済の縮小をもたらすというのである。

4 軍事技術と経済安全保障

これまで見てきたように、経済活動一般については、経済安全保障論は強い批判にあっている。しかし、軍事に関連する経済活動となると、やや異なる議論が展開される。**軍事転用**［＊9］可能な技術の貿易に関し、これまでどのような議論が行われてきたのだろうか、そして国際貿易に制限をかける必要があるのはなぜだろうか、問題はないのだろうか、これらの点を概観してみることとする。

半導体などの先端技術は、日常の家電や通信機器、コンピュータなどに用いられる一方、軍事機器の重要な一角を占めている。たとえば、巡航ミサイルや戦闘機などには多くの半導体が使われている。このような軍事転用可能な先端技術を扱う貿易は、安全保障問題として通常の自由貿易の原則からはなれ、政府による規制が行われることが多い。たとえば、冷戦期の一九五七年には西側諸国の間に**COCOM**［＊10］（対共産圏輸出統制委員会）が設置され、共産圏諸国への軍事物資の輸出の禁止措置がとられた。

しかし、技術の移転の問題は、明白な敵への技術の流出として生じるだけではない。日米のようにきわめて緊密な同盟関係にある国同士であっても、軍事転用可能な技術の移転に関しては慎重な姿勢がとられる。そこには、「軍事技術の自給率」を守ろうとする動きが見られる。

一九八〇年代、日本産DRAMが世界市場の約九〇％のシェアを占め、ほぼ世界市場を独占する状態が生じた。これに対し、米国の半導体産業が大きな危機感を持ち、ロビー活動を通じて日本の半導体産業への対抗策を講じた。当然日本側はこれに反発し、日米両国の厳しい対立が起きた。これは「日米半導体摩擦」と呼ばれている。日米半導体摩擦において米国側が展開したロジックが「防衛技術の海外依存が安全保障上の脆弱性を高める」というものである。「脆弱性が高まる」とは「いざというときに困る」ということである。つまり、半導体のように軍事的にもきわめて重要な製品を安いからといって海外に依存すると、いざというときに戦争を遂行することができなくなる。そうした事態を防ぐためにあらかじめ外国からの輸入を規制して、自国の産業を保護するべきだ、というのである。

一年余りの交渉の結果、日本の製品が「公正価格」以上の価格で販売されることなどが取り決められた。これによって、日本製の半導体は米国向けの輸出をほぼストップせざるを得ない状況に直面した。

ところが話はこれで終わりではない。苦慮した日本企業は、米国企業を買収し生産拠点を米国に移すことによって、米国市場に参入することを試みた。しかし、これも米国側の安全保障の論理によって跳ね返されてしまう。この具体的な例が「富士通・フェアチャイルド事件」である(村山裕三『経済安全保障を考える』[日本放送出版協会、二〇〇三年] 参照)。

一九八六年、米国の半導体メーカーのフェアチャイルドは業績不振を受け、親会社であるフランスのシュルンベルジェ社と日本の富士通の間で企業買収の取り決めがなされた。ところが、フェアチャイルド社は軍事技術としても重要なECL(エミッタ・カプルド・ロジック)という半導体素子を生産していたことから、米国内で強い反発を引き起こした。そのような軍事分野の重要技術を日本企業に依存することは、米国にとってきわめて重大な安全保障上の問題だ、という論理である。米国では議会や行政府、商務省、USTR(米国通商代表)に加え、国防総省が反対することになり、ついに富士通も買収を再考せざるを得なくなった。やがて一九八七年富士通とシュルンベルジェは買収合意の破棄に至った。

この富士通・フェアチャイルド事件では、重要軍事部品の供給を日本企業に依存することが安全保障の観点から許されるかが問題となった。米国ではこのような事例が以後もおきうると考えられたため、企業買収を通じて民生部門の軍事転用可能な技術が海外に流出することを規制する動きが活発化した。

そこで、米国の安全保障を脅かす外国企業による買収を防ぐための法律制定が目指された。そして、一九八八年に包括通商競争力法のエクソン・フロリオ条項が誕生した。この条項では、買収に安全保障上の懸念がある場合、外国企業による買収の計画が提出された後、三〇日以内に対米外国投資委員会は、その内容を調査すべきかどうかを決定する。そして、調査を行うことを決定した場合は、これを四五日以内に完了し、大統領はこの調査を受け、一五日以内に買収に対する措置を発表することが義務づけられた。

こうした動きは米国に限定されない。OECD（経済協力開発機構）は、各国による軍事、ハイテク、運輸、電気通信、メディア、資源産業などへの外国企業の参入禁止政策を認めている。日本でも、外国企業による通信会社の買収、特にNTTの買収を規制するべきとの議論が行われている。従来NTTには外資規制がかけられてきたが、ここにも規制緩和が及ぶ可能性がある。しかし、NTTの買収には安全保障上の問題が生じる。たとえば、自衛隊の通信ネットワークは一部をNTTから借り受けているが、外国企業がNTTを買収すれば、機密情報の漏洩や有事の際の対応に大きな支障が生じることが予想される。二〇〇二年の情報通信審議会の答申では企業買収について事前審査を設けるよう提言している。

このように、安全保障を理由に先端技術の移転を規制することは、頻繁に見られる。しかし、技術の経済安全保障も保護主義にとっての格好の隠れ蓑でもありうる。実際、何が安全保障上重要な技術であるかを特定することは難しい。冷戦期のCOCOMでも、何を貿易禁止とするのかについて米国と欧州諸国では意見の相違が見られた。そしてその背景には単に安全保障の問題だけではなく、産業界やさまざまな省庁の思惑も関与しているのである。

3 環境の安全保障

KEYWORDS
国連人間環境会議
環境と開発に関する世界委員会
気候変動に関する政府間パネル
小島嶼国
環境難民

論点▼▼▼▼▼環境問題を安全保障の問題と捉えることは望ましいことか

1 「環境の安全保障」の登場

われわれを取り巻く自然環境は常にわれわれにとって優しいわけではない。日照りや旱魃、冷夏は作物の不作を引き起こし、多くの人々を苦しめる。疫病と並んで飢饉は古来多くの反乱・一揆を引き起こしてきた。この点で言えば、自然環境と安全保障は昔から密接なつながりを持っていたといってもよい。しかし、環境問題と安全保障が一つのつながりをもって「環境の安全保障」という概念を構成するようになったのは、ごく最近のことである。この節では、環境の安全保障という概念の登場の背景には何があったのかを概観する。

環境の安全保障を検討する際に当たって考えなければならない重要な点が「何が環境問題なのか」である。自然環境がわれわれの生命財産に深刻な影響を与える点では、火山の噴火も巨大隕石の衝突も環境問題ということになるが、これらは通常環境問題とは呼ばれない。地震や津波に関しても、環境問題と呼ばれず、「天然災害」「自然災害」と呼ばれる。これに対し、大気汚染、土壌汚染、地球温暖化、オゾン層の破壊、生物の乱獲など人間の活動が原因となって自然環境に損害を与え、その損害が「回りまわって」人類の生命財産に影響を与えるのが環境問題である。

環境問題が成立した背景には、❶近代化の過程の中で人間生活の規模が大きくなり、環境に与える影響が大きくなったこと、そして、❷科学的知見の高まりによりある種の「自然災害」が人間の生活に起因することが理解されるようになったこと、の二つがある。まず❶に関して、人間生活が行われる以上、生物の捕獲や河川の汚染は少なからず発生する。しかし、その規模と影響が深刻化するのは大量に動植物（材木としての木材も含む）が消費されるようになったり、レベルの高い有害物質が生産、消費活動の中で生み出されるようになったりしたからである。その点で環境問題は近代化の産物である。なお、鉱物資源など再生産が不可能なものに関して「乱獲」が行われる場合は「資源問題」（後述）とは呼ばれるものの環境問題と呼ばれることはない。環境問題は、通常再生可能なものが再生不可能な状態に追い込まれる状況を示す。

❷に関しては、従来単なる日照りや高潮と考えられていた災害が、二酸化炭素を始めとする温室効果ガスの蓄積に起因すると考えられるようになったり、有害生物の大量発生が、生態系の崩壊に起因すると考えられるようになったりしたことを示している。「天然災害」が「環境問題」として理解されるようになったのである。

環境問題が地球規模で問題となるのが一九七〇年代である。一九七二年スウェーデンのストックホルムで**国連人間環境会議**［*11］が開催され、環境問題が人類に対する脅威であると宣言した『人間環境宣言』が採択された。同年、有識者の民間団体であるローマクラブが『成長の限界』を著し天然資源枯渇と環境破壊の深刻さを訴えた。注目すべきは、この頃からすでに環境問題は安全保障問題と関連して語られていたということである。一九七四年には、米国の有力なオピニオン誌である*Foreign Affairs*に掲載された論文が「アメリカの安全保障に環境問題が与える影響を指摘し、国家安全保障会議（NSC）が環境要因を重視していない」と批判した。

環境と安全保障のつながりが指摘されたのは環境問題が国家・国民の安全に多大な脅威を与えるという点だけにとどまらない。逆に従来の古典的軍事安全保障問題が環境に多大な影響を与えるという理解が普及したからでもある。ベトナム戦争における枯葉剤の使用や、核戦争を想定したときの環境破壊の予想は戦争が環境問題の原因としても認識されるきっかけとなった。

八〇年代になって環境問題への意識はさらに高まり、「環境の安全保障」概念が提示されるようになる。一九八四年には国連に**環境と開発に関する世界委員会**［＊12］（通称：ブルントラント委員会）が設置された。一九八八年に提出された報告書*Our Common Future*（邦題：地球の未来を守るために）では「環境の安全保障」という言葉が用いられた。この一九八〇年代後半は環境と安全保障のつながりが強調されるようになった時期である。冷戦の末期にあって、米ソのイデオロギー対立に変わる新しい秩序の模索と「平和の配当」を巡る意識が高まりつつあった。そのうえ、一九八八年には北米を熱波が襲い気候変動への関心を高めた。一九八九年になると「環境の安全保障」はアカデミズムの場でも用いられるようになった。

安全保障を広く定義する立場からは、環境問題を安全保障問題としてとらえることは広く支持されている。前項で述べた「人間の安全保障」概念を提示したUNDPの『人間開発報告』では人間の安全保障を構成する一要素として環境をあげている。N・マイヤーズは環境安全保障を「究極の安全保障（Ultimate Security）」として位置づけている。

「環境の安全保障」といったとき、大きく二つの問題が存在する。ひとつは環境の悪化が人々の生存を脅かす点に注目したものである。これはオゾン層の破壊によって皮膚がんが増加することや、気候変動により海面が上昇し国土が失われるといった問題である。これは直接的な脅威といえる。もうひとつは環境の悪化が国家間ないしは国内の紛争を激化させ、安全保障上の脅威となるものである。これは間接的な脅威といえる。[2]では前者の直接的な問題を、[3]では後者の間接的な問題を見ていくことにする。

他方、環境問題を安全保障の問題として取り上げることにはさまざまな異論が唱えられている。たとえばD・デュドニーは「正しい安全保障概念を汚染している」と述べている。[4]ではこうした注意すべき点を見ていく。

なお、安全保障概念と同様「環境問題」という概念も広く定義することが可能である。一般的にも❶エコシステム（生態系）の破壊、❷エネルギー問題、❸人口問題、❹食糧問題、❺環境が与える経済への影響の問題、❻環境悪化が戦争の要因となる問題、など幅広く定義されることが多い。便宜上、本書ではエネルギー問題や食糧問題は別の項目で扱うことにする。

2 直接的な脅威としての環境悪化

「環境の安全保障」で何が守られるのかを問うたとき、ひとつの究極的な立場として環境保護主義者が唱えるものは、「環境そのもの」である。これは生態系や、気候を含めた地球環境全体が「われわれ」を構成するという考え方を基にしている。たとえば、生物の多様性を確保することは、われわれ自身を保護することと同じである。絶滅危惧種であり知能の高い鯨を殺すことはわれわれの同胞を殺すことと同じである。このように一部の環境保護主義者はあらゆる環境破壊を「われわれ」に対する攻撃と考え、安全保障問題として提示する。

しかし、こうした立場をとる者は比較的少数である。「環境の安全保障」が主張される多くの場合は、環境破壊が人類にとって、特に国家・国民にとって、安全保障の妨げとなったり危害を与えたりすることに力点が置かれる。つまり、守られるべきものは人間の生活であり、国民や国家である。環境破壊がある国家の相当数の国民の生命や財産を奪ったり、または国家にとって死活的な価値を損なったりするとき、環境悪化はその国家にとって直接物理的な脅威を構成すると考えられる。

環境悪化が直接物理的な脅威を構成する例として特にあげられるのがフロンガスによるオゾン層の破壊と、温室効果ガスによる地球の温暖化である。

まずオゾン層の破壊について。一九七四年、成層圏のオゾン層の破壊が観測された。オゾン層の破壊は冷却材や溶剤、スプレーなどの高圧ガスに用いられるフロンガスが引き起こしたものであると考えられるようになった。フロンガスによるオゾンの破壊力はきわめて強く、また、フロンガスそのものが安定的であるため、オゾン層に穴が開く「オゾンホール」が出現している。オゾン層の破壊は太陽から地表に届く紫外線の浸透を高め、皮膚がんを誘発すると考えられている。アメリカの環境保護庁は何らかの対策が採られない限り、通常より一二〇〇万人も多くの米国人が皮膚がんに侵され、そのうち二〇万人が死亡すると予測した。これは公衆衛生上の問題であると同時に、安全保障上のリスクであると考えられた。

地球の温暖化に関しては、より複雑である。オゾン層とフロンガスの関連の場合と異なり、温室効果ガスと地球温暖化の関連は、因果関係が複雑であり、その影響する範囲も広範である。一般に二酸化炭素やメタンガスなどの温室効果ガスが多く排出されると、太陽からの熱が封じ込められ、地表が温められる。産業革命以降の化石燃料の大幅な燃焼により二酸化炭素濃度が上がり、産業革命以前に二八〇ｐｐｍｖであった濃度が一九九二年の段階で三六〇ｐｐｍｖになったと報告されている。これには二酸化炭素の吸収源である森林を伐採したことも影響している。現在では二酸化炭素に限らずさまざまな物質が温室効果ガスであると考えられている。**気候変動に関する政府間パネル**［＊13］（ＩＰＣＣ）の予測（一九九五年）によれば、特別の対策を講ずることなく、温室効果ガスの濃度が現在の増加率で推移した場合、地球全体の平均気温は、二一世紀末までには一・〇〜三・五℃上昇すると予測している。

こうした温室効果による地球の温暖化は人類の生命財産に多様な影響を及ぼす。米国では毎年一二〇〇人あまりが熱射病関連で死亡するが、二酸化炭素が二倍になることによって死亡者数は七五〇〇人に増大すると予想されている。また気温上昇に伴い熱帯性のマラリアなどが温帯地域で流行することも懸念されている。経済的な損失は計測が難しいが、W・ノードハウスは計量化できるものだけを見積もったとしてもGNPの〇・二五%の損失となり、すべてを含めるとGNPの一%ほどになると試算している。

こうした温暖化の影響の中で最も深刻なものが海水面の上昇による国土の水没である。先述のIPCCによれば、温暖化に伴う海面上昇は、二〇三〇年までに約二〇cm、二一世紀末までには約六五cm（最大約一m）と予測されている。こうした事態が発生すると、大きな河川のデルタ地帯の多くは水没する。太平洋の**小島嶼国**［*14］の中には、ツバルのように全国土が海抜四m以下の国もあり、海面上昇が起きると、ちょっとした台風などにより国家が壊滅的な被害を受ける可能性も指摘されている。日本においても海面の一mの上昇は津波や高潮の氾濫する地域を約四倍に拡大させると予想されている。このように地球の温暖化も人々の生存に甚大な影響を及ぼすと考えられ、安全保障上の問題であると指摘されるようになった。

しかし、これらの環境問題を安全保障の問題として考えることには異論が存在する。M・リーヴィーは、環境問題を安全保障問題と指定することに疑問を呈している。たとえばオゾン層の破壊の問題は一九八五年のウィーン条約と一九八七年のモントリオール議定書などによって国際的な対応がとられている。国際社会は、オゾン層破壊のような深刻な環境問題に対しそれを「安全保障」問題として掲げることなく対処したのである。確かに米国でオゾン層破壊の問題への対策に投じられた費用は主要な兵器体系のプログラム予算に匹敵するものであった。しかし、公的にはオゾン層の問題は安全保障問題と指定されることはなかった。したがって、環境問題に安全保障というラベルを貼る必要性はあまりないのではないか、そのように考えられるのである。

そのうえ、深刻な環境問題を安全保障問題と指定することは弊害も生じる。オゾン層破壊の問題への対策は安全保障問題でとられるような高度の意思決定機関における意思決定ではなく、閣僚未満の役人の判断により決定された。これにより、議会を通ることによって生じる混乱や駆け引きを避けることができた。もしこれが安全保障問題として高次の政争の道具になったとしたら対応はさらに遅れただろう。国民や国家に深刻で直接的な影響をもたらすものであったとしても、必ずしも「安全保障」のラベルを貼る必要はない。「安全保障問題化（Securitization）」することは、「政治問題化（Politicization）」することとは異なる（B・ブザン）。安全保障問題化した場合、通常の政治プロセス以上の非常手段が念頭に置かれる。しかし、環境問題は「政治問題」のひとつと考えるべきではないか。

また、安全保障の対象範囲が広がることによって安全保障概念が希薄化するという批判もなされる。落合浩太郎は「直接人々の生命を脅かす環境問題を安全保障の脅威とするなら、地震・台風・病気・殺人・幼児虐待・交通事故なども同様であり、安全保障の対象が無限に拡大し、意味を失う」と指摘し、こういった直接的な脅威を与える環境問題に対しても安全保障の対象に含めることに否定的である。このように人々に直接的な影響を与える環境問題に関しても「安全保障」と考えることには否定的な意見も多い。

3 環境悪化と武力紛争

では、環境悪化が人間集団間の紛争を武力化・激化させ、間接的に古典的な安全保障に影響を及ぼすという場合について概観することにしよう。このような事例は政府や経済の機能が脆弱な発展途上国に発生することが多く、以下でも発展途上国の事例を念頭においている（以下はT・ホーマー・ディクソンの研究に全面的に依拠している)。

環境の悪化は大きく四つの社会的な影響を通じて武力紛争を勃発、激化させると考えられている。

一つ目が農業・水産業などの生産活動へのダメージである。気温の上昇や大気汚染、水質汚染は穀物、野菜、魚介類の生育に深刻な影響を与える。また、森林伐採は土地の侵食を促進し洪水の原因となり農業生産量に影響を与える。特に発展途上国における一人当たりの耕作地は面積にして年に一・九%ずつ縮小しているといわれている。ただし、気温の上昇は低温地帯の植物の成長を促進するというメリットも存在しており、この点は必ずしも負の効果ばかりであるとはいえない(もちろん農作物のミスマッチの問題は生じる)。

二つ目は経済の停滞である。オゾン層の破壊や大気汚染、気温の上昇は人と家畜に死をもたらし、それだけでも経済的に大きな影響があると考えられている。加えて、森林の伐採は洪水などを通してインフラの破壊をもたらすほか、材料価格の高騰を引き起こすと考えられている。

三つ目は環境破壊が人々の避難や移動を引き起こすことである。先述の海面上昇はエジプトの海岸部やデルタ地帯の人々の生活に深刻な影響を及ぼしている。サハラ砂漠の拡大によりサヘル諸国(サハラ砂漠南縁部)の住民はより南へと押しやられ、移動を余儀なくされている。フィリピンの漁民は漁獲高の減少により都市部へ流入し貧民街の形成を促している。こうした環境変化による人の移住は国境をまたぐ形でも行われている。たとえば、バングラディシュからインドの西ベンガル・アッサム地方への大規模な移住が生じている。これには、複数の要因が考えられているが、そのひとつにガンジス川やブラマプトラ川上流の森林伐採によって洪水が頻発するようになったことが指摘されている。環境の悪化により移住を余儀なくされた人々は「**環境難民**」[*15]とも呼ばれている。

四つ目は環境の悪化が上記三つの影響により既存の社会・政治制度や社会関係を乱すことである。農作物の不振は農業共同体の崩壊をもたらし、農村地域の互助的関係を崩壊させ、これが疫病の蔓延につながったりする。経済の崩壊は国家戦略を破綻させ税収を低下させ国家制度をもろくする。人の移動は労働市場を混乱させ、階級間の関係やエスニック・グループ間の力関係を変化させる。

こうした環境悪化は大別して三つの型の紛争を引き起こすと考えられている。

一つ目は「資源枯渇型の紛争」である。多量にあれば争うことのないはずの資源が希少になるため争奪戦が行われる。これは次の項目で取り上げられる資源問題と同根であり古来頻繁に見られてきた現象である。しかし、この環境悪化による武力紛争の勃発はさらに環境と資源の破壊につながる。環境悪化による食糧供給の悪化は武力紛争を引き起こし、その武力紛争はさらに食糧生産を悪化させるのである。

二つ目の紛争はグループ・アイデンティティ型の紛争である。環境悪化による人口の移動は高いストレスと価値剥奪を人々に及ぼす。そうした環境の下で異質な人々が接触するようになると、グループ内ではアイデンティティの強化が叫ばれ、グループ外に対しては差別や攻撃がなされるようになり、グループ間の敵対心が高まる。インドのアッサム地方のエスニック紛争は、先に述べたバングラディシュからの環境移民問題に起因していることが指摘されている。

三つ目の紛争は相対的剥奪型の紛争である。この「相対的剥奪型の紛争」とは、端的に言うと、貧富の格差の急激な拡大に起因する紛争を意味している。環境悪化に伴い影響を強く受ける集団とそうではない集団が発生し、これらの間の緊張が高まる。同時に政府の所得再分配機能や調整機能も低下することから紛争が勃発すると考えられている。これらの関係をまとめたものが**図表1-3**である。

このように、環境の悪化は武力紛争を引き起こすことが指摘され、環境の安全保障という概念の基盤を形成している。

しかし、こうした環境悪化と武力紛争の関連から環境の安全保障をとらえる考え方に対しても否定的な意見が存在する。その最も有力なものが、「紛争原因としての環境要因を過大に評価しすぎている」という批判である。武力紛争の発生にはさまざまな要因が関与しており、万一環境の要素が関与していたとしてもそれが全体のなかでどの程度強く影響していたかはわからないのである。たとえば、フィリピン南部の武装闘争の背景には人口の増大や森林の伐採、土壌の悪化があると指摘されている。しかし、この問題には政府の政策が関与しており、政治・経済的な要素を勘案しなければ紛争の全体像と正しい対策は導き出せないのである。のちにホーマー・ディクソンが行った包括的研究によれば、環境破壊は武力紛争の間接的原因にとどまり、国内の問題としてとどまることが多く、国家間の紛争にはなりにくいとされている。

とはいえ、このことは環境と紛争の関連を考えることは無意味であるという議論にはつながらない。環境と紛争の関連を考えることは、従来所与と考えられていた国家やグループ間の敵対意識の起源に目を向けることにつながる。そうした試みは武力紛争の理解と平和的解決のための第一歩となりうるもしれない。

4 環境の安全保障の特徴と問題点

最後に環境の安全保障の特徴と問題点を指摘しておく。環境問題とひと口に言っても、その内容はきわめて多様である。温室効果ガスやオゾン層破壊のように地球規模の問題もあれば、酸性雨や森林破壊、耕地の荒廃などのように地域に限定される問題もある。深刻度もさまざまであり、それらが人々の安全に与える影響も複雑な因果関係を経て発生する。環境と安全保障の問題を考える際にはまずこうした多様性を念頭におき、適切な分類を行う必要がある。

また、「環境の安全保障」という概念に政治的意図が隠れていることにも注意しなければならない。冒頭で述べたように、「環境の安全保障」概念の成立の背景には冷戦末期に軍事費の削減と環境政策の推進を志向した政

図表1-3◆環境の変化がもたらす紛争のタイプ［主に発展途上国で見られる］

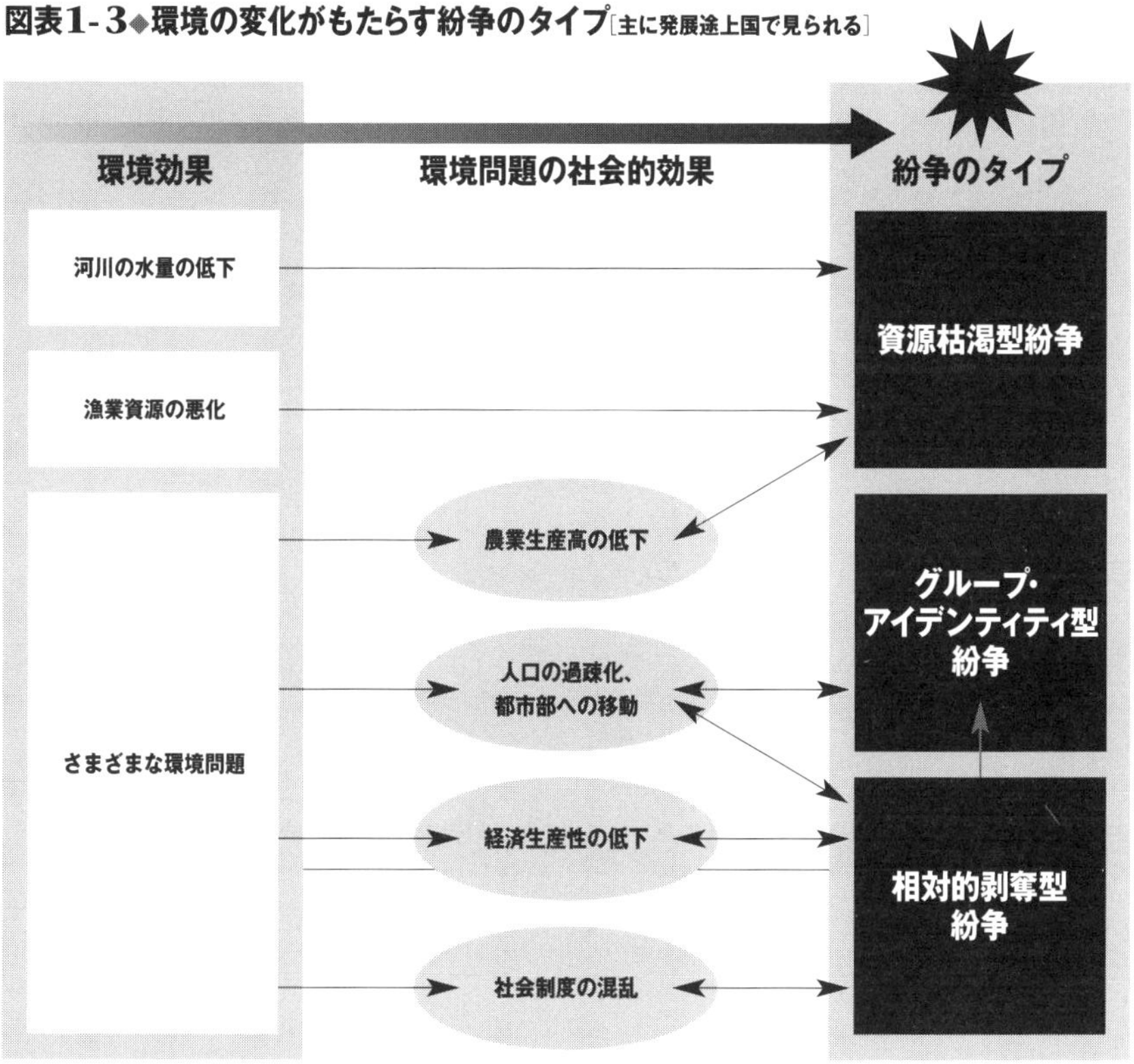

出典：Thomas F. Homer-Dixon,
"On the Threshold: Environmental Changes as Causes of Acute Conflict",
International Security, 16-2, 1991, p.107.

策的な意図があった。特に米国では環境問題への意識が低く、その危機感を醸成するために環境問題を安全保障と結びつけて関心を高めようとした。他方軍事機関なども環境問題における軍の役割などを強調することで、予算削減を回避しようと試みている。さらには、環境保護にまつわる経済的利益、つまりは市場確保を目的としたものもいる。発展途上国に環境関連製品を輸出したり、環境対策とからめて相手国への経済援助を行う事例も指摘されている。「環境の安全保障」を扱う際にはその政治的背景を推察する作業が不可欠である。

最後に、政策としての問題点も指摘されている。落合が指摘するように、安全保障の名目で環境対策のみに力点が置かれるとき、これ以外によって生じる伝統的な安全保障問題が軽視される可能性がある。たとえば紛争解決のための政策を立案し、予算を適正に配分するためには、環境以外の要素も含めた効果測定をしなければならない。また、環境保護の観点からも環境問題を安全保障と結びつけることの悪影響が指摘されている。環境問題に「敵と味方」という発想が持ち込まれ、不必要な対立が強調され、問題の歪曲、責任の不明確化、強制の正当化などをもたらすことも考えられる。環境問題が軍部によって都合のよい方向に操作される可能性もある。

このように「環境の安全保障」というラベルを用いる際にはさまざまな注意が必要なのである。

4 資源・食糧の安全保障

KEYWORDS
エネルギー安全保障
排他的経済水域
資源の呪縛
食糧自給率
世界食糧サミット

論点▼▼▼▼▼国家が資源や食糧の確保を進めることは人々の安全につながるのか

われわれ人類はさまざまな資源と食糧によって生活を維持している。時代や地域によって何が最も重要であるかは異なるものの、資源や食糧の供給が滞れば、快適な生活が不可能となり、ひいては病気や生命の危機にさらされる。ここではこうした人間生活に必要な資源と食糧の確保を目的とした安全保障について考えてみたい。

まず［1］では資源について取り上げ、安全保障問題との関係について述べる。次に［2］では資源の安全保障という観点にはどのような問題点があるのかを論じる。続いて［3］では古典的な国家単位の食糧安全保障を取り上げて論じる。最後に［4］では「世界規模で食糧が安定供給される体制を整備するべきだ」という最近の食糧安全保障の議論とその課題を紹介する。

1 資源［水・エネルギー・鉱物］の安定供給

まず、資源の安全保障を取り上げよう。資源といえば、まずエネルギーとして不可欠な石油、石炭、天然ガス、工業製品の原料として不可欠な鉄をはじめとする金属、そして、飲料としても工業の原料としても農業にも不可欠な水などをあげることができる。こうした天然資源の安定的な供給を確保することは「資源（およびエネルギー）の安全保障」の対象と考えられている。ここでは「資源の安全保障」の対象としてどのようなものがあるかを概観する。

最初に人間生活に最も重要な水資源について取り上げることとする。水、特に淡水は人間の飲料としても不可欠であり、農業、工業などあらゆるところで利用されている。しかし淡水は地球上にごく限られた量しか存在しておらず、全体の二・六％と見積もられている。昔から水へのアクセスをめぐって人々は争いを繰り返してきた。現在においても水をめぐる国家間の緊張関係は存在し、むしろ増加している。中東においてこの傾向は強く、水不足が過去のアラブ・イスラエル戦争の争点にもなった。

現在各国で工業化が進み、雨水として供給される淡水の量より消費され海に流される水（時として汚水として排出される）のほうがはるかに多くなっている。これまでは地下水の利用によってこうした不足分を補完してきたが、地下水量は大幅に減ってきており、効率よい水の利用が叫ばれている。後に述べる食糧の安全保障の観点からは、灌漑農業を行ったり、生育速度の速い米を栽培したりすることは有効な手段であるが、こうした手法は大量の水を消費し、時として飲料水としての利用を阻害することがある。この点は食糧の安全保障と水資源の安全保障が時として矛盾することを示している。

次に埋蔵資源について見ていこう。埋蔵資源の問題を難しくしているのが、資源が地球上に偏って存在することである。石油の原油埋蔵量は中東地域が全世界の四

○%あまりを占めていると考えられている。他方、日本はエネルギーの八〇%以上を海外に依存しており、その約半分を占める石油は九九%以上を輸入している。このため、石油の安定供給の確保は、**「エネルギー安全保障」**［＊16］として日本の外交政策の重要な課題である。こうした状況は日本特有の現象ではない。鉱物によっては数カ国のみが世界の資源供給を独占している場合もあり、そうした国（たとえばダイヤモンドやクロム、金を生産する南アフリカ）は特権的な地位を有している。

この資源の偏りは、昔から世界各地で資源獲得のための拡張主義的行動を促してきた。特に近代に入ってからの植民地の獲得競争にはこうした側面が強い。太平洋戦争につながる日本の南方進出は、一九三九年の日米通商航海条約破棄を受けて、石油、ボーキサイト（アルミニウム鉱石）などの資源調達が困難になったことがその背景にある。また、一九九〇年のイラクによるクウェート侵攻も、サダム・フセインの狙いにクウェートの石油獲得があったことが指摘されている。

国家・国民の安全保障において領土の保全が重視されるのは、領土内の天然資源を独占することが可能だからである。そして天然資源を独占できれば、これを政治的力として利用できる。一九七〇年代の石油危機は資源保有国が禁輸措置によって国際政治に大きな影響を与えることを示した。また、資源保有国は資源の売却によって外貨の獲得もできる。このように資源の保有は国家にとって大きな利益をもたらすと考えられている。

逆に、天然資源の有無がその領土の価値を（すべてではないが）ある程度規定する。それまで不毛の地であった場所に重要な埋蔵資源が見つかった場合、その土地の価値は急上昇する。それまで誰も関心も示さなかったのだから、土地の領有権もはっきりしていないことが多い。そうした状況下での資源の発見は領土問題を発生させる。

この点で最近注目されているのが海底に眠る鉱物資源である。国際法では沿岸から二〇〇カイリの幅で**排他的経済水域**［＊17］を設定することが認められており、エネルギー資源も含めた生物・非生物資源に対して沿岸国は排他的に権限を行使できる。また、水深が比較的浅い大陸棚の海底も沿岸国が主権的権利を行使できる。他方それ以外の海は公海自由の原則があり、各国は自由に資源を利用することができるとされる。したがって、ある海域が大陸棚や排他的経済水域に含まれるかどうかがその埋蔵資源の所有権を規定する。このことが大陸棚や排他的経済水域の設定をめぐる各国の対立を引き起こしている。日本と中国、台湾との間に生じている尖閣諸島の領有問題は、海底に豊富な石油資源、天然ガスが埋蔵されていると推定されるため、領有をめぐる問題が深刻となっている。また、南シナ海の最南端にある南沙諸島（スプラトリー諸島）の領有権がフィリピン、インドネシア、中国、マレーシア、ベトナム、台湾の六つの国家・地域によって主張されているのも、一九七〇年代後半に海底油田の存在が確認されたからである。

最後に軍事に必要な鉱物資源についてみてみよう。これまで述べてきた埋蔵資源の消費はほとんどが民間によるものであり、軍需消費は割合としては小さい。しかし、武器の製造に必要な鉱物資源の安定確保は、常に安全保障の問題として考えられてきた。この武器の製造に必要な鉱物資源は「戦略鉱物」と呼ばれたりする。戦略鉱物には何が含まれているかについては、時代によって、つまり実際にどういった武器が使われるのかによって大きく異なる。七〇〇〇年前中東で産出されていた銅は戦略鉱物としてきわめて重要だったと考えられる。産業革命を経ると、武器の量産化にとって不可欠な鉄、石炭、石灰岩の需要は高まった。

武器の近代化と産業の高度化が進むにつれ、武器生産に必要な鉱物資源は多様になっている。米国では、カドミウム、クロム鉄鉱、マンガン、ニッケル、白金属などが戦略鉱物として指定されてきた。冷戦直後には計九〇種類が「国防備蓄」と呼ばれる制度によって備蓄されていた（備蓄量は約三年間の地球規模の通常戦を戦うことができる量とされた）。なお、冷戦の終結により、米国政府は備蓄されてきた鉱物のうちの多くを市場に売却している。

このように、さまざまな天然資源がエネルギーや材料として、または戦略資源として、不可欠と考えられている。こうした資源が安定供給されることは重要な国家の目標となっている。

2 資源の安全保障批判と「資源の呪縛」

しかし、資源の安定確保を目指すことについては批判も存在する。たとえば、安定供給を他国の利用を排除した形で強引に目指せば、「勢力圏の拡大」や「植民地獲得」といった武力闘争の世界に容易に陥ってしまう。むろんこうした状況は、国際社会全体の安定や、その国の安全保障を損ね、逆効果となる。資源の獲得を名目として武力を用いて外国の領土を占領し、領有を宣言することは、現在の国際社会において受け入れられなくなっている。そこでエネルギー資源を石油・石炭から風力、太陽光、バイオエタノールなどの代替エネルギーへと転換したり、資源を国内備蓄したりすることが行われている。

しかし、国内のエネルギー需要は各国で増大する傾向にある。したがって不足分は海外から輸入しなければならない。海外からの輸送を前提とした場合、航路（シーレーン）の安全確保が問題となる。このシーレーンの安全をどのように確保するのか、という問題は軍事的な色彩を帯びる。単独ですべてを行おうとすれば、軍拡を招く恐れがあるし、不必要な資源投入でもある。

また、たとえ武力を用いず、外交的な手段を用いたとしても問題が生じる。資源の安定供給を重視しすぎることは、資源供給国の国際政治における立場を過剰に評価することにつながる。資源の消費国は資源輸出国の内政、外交上の諸問題に目をつぶる傾向を持つ。たとえば、最近では中国政府が、国内のエネルギー需要に見合う供給を確保するために、スーダンやイランでエネルギー開発を行っている。しかし、このことはスーダンやイランといった内政、外交にさまざまな問題を抱える国に対し現行体制に利する形で優遇することにつながり、国際社会のさまざまな圧力を反故にしかねない。米国政府は、二〇〇六年三月に発表された『米国の国家安全保障戦略（改訂版）』において、中国のこうした政策を批判している。

関連する批判として、資源の安全保障が国家中心的だとするものがある。これまで見てきたように、資源の安全保障は基本的に国家の視点から考えられることが多い。しかし、資源は地球上に有限にしか存在しておらず、石油は単純な推計では二〇三〇年には枯渇するのではないかと考えられている。地球規模の資源エネルギー問題の発生は、たとえ一カ国が安定的に資源を保有していたとしても隣国の経済破綻、破綻国家化を促す。世界各国が破綻国家化すれば、難民やテロリストを生み、結局その国の安全が損なわれる。こうした状況下で、各国が資源の安定供給確保の名の下に競争を繰り返すことは資源の軍事利用を加速させるだけであり、不必要に資源を消費しかねない。各国が共同して資源の代替法を開発していく必要がある。

資源の安全保障が環境や食糧の安全保障を損なう可能性も指摘されている。本来、資源の開発は環境に対し少なからぬ影響を与える。たとえば、日本の最初の公害事件となった足尾銅山の鉱毒事件も銅という資源開発によって生じている。そのため、資源開発には環境の観点から制約を設けることが多い。もし、資源の安全保障を過度に優先するなら、人間生活にとっても不可欠な生活環境を損なうことにもなりかねない。最近の例では二〇〇五年ハリケーン・カトリーナの被害を受けた米国では、天然ガスの供給が滞った。産業界をはじめ資源の安定供給を望む人々は、従来環境の観点から規制を受けていたカリブ海の天然ガスの採掘と洋上の備蓄施設の建築を認めるよう政府に働きかけた。これに対し、環境保護団体や近隣住民は環境破壊や事故の危険性から反対した。

石油、石炭などの化石燃料に代わるエネルギー資源としての原子力の利用に関して環境に対する危険性の観点から反対が強い。また、近年代替エネルギーとして注目されているバイオエタノールの生産は、トウモロコシや小麦を材料とする。このため食用に回されるトウモロコシ・小麦が減少し、価格が高騰している。この点で、資源の安全保障は後述の食糧の安全保障も損なう可能性がある。このように、資源の安全保障は時として環境の安全保障と対立するのである。

根源的な問題として、天然資源に恵まれている国が豊かであるとは限らないことを指摘しなければならない。日本をはじめ、韓国、台湾、香港、シンガポールなど戦後急激な経済成長を遂げた国や地域は、天然資源に恵まれていない国々である。一方、天然資源に恵まれた国ほど経済的に貧しくなることが指摘されている。そのうえ、資源の豊かな国はさまざまな障害に直面している。たとえば、こうした国は重度の債務国に陥りやすい。そのような国は統治能力が低く、汚職や政治腐敗の程度も高い。そして民主主義への移行が進んでおらず、たとえ民主化が行われたとしても再びその流れに逆行する傾向が見られる。インドネシアのアチェ州のように資源が国内で偏って存在していれば、独立運動の引き金ともなり、内戦を引き起こすことも多い。このように資源が豊かであるということは必ずしも国民の豊かさや幸福につながらず、こうした現象は政治学者の間では**資源の呪縛**［＊18］と呼ばれている。これまで見てきたように、資源の確保には副作用が指摘されている。そして、たとえ安定供給ができたとしても、国民生活の向上、安全の確保には必ずしも直結するわけではないのである。

3 食糧の自給率確保と自由貿易

次に食糧の安定的な確保について考えてみる。食糧を安定的に確保することは人類にとって昔から最も重要な課題のひとつであった。食糧がなくなれば、生命を維持することもできず、集団全員の食糧が欠乏すれば、その集団は絶滅する危険もある。人類は食糧に対して脆弱な存在である。この点は食糧が強力な政治的道具となりうることを示している。敵対する勢力は相手側の食糧供給を妨害し、食糧不足に陥らせば、相手の譲歩や降伏を促すことができる。昔から「兵糧攻め」は重要な戦略のひとつである。戦争が違法化されている現在、経済制裁は武力行使をせず国際的に圧力をかける手段として考えられている。この経済制裁のひとつの効果は対象国の食糧の安定供給を妨害することで対象国の政策を変更させることである。逆にいえば、食糧供給が円滑ではない集団は常に政治的圧力に屈する危険がある。

いうまでもないが、長期的には食糧は自給するか外国から輸入するかのどちらかしかない（短期的にはこの他に備蓄という手段がある）。もし外国からの輸入に過度に依存すると、政治環境の変化によって供給がストップし、食糧確保ができなくなる。したがって国家がある程度の政治的自立性を確保しようとすれば、一定程度の食糧自給率を維持しなければならない。これが古典的な食糧の安全保障である。つまり食糧の安全保障とは、国家が**食糧の自給率**［＊19］を維持し、「兵糧攻め」に脆弱にならないようにすることを目的としているのである。とくに、食糧のなかでも主要なエネルギー源である主食の自給率の確保は最重要の課題と考えられており、日本でもコメの自給体制の維持は国家戦略上きわめて重要と考えられてきた。日本のコメの例を取り上げてみよう。戦後、日本の食糧海外依存度は増大した。食用農産物の自給率は一九六〇年の九一％から一九九四年には六二％となった。特に穀物自給率は二〇〇二年の段階で二八％となっている。その中で主食のコメだけは戦後一貫して輸入量を原則としてゼロに制限してきた。コメの自給を維持するために、コメを生産者から比較的高値で買い入れ消費者には安値で販売する食糧管理制度が維持されていた。

しかし、こうした自給を確保する食糧の安全保障にも批判が存在する。その最も強力な議論が「食糧安全保障のさまざまな措置は自由貿易の原則に反する」というものである。第二次世界大戦の引き金となった戦前のブロック経済化の反省から、戦後の国際社会は自由貿易体制を維持し、さまざまな貿易障壁を取り除くことが試みられてきた（本章**2**「経済の安全保障」参照）。特に対日貿易赤字が大きい米国は、日本の米市場の閉鎖性を批判し、輸入を禁止措置や、補助金による国内生産者の優遇は保護主義であり、自由貿易に反すると主張した。

食糧の安全保障を脅かすものが外国であるとは限らない。自然環境による不作は食糧の安全保障にとって大きな脅威である。こうしたときに輸入を一切認めない方法は、かえって食糧の安全保障を損なう場合もある。一九九三年、日本は冷害に見舞われ、コメは作況指数七四という記録的な不作に直面した。買占めなどにより市場は混乱し、コメの価格は急騰した。このため翌年までに二五〇万トンのコメを海外から輸入することとなった。

一九八六年に開始されたGATTのウルグアイ・ラウンドで、日本のコメの市場開放が論点の一つとされ、一九九三年（これは記録的冷害の年である）、日本政府はコメ市場の部分的開放を決定した。取り決めでは輸入数量制限を六年間存続させ、政府の管理下で最低輸入量を国内消費量の四％から八％に増やしていくというものであったが、数量制限は前倒しされて一九九八年に廃止され、関税化が実施された。新しく制定された新食糧法の下では生産者の米を作る自由や売る自由が広く認められ、流通ルートも大幅に自由化されている。

4 世界の食糧安全保障

近年、「国家レベルでの自給率の確保」とは異なる意味で食糧安全保障という言葉が用いられるようになっている。これまでのような国家レベルとは異なり、地球規模で食糧をどう調達するかが議論されるようになっている。この背景には、特に途上国における人口増加、地球環境の悪化、技術革新による食糧増産の限界、といった問題がある。そして近い将来に全人類が深刻な食糧不足に直面するという予測から、「すべての人にとっての食糧安全保障」が目指されるようになっている。

日本をはじめとする先進国では少子化による人口減少が問題となっているが、地球規模で見ると大幅な人口増加が見られる。一九五〇年には二五億人だった人口は、二〇五〇年には一〇〇億人に迫ると予想されている。そのうえ、途上国の工業化も進んでいる。各国の工業化は農作地を工業用地へと転換する作用を持つため、結果的に耕地面積と農業生産を減少させている。また、各国の経済成長によって自動車が急速に普及し、駐車場の需要が高まった。そしてこれまで耕作地だった土地が次々と駐車場へと転換され、耕地面積をさらに減少させている。こうして、人口増加と耕地面積の減少を受け、全世界の一人当たりの穀物作付面積は一九五〇年から二〇〇〇年までの五〇年間にほぼ半分へと減少した。

また、経済成長が進むと、それまで穀物中心で摂取されてきた食事は徐々に肉食へと転換する傾向がある。しかし、牛肉などの肉食中心の食事と穀物中心の食事とでは、肉食のほうが生産効率が悪い。肉食用の家畜の飼育には大量の穀物資源が必要なのである［**図表1-4**］。こうして、現在では世界の食糧不足が進行しているといわれている。特に近い将来、人口大国である中国が経済発展していくことによって、世界の食糧需要は急激に高まるとして警告を発するものもいる。

こうした問題意識の下、一九九六年、ローマで**世界食糧サミット**［*20］が開かれた。サミットに集まった一八五カ国の各国首脳および諸機関の代表は、すべての人は、十分な食糧に対する権利および飢餓から解放される基本的権利とともに、安全で栄養のある食糧を入手する権利を有することを再確認した。そして、すべての人にとっての食糧安全保障（food security for all）の達成、すべての国において飢餓を撲滅するための継続的努力、まず二〇一五年までに栄養不足人口を半減することを目指すと宣言した。

しかし、こうした地球規模の食糧の安全保障に関してもさまざまな課題が存在する。先に述べたように、食糧の大量生産には水の消費が不可欠である。食糧の確保のために農業用に水を大量に使えば、飲料や工業用水としての水が不足し、結果的に人々の生活に負担をかける（日本の農業用水優先政策が夏場の水不足をもたらしていると指摘する研究もある）。このほか、食糧の安全保障を目的として、遺伝子を組み替えて生産性を向上させる試みも行われているが、これは食糧の安定供給に資する一方、食品の安全性に対する疑問が提示されている。

図表1-4◆1人当りの穀物消費量と家畜による食物の消費量［1990年］

消費量［単位:kg］

	米国	イタリア	中国	インド
穀物＊	800	400	300	200
牛肉	42	16	1	0
豚肉	42	16	21	0.4
鶏肉	44	19	3	0.4
羊肉	1	1	1	0.2
ミルク	271	182	4	13
卵	16	12	7	13

＊穀物消費量には牛や豚などの家畜の飼料として消費される穀物も含まれている。

出典:Caroline Thomas, "Poverty, Development, and Hunger," in John Baylis, Steve Smith eds., *The Globalization of World Politics: An Introduction to International Relations*, 3rd ed., Oxford: Oxford University Press, 2001, p.664.

また、環境に対する影響も懸念されている。技術革新による効率性の向上が頭打ちになっていることから、食糧の増産のためには新たな耕作地が必要である。現在ブラジルでは熱帯雨林を開墾して大豆などの生産が行われている。しかし、熱帯雨林の開発は、植生と多様な生態系を破壊し、地球規模での気候変動を引き起こしかねないという懸念がある。将来にわたって持続可能な方法で食糧の安定的な供給を行う方法が模索されている。

世界食糧サミットから五年たった二〇〇二年、実施状況の確認のために再び会議が開催されたが、栄養不足人口の減少はわずかであり、半減の目標は困難であると見られている。途上国の食糧供給を確保するために何が必要かという点に関しても、途上国と先進国では意見が食い違っており、地球規模の食糧安全保障にはいまだ大きな課題がある。

5 政治・文化の安全保障

KEYWORDS
イデオロギー
政治体制
アイデンティティ
エスニック集団
グローバリゼーション

論点▼▼▼▼▼イデオロギーや文化の対立は戦争や内戦の本当の原因か

安全保障の対象となるものは国民の生命や経済、食糧などの物質的なものに限定されない。人々の信奉する思想や意見、生活習慣、宗教といった理念的なものも重視される。ここではそれぞれの国家の政治体制とイデオロギー、そして人々の持つ文化や民族としてのアイデンティティをめぐる安全保障について取り上げることとする。まず［1］ではイデオロギーや政治体制がどのように安全保障に影響を与えるかをファシズム対民主主義の第二次世界大戦、社会主義対自由主義の冷戦の二つの例をもとに見ていく。［2］では［1］のようなイデオロギーを中心とした安全保障観に対し現実主義から投げかけられる批判を紹介する。［3］では冷戦後に顕著に注目されるようになった宗教や文化、文明といった生活スタイルをめぐる安全保障の問題を論じる。最後の［4］では［3］の文化の安全保障に対する批判を紹介する。

1 イデオロギー・政治体制

二〇世紀の国際政治の特徴としてイデオロギーや政治体制の違いが強く作用した点が挙げられる。イデオロギーとは統治のあり方をめぐる大規模な理論（群）であり、多くの場合〇〇主義（または〇〇イズム）と呼ばれる。以下に見るように、ファシズム対民主主義、社会主義対自由主義の対立は二〇世紀の国際政治の大きな流れを形成した。

国際政治において**イデオロギー**［＊21］が重要視されるようになった背景には、地球上のほとんどの国家が「国民国家」になったことがある（本章**1**「国家・国際社会・人間の安全保障」［**2**］参照）。国家はそれまでのように王様や貴族の持ち物ではなく、国民が自らを治める「国民国家」になった。国民国家の中で実際に国民を統治するエリートは国民の代理人として行動し、主人である国民に対して一定の責任を果たさなければならない。

そうしたときに、統治エリートが国家を運営していくためには、国家がただ単に物理的な力を独占しているだけでは不十分で、どのような統治をするかを国民に対して示さなければならない。つまり、統治を理論的にも正統化する必要が出てきたのである。この統治の正統化のための理論がイデオロギーであり、その発露が**政治体制**［＊22］といえる。対立するイデオロギーの存在は現職政府の正統性を損なう恐れがあるため、各政府は対立イデオロギーの正統性を打ち消すことに躍起になる。異なるイデオロギーを奉じる国同士は対立関係に陥りやすい。

史上最大の戦争である第二次世界大戦は、ファシズム対民主主義の戦いとして捉えることができる。ファシズムは思想的には自由民主主義、社会主義の両方に反対し、自民族の優越性とエリート支配を主張する。そして労働者や上流階級に属さない「中間層」の支持を集め、大衆動員を行う。やがて権力が独占されるようになると独裁体制を敷き、社会の再編を行い、対外進出を断行する。こうした傾向はイタリア、ドイツをはじめとするヨーロッパ諸国や日本に見られた。

対する連合国諸国には、米国や英国などの自由主義諸国だけでなく、ソ連をはじめとする社会主義諸国も含まれていた。したがって、当初から純粋なイデオロギー体系を持っていたというわけではない。一九四一年にドイツがソ連に侵攻し、日本がハワイの真珠湾を攻撃すると、連合国側はこの戦争を、「ファシズムによる世界侵略とこれに対抗する連合国の戦争」と位置づけた。やがて一九四二年一月に発表された連合国共同宣言では、第二次世界大戦を「反ファシズム、民主主義のための戦争」と位置づけた。自由主義と社会主義の共通点として「民主主義」が抽出されたといえる。

逆説的だが、イデオロギーは連合国側にとって特に重要な働きを持った。先に述べたように、自由主義国や社会主義国、さらには植民地などのさまざまな属性を持つ国に対して敵を明確にすると同時に共通の協力基盤を提供し、国民の戦時動員を正当化した。そのうえ、戦後処理を考えるうえでもイデオロギーの優越性を訴える必要があった。戦後の安定のためには、敗戦国に単に軍事的な敗北としてとらえさせるのではなく、道義的な敗北として観念させる必要があったからである。

二〇世紀後半の国際政治の基本構造を形成した冷戦も社会主義・共産主義陣営と自由主義陣営のイデオロギー対立として考えることができる。社会主義・共産主義体制では、資本主義に見られるさまざまな経済活動が否定され、工場などの生産手段が社会的に所有される。経済は計画的生産と平等な分配を基礎に運営される。一方の自由主義体制では資本主義が原則であり、資本家が生産手段を所有し、市場における自由競争によって経済が運営される。こうした経済体制の違いは、妥協の余地のない決定的な違いとして認識されていた。

この両陣営のイデオロギー上の対立は、欧州における東西の分断にとどまらず、地球規模に波及した。ラテンアメリカや戦後に独立したアジア・アフリカの発展途上諸国に対してそれぞれの陣営が支援をした。同じイデオロギーを持つ政府との協力を強化しつつ、他陣営に属する国に対しては反政府運動を支援した。日本もアジアにおける共産主義封じ込めの拠点とされた。特にアジアやアフリカ諸国においては、イデオロギー対立が「冷戦」ではなく実際の戦争として戦われ、大きな被害を出した。一九四〇年代後半の中国における国共内戦や、一九五〇年に勃発した朝鮮戦争、一九六五年以降エスカレートしていったベトナム戦争はそういった戦争の最も大きなものである。

自由主義と社会主義・共産主義のイデオロギー対立では、ひとつの国が体制変革して敵側に寝返ると隣国も連鎖反応によって敵側に寝返ると心配され（ドミノ理論）、米ソ両国はさまざまな国に介入した。また、イデオロギーという統治理念による対立であるため、ひとつの民族が異なる政治体制を持った複数の政府を作る現象が見られた。ドイツを含め、朝鮮半島、ベトナム、中国などいくつかの分断国家が生まれた。このように自由主義と社会主義のイデオロギー対立は超大国による諸国への介入と民族の政治的分断という不安定な状況を生んだ。

社会主義陣営の崩壊によって西側の自由民主主義に対抗するイデオロギーは消滅した。経済の自由化、選挙を通じた民主化、人権の擁護といったことは、現在世界の多くの国が目指すべき価値として共有することとなった。F・フクヤマはこうした状況に対し人類がイデオロギー的進化の終着点に達し、「西側の自由民主主義が人類の政治の最終形態となった」と述べ、「歴史は終わった」と宣言している。また国際政治において民主主義国同士は戦争をしないという経験則（民主主義的平和、第5章**5**「安全保障共同体」参照）が注目され、国際社会は各国が自由化、民主化を進めるようさまざまな働きかけを行っている。

もちろん民主化や人権擁護に積極的ではない国も存在する。依然として社会主義体制を維持し続ける国もある。［**3**］で述べるイスラム諸国と欧米諸国の摩擦も、イスラム法を厳格に適用した政治体制を生成・維持したい勢力と自由主義陣営とのイデオロギー闘争ととらえることも可能である。こうした国は諸外国の民主化圧力や人道的介入を主権侵害（内政干渉）として反発している。しかし現在のところ、こうした勢力は少数にとどまっており、民主化、人権擁護といった自由民主主義を超越する地球規模の新しいイデオロギーは登場していない。

2 イデオロギー対立についての懐疑論

先に述べたようにイデオロギーは第二次世界大戦や冷戦の主要な対立軸として描かれることが多い。しかし、こうした見方に対しては批判も存在する。その最も強力なものが、現実主義者らによるものである。現実主義（本章**1**「国家・国際社会・人間の安全保障」［**1**］参照）では、国際政治はパワーをめぐる権力闘争と考えられる。イデオロギーは国家のパワーをめぐる対立の過程で用いられるシンボルのようなものであって、イデオロギーそのものが根源的な価値として位置づけられることはないし、そうするべきでもないというのである。

第二次世界大戦をファシズム対民主主義と捉える見方には限界がある。先に述べたように、連合国側は多様なイデオロギー諸国を抱えた国家の集合だった。枢軸国側も同様である。先述のとおり、ファシズムに対する対抗として戦争を位置づけたのは、連合国側だった。実際、枢軸国側には同じイデオロギーを奉じるものとしての強い連帯行動はあまり見られなかった。たとえば、戦前・戦時中の日本をファシズムに含めるべきかに関しては議論がある。また、フィンランドのように枢軸国側に参戦した理由がイデオロギー問題ではなく（ソ連の）拡張主義に対する抵抗だったという国も存在する。フィンランド大統領はインタビューのなかでフィンランドはナチではなく、またドイツの全体主義的政治とは何の関係もないことを強調している。さらに、ファシズム体制のヨーロッパ諸国のすべてが枢軸国として第二次世界大戦に参加したわけでもない。たとえばファシズム体制を敷いたフランコ政権下のスペインは、第二次世界大戦では中立を維持している。第二次大戦におけるこのような複雑な実態は、イデオロギー対立以外のさまざまな要素、特に権力闘争とそれに対する抵抗といった現実主義的な要素が強く反映しているのである。

冷戦についてもイデオロギーのみに還元できない点は多い。冷戦期には東西の各陣営内部での対立も存在した。特に共産主義陣営内では共産主義のあり方をめぐって厳しい対立が生じた。たとえば、スターリンのソ連とチトー率いるユーゴスラヴィアとは経済政策をめぐって対立があり、コミンフォルムからユーゴスラヴィア共産党は除名されている。また、中国共産党とソ連共産党もスターリンの評価、資本主義との共存可能性、世界戦争の不可避性などさまざまな理念をめぐって対立し、最終的には軍事衝突にまで至っている。

自由主義諸国の代表として考えられている米国が常に共産主義、全体主義に対抗したというのも正確ではない。スターリンと袂をわかったユーゴスラヴィアのチトーに対し、米国は援助の手を差し伸べている。イデオロギーや政治体制の観点からすれば、当時のユーゴスラヴィアはチトー独裁の下にある共産主義国家であることに変わりはなかった。つまり、米国の封じ込め政策も、必ずしも自由主義の保護という名目どおりに行動したわけではなかった。

イデオロギーの効果に対する見解の違いは「冷戦をどうとらえるか」という点に反映される。イデオロギーを重視する者は冷戦を文字どおりイデオロギーの対立に還元するのに対し、現実主義者は米国とソ連のパワーをめぐる競争ととらえる。どちらも両国の対立を不可避としている点では共通であるが、その原因は違っており、対処の仕方も異なる。たとえば、ベトナムへの介入の是非は両者によってまったく異なる結論となる。イデオロギーの観点からはドミノ効果は恐ろしいので介入するべしということになる。しかし、パワーを重視する現実主義からすれば、ベトナムをめぐる争いは地域的なパワーバランスを反映したものにすぎない。超大国の米国がわざわざそうした地域紛争に介入することは不要であるし、ソ連との直接対決に備えたほうがパワーの無駄遣いにならない。多くの現実主義者はベトナムへの米国の介入に反対している。

冷戦後の世界は、前述したように、自由主義・民主主義がイデオロギーの正統の座を独占することとなった。しかし、米国をはじめとする西側諸国による各国の民主化、自由化に関しては負の要素も指摘されている。紛争後の平和構築では選挙の実施が対立を激化させかえって国家を不安定化させることがある。アフリカのアンゴラでは選挙をめぐって対立が激化し武力紛争が勃発した。また、民主化の途上にある不安定な国は、対外的に拡張主義を取ることが多く、地域全体を不安定化させる傾向も指摘されている。そのうえ、このような民主化を名目とするさまざまな介入は当該地域の資源や利権を目的とした権力闘争に過ぎないという冷ややかな視点もある。

3 アイデンティティ・文化・文明

冷戦の終焉によって、少なくとも短期・中期的にはイデオロギーをめぐる大規模な戦争の可能性は低下した。その代わりに顕著になってきたのが、人々の**アイデンティティ**［＊23］をめぐる争いである。

人間は、言語、歴史、宗教、習慣、といったさまざまな文化的属性を保有している。こうした属性はアイデンティティと呼ばれたりするが、同じアイデンティティを持つものは互いに親近感を持ち、そうでないものに対しては悪意や嫌悪感を持ったりする。同じアイデンティティを持つものは「われわれ」であり、そうでないものは「彼ら」であったり「あいつら」であったりする。

アイデンティティの違いをめぐる対立が最も激しい場合は武力紛争に至ることもある。

たとえば国家と国民の関係で見てみよう。国家は国民に対して同質性を要求するが（国民統合）、領内にいる人々は必ずしも文化的に同質であるとは限らない。ほとんどの国がさまざまな文化的特性（文化ではなく人種に基づく場合もある）を持つ複数の**エスニック集団**［＊24］を抱えている。主流派は統合の名の下に少数派を弾圧したり、同化を強制したりする。このとき、少数派は自らのアイデンティティの保持を願い、時として自治権や自決権を要求する。主流派にしてみれば、それは国家の分断を意味するため、そう簡単に自治権や自決権を付与することに同意しない。そうした過程の中で、少数派は抑圧されてきた歴史を「積年の憎悪」として掲げ、独立紛争を展開することとなる。

たとえば、旧ユーゴスラヴィアでは連邦を構成してきた各共和国がエスニック集団を母体として独立し連邦から離脱していった。複数のエスニック集団が混在するボスニア・ヘルツェゴヴィナではセルビア人、クロアチア人、ムスリム（イスラム教徒）が三つ巴の戦いをした。文化間の対立は長い歴史による憎悪によって増幅され、凄惨な戦いになることも多い。ルワンダでは多数派エスニック集団フツ族による少数派ツチ族の大量虐殺が行われた。このような異なる民族集団間の紛争はエスニック紛争と呼ばれている。

こうした実態を前にして、一九九三年にS・ハンチントンは『文明の衝突？』と題する論文を発表した。そこでは新しい世界の紛争の根本原因は、それまでのイデオロギーや経済体制といったものではなく、文化的なものだと論じられた。彼は世界を九つの大きな「文明」（西欧、ラテンアメリカ、アフリカ、イスラム、中華、ヒンドゥー、東方正教会、仏教、日本）に分類し、紛争はこれらの境界線に沿って勃発すると予測した［**図表1-5**］。二〇〇一年の九・一一テロとそれ以降の状況を西洋とイスラムとの闘争と見るものも多い。

武力紛争に至らないが、文化が侵食されていると感じられることもある。たとえばフランスは世界に英語がビジネスを行う人々の標準語として普及しつつある状況を強く懸念しており、フランス語の復権に向けた普及活動を行っている。日本でも戦後の欧米的生活習慣や個人主義の普及を「日本人の心を失った」と嘆く動きも強い。近年では、海外における日本食レストランが本来の日本における調理法とかけ離れているという危機感から、認証制度を設けるべきだという議論も高まっている。

文化の侵食には大きく三つの場合が考えられる。一つ目は異質な文化を持つ人々の流入である（移住・移民）。漢民族がチベットに移住したり、ロシア人がエストニアに流入したりしたとき、社会の構成員は大きく変化し、従来の文化は変容することになった。日本も含め外国人の流入に対してきわめて制限的な国は多い。

二つ目は他文化の（水平的）浸透である。各国の文化は隣国の文化の影響を受ける。フランス語を公用語として維持してきたカナダ・ケベック州の住民は隣の州から英語文化が流入することを恐れているし、カナダ全体としてもアメリカ文化の流入に対する恐れが存在する。

三つ目は垂直的な統合・分裂である。先も述べたように国家は国民の統合を目指すが、少数者にとってみれば少数派の文化の危機となる。欧州のように国家レベルで統一運動がある場合、「欧州市民」として共通文化が生み出される可能性があるが、それまでの各国の文化は少なからぬ影響を受けるだろう。逆に、ケベックや、スペインのカタロニア、クルド人といった少数派文化の自己主張はそれまでの国民文化を解体・分裂させるものとしてとらえられている。

東西のイデオロギー対立を終えた九〇年代以降の世界は、情報通信、運輸技術の発達などにより人、物、金、情報などが地球規模で流通するようになった。「**グローバリゼーション**」[＊25]と呼ばれるその過程は米国の文化が世界各地に普及していく過程でもあった。現在、ほとんどの地域でCNNが見られるようになり、ハリウッド映画やコカ・コーラ、マクドナルドが人々の生活レベルに浸透している。グローバリゼーションは地球規模でのある種の文化の均質化（アメリカ化）でもあった。こうしたグローバリゼーションに対して強い危機感を持つ人々も多い。危機感は、逆に自民族の文化や、ローカルな文化を再発見、復興する動きをもたらし、各地でグローバリゼーションへの抵抗運動を起こしている。

さらに、グローバリゼーションは人権や民主主義、人道といった価値を普遍的なものとして世界的に受容させていく過程でもある。しかし、従来のローカルな社会の習慣、文化が民主主義や人権と整合的でない場合も多く、

出典：サミュエル・ハンチントン［鈴木主税訳］『文明の衝突』［集英社、1998年］
28～29頁およびUppsala Conflict Data Program［UCDP］
and International Peace Research Institute, Oslo［PRIO］ Armed Conflict Dataset,
Armed Conflicts 1946-2005, Version 4, 2006より筆者作成。

図表1-5◆ハンチントンの「文明」と1990年以降に勃発した戦争・武力紛争

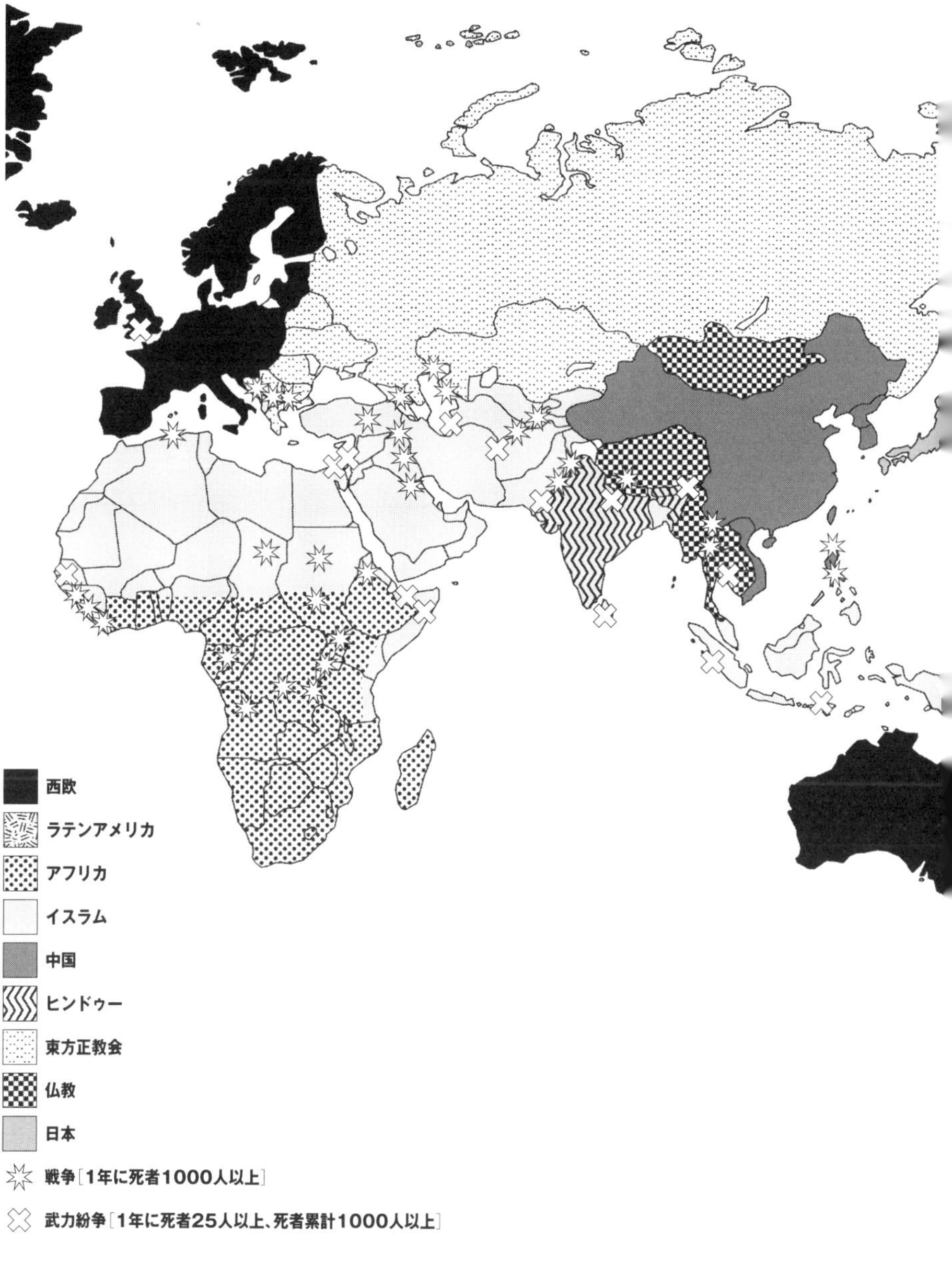

摩擦を生んでいる。重大な人権侵害を理由に武力介入が行われる場合もある。こうした摩擦が宗教原理主義の土台となっているとも指摘されている。

このように現在では武力紛争をはじめとするさまざまな問題が文化をめぐって生じている。

4 文化の安全保障に対する批判

しかし、世界各地の諸問題を文化と関連づけてとらえる見方には批判が存在する。まず、「文化を守る」といったときの文化はその国に存在するさまざまな生活習慣のうちのごく一部にすぎない。日本語は日本人という集団にとって不可欠と考えられているが、すべての国がひとつの固有の言語を持っているわけではない。スイスでは四カ国語が日常的に使用されている。国やエスニック集団によって、「死活的な文化の要素」は異なる。その集団の文化は隣接する集団との対立や対比の過程で作為的に作り上げられ、取り上げられるという側面が強い。ある集団や国の文化を客観的に定義することはきわめて難しい。

また、文化は静態的ではない。時代を経るにつれて自発的に大きな変化を遂げる。ここでも言語を取り上げてみよう。たとえばここ一〇〇年間の日本語の変化を考えてみればよい。言葉の乱れが指摘され「正しい日本語」への回帰が叫ばれているが、そもそも「正しい日本語」がこの一〇〇年間で大きな変化を遂げている。

グローバリゼーションについても、これが一方的なアメリカ文化の浸透とは言い切れない。世界標準語となりつつある英語は、各国の方言が顕著になっている。「英語文化による世界の均質化」というより「英語の世界化による英語の多様化」が生じているといえる。マクドナルドは各地のオリジナル・メニューを開発し、その地域への適応を試みている。日本食が各国で多様な発展を見せているのも、そうした動きのひとつであるといえる。文化の実態はきわめて複雑なのである。

特にハンチントンの文明概念については、あまりにも問題を単純化したものだとして多くの批判がなされた。ハンチントンの予測と異なり、多くの紛争は「文明」の内側（たとえばアフリカやイスラムの内部）で生じてきた［**図表1-5**］。九・一一テロ事件とその後の事態についても、イスラム対西洋という図式ではなく、過激な原理主義者と穏健派によるイスラム内での内戦と見なすことも可能である。

自民族自文化の保護を建前に戦われる「エスニック紛争」という概念についても批判が存在している。文化的抑圧による「積年の憎悪」が生むとされたエスニック紛争も、実は過激な政治家が政治的保身のために扇動した「でっちあげ」だったり、「ごろつき」や「チンピラ」が行った大規模な乱暴だったという指摘もある。たとえば、旧ユーゴスラビアのボスニアで活動したセルビア人の武装組織の約八〇％が常習刑事犯罪者であり、その指導者もサッカーチームのフーリガンや売春斡旋業に従事していた「ごろつき」だったということが報告されている。また、ルワンダでツチ族の大量虐殺に関与したフツ族住民は全体の約二％ほどであると見積もられている。そして、その多くはストリート・ギャングや麻薬常習者、脱獄囚だったのである。他方、世界各国にはさまざまなエスニック集団がひとつの国家で共存していることが圧倒的に多い。文化が異質であるというだけで紛争が起きるわけではない。各地で起きている内戦は国家の統治能力の低下や経済破綻、雇用政策の失敗などの政治経済的背景を持っている。

最後に、グローバリゼーションが現実として生じている現在、文化を隔離して保存することはほとんど不可能になっている。「鎖国」も考えられなくはないが、この選択肢は経済の安全保障を大きく損ねるほか、技術的な遅れを伴い、軍事的なレベルでの安全保障をも損なう恐れすらある。ノスタルジーに浸りすぎることなく現実に適応していくことが賢明なのかもしれない。

第1章 日本の視点

「総合安全保障」という目標

日本は、戦前から軍事面の安全保障を「国防」という概念で定式化してきた。天皇制の下にあって、戦前の国防という概念は「国家の安全保障」に力点が置かれたものであった。特に戦争末期には国体の護持（＝天皇制の維持）が主要な目標となっていった。

戦後も国防概念は使用され続けるが、戦前と異なり、「国民の安全保障」を意味するようになっている。政府の提示してきた国防の目的は他国の「国民の安全保障」と大差ない。たとえば政府の公式文書として一九五七年五月国防会議（現在の安全保障会議）において決定された「国防の基本方針」がある。そこでは国防の目的が「直接および間接の侵略を未然に防止し、万一侵略が行われる時にはこれを排除し、もって民主主義を基調とするわが国の独立と平和を守ること」と示されている。つまり、守るべきものとして領土、政治的独立、平和などの国家・国民の安全保障上の諸価値が提示されている（なお、そこには「民主主義の維持」という政治の安全保障の要素も含まれている）。この「国防の基本方針」は約五〇年余り経った現在においても防衛政策の根幹の文書として位置づけられている。しかし、第二次世界大戦の反省を受け、平和憲法を維持してきた日本は、軍事的手段の準備・使用を極力排除し、非軍事的手段によって国民の安全を図ることに腐心してきた。単に手段を非軍事的なものに限定するだけでなく、目標についてもより広く、経済など他の分野も高度に重要な国家目標として掲げるようになった。こうした広い安全保障の概念は後に「総合安全保障」として概念化された。

一九七〇年代の二度にわたる石油危機は、安全保障の目的を広く非軍事的側面を含むものとして設定する必要性を日本に再確認させた。石油危機は直接的な軍事的侵略がなくとも日本経済がその「生命線」を脅かされることを示したのである。国際経済システムの安定を追求する動きが強まり、経済サミットの参加国になるなど、世界の経済秩序を守るための経済安全保障を重視していった。一九八〇年に大平総理大臣の総合安全保障研究グループが提出した「総合安全保障戦略」においては、安全保障の目的として、「国民生活をさまざまな脅威から守ること」という考え方が示され、自由貿易体制の維持、エネルギーや食糧の安定的確保、大規模地震への備えといった政策目的が含まれている。

一方、米国では、日本が経済復興・成長を遂げるにつれ、日本経済に対する強い警戒感が醸成されていった。その過程で米国において国内の雇用や競争力などの保護・推進を目指す新しい経済安全保障論が唱えられるようになった。以後、日本（特に輸出産業界の一部）はこの米国の経済安全保障論に悩まされ続けることになる。

事態をより複雑化したのが、日本と米国の間で生じた経済摩擦が時として狭義の安全保障の問題と密接なつながり（リンケージ）を持ったことである。たとえば、一九七〇年代の日米繊維摩擦では日本側が輸出自主規制を行うというある種の「譲歩」を決定したが、その背後には沖縄の返還交渉があり、沖縄返還を実現するためにこの譲歩を行ったとする見方が流布した。

戦前から資源に乏しいという認識が強かった日本は、資源の安全保障を特に重視してきた。石油危機では石油の確保のためにそれまでの西側、イスラエル寄りの政策を一部変更し、アラブ諸国との友好関係を形成する一方、こうした国際政治上の短期的なショックに耐えられるよう備蓄量を増やすことも行われた。そして、中長期的な対策として、エネルギーの多様化、省エネルギー化を推進するようになった。

日本の食糧安全保障は、特に米の自給体制を維持することを主要な目的としていた。基本的には米の輸入をせず、補助金、自主流通米制度などを通じて生産者の保護を維持してきた。しかし、本章**4**「資源・食糧の安全保障」で述べたように一九九三年を契機として自給率の確保のための保護主義から市場開放へと移行していった。現在、食糧の安全保障は、グローバルな食糧問題をどのように解決するかという点へ関心が移動している。

本章**3**「環境の安全保障」で述べたとおり、環境問題が安全保障問題として考えられはじめたのは比較的最近である。日本においては一九九二年、参議院外交・総合安全保障に関する調査会が「環境と安全保障のあり方」という報告書をまとめた。特に地球温暖化に関しては温暖化防止京都会議を一九九七年に開催するなど、国際的な枠組み作りにも参加している。しかし、環境の安全保障という考え方はそれほど定着せず、環境問題は後に「人間の安全保障」の一環として考えられるようになった。

冷戦期、日本が自由主義陣営の一員であり続けたことは確かだが、当初国民は米国と歩調を同じくすることには躊躇した。世論調査によると、一九七〇年代初頭には国民の日米安全保障条約に対する賛否はほぼ拮抗していた。この躊躇の背景には、米国への完全な同調によって日本が米ソ間の戦争に巻き込まれる可能性が高まるのではないかという不安があった。冷戦期の日本は国民の生命を守るという目標（国民の安全保障）と自由主義体制を維持するという目標（政治の安全保障）との間で悩み続けてきたのである。こうした不安が解消され、自由主義体制への支持が広まっていくのは七〇年代の東アジアにおけるデタント（ヴェトナムからの米軍の撤退、米中和解など）を契機にしている。つまり、自由主義というイデオロギーを鮮明にしても国民の安全保障が確保されるという確信が徐々に浸透したのである。同時に一九六九年に発表されたニクソンドクトリンは、米国の東アジアへのコミットメントの弱化を予感させ、日本に見捨てられる不安をもたらした。これにより、日本は米国との同盟を進化させる必要に迫られた（「見捨てられ・巻き込まれ」については第**5**章参照）

冷戦後はこうした悩みも消え、自由主義体制と民主主義の擁護を推進できるようになった。二〇〇六年一一月に麻生外務大臣は自由、民主主義、基本的人権、法の支配、市場経済を「普遍的価値」として位置づけ、「価値の外交」を展開すると宣言した。

文化については、戦後（事実は別として）単一民族との認識が浸透した日本では、国民同士が文化をめぐって戦う内戦を経験することはなかった。しかしその反面、在日外国人も含めた外国籍の人々との接触に非常に敏感である。諸外国との文化交流が行われる一方、難民の受け入れ制限や外国人労働者問題など、時として不寛容と指摘される態度をとってきた。グローバリゼーションの流れのなかで、世界と自文化をどのようにすり合わせていくか、どの程度のアイデンティティを維持していくべきか、難しい舵取りが要求されている。

冷戦の終結は、日本に国家・国民の安全保障以外のレベルにおいても安全保障を追求する必要性と可能性を認識させた。従来、国連中心主義を外交の基本的な柱のひとつとしていた日本は、マクロなレベルでは国際社会の平和と安全を維持するため「国際貢献」を進めていく。平和維持や平和構築、九・一一テロ事件以降においてはテロリズムを封じる国際秩序のため、さまざまな活動に参加するようになっている。一方、ミクロなレベルの安全保障についても「人間の安全保障」を外交の基本方針に位置づけている。一九九九年三月、五億円を拠出し、国連に人間の安全保障のための基金を設立した。

東アジアにおいては依然として不安定要素が残っており、国家・国民の安全保障（＝国防）の重要性が失われたわけではないが、総合安全保障という広範な安全保障目標を掲げてきた日本は、冷戦後、対象をミクロ、マクロの両方に広げ、さまざまなレベルにおける安全保障を追求するようになっている。

KEYWORDS解説

1 国家と人間の安全保障

［＊1］
主権国家

古典的な国際政治における唯一の正統な主体。国際法上、国家は、永久的住民、明確な領域、政府、他国と関係を取り結ぶ能力、が必要とされている。現在の国際秩序は「主権国家体系」と呼ばれており、中世末期から近代初期ヨーロッパの国家間関係を雛形にしているといわれる。

［＊2］
アナーキー

国際社会において国家より上位の政府が存在しないこと。アナーキー下では対立が常態であるという考え（リアリズム）や、アナーキーからの脱却のために制度を積み上げるべきという考え（リベラリズム）、アナーキー下でも社会秩序を形成できるという考え（国際社会論）などがある。

［＊3］
非戦闘員撤退作戦

外国において戦争や内戦、天災などにより自国民（特に戦闘を目的としない市民）の生命が脅かされる場合、当該自国民を安全な場所に避難される軍事作戦。最近では二〇〇六年七月、レバノン情勢の悪化に伴い、米軍は市民一万四〇〇〇人を避難させる作戦を行った。

［＊4］
人間開発報告書

国連開発計画が一九九〇年以降毎年発行している報告書。従来用いられてきたGDP・GNPといった国家レベルでの収入の増減を観測するのではなく、個々人の能力の向上と選択の幅の多寡を指標とする「人間開発指標（Human Development Index）」を発表している。

［＊5］
保護する責任

「介入と国家主権に関する国際委員会」の報告書（二〇〇一年）で提示された概念。従来国家の持つ権利として考えられてきた「主権」を、国家が国民・住民を保護する義務として再定義したうえで、当該国家が責任を果たせない場合は国際社会がその責任を負うとした。

2 経済の安全保障

［＊6］
自由主義経済

民間による商取引への政府の介入は最低限であるべきという原則に基づいた経

済体制。冷戦終結以後支配的な政策思想となっている。古典的経済学によれば自由主義は各国の経済厚生を高めるとされているが、こうした効用は先進国の先端産業に限定されるという批判もある。

［＊7］
近隣窮乏化政策

たとえば日銀が市場介入を通じて一ドル＝一〇〇円のところを一ドル＝二〇〇円にしたとする。日本で一〇〇円で売られている商品は、一ドルから五〇セントに値下がりする。結果、日本企業は商品を半額で売ることができ、業績を伸ばすことができる。こうした政策は隣国の不況をもたらす。

［＊8］
国際経営開発研究所

International Institute for Management Development, IMD。スイスのローザンヌにある経営大学院。傘下にある世界競争力センターは毎年各国の競争力に関する年鑑を発表している。この国家間の競争力概念は経済学者のP・クルーグマンらによって批判され論争になっている。

［＊9］
軍事転用

民間の特定の技術や製品が軍事目的に利用されること。電卓の液晶パネルから無人ヘリコプターやロボット技術まで軍事転用されているものは多い。他方、インターネットやGPSなどは軍事目的で開発されたものが民生に転用されている。両者を指し「軍民転換」とも呼ばれる。

［＊10］
COCOM

対共産圏輸出統制委員会（Coordinating Committee for Export Controls）の略称。共産圏への軍事技術・戦略物資の輸出を規制あるいは禁止するための機関。一九四九年に結成されたが、冷戦後は対共産圏という観点で規制する必要性が薄れたため、一九九四年に解散。

3 環境の安全保障

［＊11］
国連人間環境会議

国際的な環境問題への関心の高まりを受け、一九七二年に国連が開催した会議。「かけがえのない地球」をスローガンとし、一一三カ国の代表を集めて開催された。後の国際社会の行動基準となる宣言、行動計画を採択。国連機関である国連環境計画（UNEP）を設置した。

［＊12］
環境と開発に関する世界委員会

ノルウェーのG・H・ブルントラント首相を議長とした有識者会議。一九八七年まで活動を行い、報告書〝Our Common Future〟を提出した。「環境保護か開発か」という従来の考え方に対し「持続可能な開発」という概念を提示し、環境問題に関する共通の土台を築いた。

［＊13］
気候変動に関する政府間パネル［IPCC］

地球温暖化などの気候変動に関する科学的、技術的、社会経済的な諸情報を評価・検討する会議。一九八八年設置。各国の研究者が政府の資格で参加する。数年おきに評価報告書を発表しており、二〇〇七年には第四次評価報告書が発表される予定である。

[＊14]

小島嶼国

小島によって構成される国。太平洋・インド洋・カリブ海には小島嶼国が多く存在し、中には海抜二メートルしかない低地国もある。海面上昇に最も脆弱である小島嶼国四三カ国は国家連合（小島嶼国連合）を形成し、二酸化炭素排出量削減と森林伐採の中止を世界に訴えている。

[＊15]

環境難民

砂漠化の進展や飢饉、洪水などの環境災害によって避難生活を送る人々。通常定義される難民（第3章参照）と同等またはそれ以上の数の環境難民が存在するといわれる。環境難民を「難民」として扱うことには、問題の焦点が曖昧になるとして否定的な意見もある。

4 資源・食糧の安全保障

[＊16]

エネルギー安全保障

日常生活に不可欠なエネルギー源、特に石油を確保すること。緊急時の確保に限定する見方から平常時の安定供給を含むもの、価格の安定を含むものまで定義はさまざま。近年では一国のエネルギー確保だけでなく、地域や世界のエネルギー確保も重視されている。

[＊17]

排他的経済水域

領海の外側に国土から最大二〇〇カイリ（約三七〇キロ）の範囲で設定することのできる海域。国連海洋法条約で規定された。沿岸国は天然資源やエネルギー生産などを独占的に利用できるが、他国はこの水域での適法な船の航行や飛行機の上空飛行などの自由を持つ。

[＊18]

資源の呪縛

一次産品、特に石油などの鉱物資源の輸出に依存している国の開発のレベルが低い事実をさす。この現象の存在はさまざまな研究によって確かめられている。しかし、なぜこうした現象が起きるのかという説明に対しては、いまだ見解の一致が見られない。

[＊19]

食糧自給率

ある国において食料として消費される食糧のうち、自国産品が占める割合。計算には生産物の重さ、カロリー、生産額という三つの指標のいずれかが用いられる。農林水産省は都道府県別の食糧自給率（各県消費の食糧のうち自県生産の産品の占める割合）も公表している。

[＊20]

世界食糧サミット

一九九六年、飢餓・栄養不良の撲滅をめざし、国連食糧農業機関（FAO）において開催された会合。世界レベルでの食糧安全保障の重要性を広く浸透させた。明確な成果目標を記した宣言および行動計画を採択。宣言・行動計画の実施状況はFAOが報告している。

5 政治と文化の安全保障

［*21］イデオロギー

集団や個人の政治理念を示す指標。右派―左派、保守―リベラル、保守―革新などの対立としてとらえられることもある。個人の世界観や人生観に影響を及ぼすため、政治的動員に利用される。宗教原理主義も一つのイデオロギーと考えることができる。

［*22］政治体制

国家の統治構造の基本的な性格を示す用語。政権や政府は選挙などを経て移り変わるのに対し、政治体制はより安定的。政治体制の類型化は政治学の主要なテーマである。現在では「民主主義体制」「権威主義体制」「全体主義体制」に大分類しそれぞれを細分化することが多い。

［*23］アイデンティティ

個人や集団と社会を結び付ける理屈。「あなた（あなたたち）は何者ですか」という問いに対する答えとして提示される。自身の整合性を示す場合、集団への所属の標識を示す場合、集団の同一性を示す場合などがある。人は帰属意識をもつ集団には身内びいきする傾向がある。

［*24］エスニック集団

母語や宗教、風習など個人による選択が困難な文化要素（エスニシティー）を共有している人間集団。「多民族国家」は複数のエスニック集団によって構成される。ただし、エスニシティーの要件は事例によって異なり、対立や紛争が生じてから「発見」されることもある。

［*25］グローバリゼーション

地球規模でモノがやり取りされるようになり、一つのシステムを形成すること。世界全体の経済厚生を高めるとされる。しかし、本文で述べた（欧米的）価値の一方的普及を伴い、経済の変動や国際テロリズム、地球規模の環境破壊の原因ともなるため、ときに批判の対象となる。

西原正
Nishihara Masashi

第2章

安全を脅かすものは何か

伝統的脅威

1 侵略と現状不満国

KEYWORDS
現状不満国
クウェート侵略
侵略戦争と自衛戦争
潜在的脅威

論点▼▼▼▼ 国家レベルの脅威は直接の侵略だけか、もっと広く考えるべきか

国の安全が脅かされることを通常「安全保障上の脅威」という。この脅威は伝統的に脅威と見なされてきたもの（たとえばある国からの侵略、占領、恫喝など）と、近年特に一九八九年の冷戦の終結を契機に新たなタイプの脅威と見なされるようになったもの（大規模なテロ集団、広範な感染症、環境劣化など）とにわけて考えることができる。これを伝統的脅威と非伝統的脅威という。

ここでは、前者、つまり国の安全にとって伝統的に脅威と見なされてきたものを、国家レベル、地域レベル、国際レベル、そして国内レベルの四つに分けて考えてみたい。国家レベルの脅威として侵略と**現状不満国**［＊1］（現状変更国ともいう）を、地域レベルの脅威として地域安全保障環境を、国際レベルとして国際安全保障環境を、そして最後に国内レベルとして民族・宗教紛争を代表例として扱うことにする。いくつかの議論は一つ以上のレベルに当てはまる。たとえば、軍拡（軍備拡張）や

覇権国（周辺国に対して影響力、支配力を確立しようとする国）に関する議論は国家レベル、地域レベル、国際レベルのいずれにも当てはまることに注意を促しておきたい。

1 侵略は第一級の脅威

一国の国土や国民の安全を守る責任を持つものは、まず何に注目すべきだろうか。クウェートの例を見よう。

一九九〇年八月二日、イラク軍はサダム・フセイン大統領の命令の下、突然隣国クウェートを侵略した。約六万人の兵力と三五〇両の戦車によるイラク軍は無防備のクウェートをわずか数時間で制圧した。そして八月八日には、フセイン大統領はクウェートの自国への併合を宣言して領土的野心を明白にした。これに対して、米国をリーダーとする多国籍軍二五万人が結成されて翌年一月一七日、イラク軍に反撃を加え、二月二六日クウェートを解放し、戦闘は二八日に終わった。イラク軍の完全な敗北となった。これがいわゆる湾岸戦争である。

イラクのこの**クウェート侵略**［＊2］は、一九八九年に冷戦が終結してから初めての明白な**侵略戦争**［＊3］であった。また国連加盟国が他国の武力によって併合されたのは国連史上初めてであった。第二次世界大戦以後最初の二〇年間は、北朝鮮軍による南朝鮮（韓国）侵攻（一九五〇年）やソ連軍によるハンガリー侵攻（一九五六年）、英仏軍によるエジプト侵攻（一九五六年）、在米キューバ亡命軍によるキューバ侵攻（一九六一年）などの明白な侵略の例があったが、それ以降は国際政治に影響を及ぼすほどの大きな侵略戦争は起きていなかった。したがってイラクのクウェート侵攻はまさに驚きであった。

しかしながら、こうした侵略は本当に驚くべきことであろうか。侵略戦争は歴史上数限りなく起きている。侵略戦争なしで世界史を語ることはできない。紀元前四世紀のギリシャのアレキサンダー大王、一二世紀のモンゴルのジンギス・カン、一八世紀のフランスのナポレオン皇帝などは、いずれも大規模な侵略戦争を繰り広げた。

一九世紀や二〇世紀前半の米英仏やオランダ、日本などによる植民地戦争も一種の侵略戦争であった。歴史的には、国益を追求するにあたって武力を攻撃的に使用することは自由であり、侵略は違法ではないと考えられていた。第一次および第二次世界大戦の頃には侵略戦争の違法性の議論はあったが、国際的に同意された定義はできていなかった。第二次世界大戦はドイツや日本の侵略行動で始まった（何が侵略かについては後述）。

しかし定義はどうであれ、ある国が自国を侵略するかもしれないということは、侵略される国にとって第一級の伝統的な脅威である。どの国も自国の安全を考えるときは、まず自国を脅かす国が周辺にいるかどうかを吟味する。どこの国も軍隊を備えているが、多くの場合、他国からの侵略を防ぐためである。

2 なぜ侵略国が出現するのか

それではなぜ侵略国が出現するのであろうか。国際連合は現在一九二カ国の加盟国をもつ世界で最も権威のある国際平和機関である。その国連の憲章は、「すべての加盟国は、武力による威嚇又は武力の行使を慎まねばならない」と規定している。にもかかわらず、武力を振り回す国が時折頭をもたげる。

いわゆる「侵略国」とはどんな国であろうか。典型的な侵略国とは、先述のイラクのような国を考えるとよい。つまり、❶侵略対象国が自国より弱い（つまり侵略すれば必ず成功する）と思っていること、❷侵略対象国が自国にない有利な状況（資源、地の利）を持っていて、自国の管理下に置くことで自国が格段に有利になること、❸侵略の成功によって自国の国家威信を向上させることができる、などである。

一九九〇年八月現在で、イラク軍は約一〇〇万、クウェート軍は二・三万人。イラク保有の戦車は五五〇〇両、クウェートは二七五両。軍事力の差は歴然としていた。そしてイラクはクウェートのもつ石油資源を手中に収めたかった。フセインは、クウェート北部の油田とイラク南部の油田とは地下でつながっており、クウェートは過去一〇年間に二四億ドル相当の原油を盗掘していると主張していた。フセインは両国の経済格差にも不満を抱いていた。クウェートの一人あたりの国民総生産（GNP）は一万三六八〇ドル台であったのに、イラクのそれは二〇一〇ドル台であったからである。またフセインはクウェート占領によって、石油輸出量で中東一位を誇る湾岸地域への影響力を確保でき、さらに対米関係において有利に立てると考えたようであった。

このように侵略国とは現状に満足せず、現状を武力で変更したいと考えている国を指す。その「現状に満足せず」ということの具体的な意味は国によって異なる。国防上の不満、経済上の不満、国際社会での地位に不満など、さまざまである。ロシアは極寒地が多く、不凍港がないことが国の発展を妨げてきたという考えから、歴史的に不凍港を求めて南下政策をとってきた。それが一八世紀のクリミア半島をめぐる抗争となった。そして黒海に臨むウクライナおよびそのクリミア半島はロシアが地中海に進出する上で重要な拠点になった（冷戦後ウクライナのソ連からの離脱により、ロシアは再び不凍港を失った）。

ロシアは東アジアにおいても南下政策をとりだしたので、日本は一八五〇年代以降、朝鮮半島がロシアの勢力下に入ることに懸念を抱いた。これが、一八八四〜八五年の日清戦争、一九〇四〜〇五年の日露戦争となり、日本は朝鮮半島に次いで満州（現在の中国東北地区）を自国の支配下に置くことに成功した。ドイツのヒトラー総統による、第二次世界大戦の端緒ともなった一九三八年秋のズデーデン地方（オーストリアの北部）の武力併合は、同地方の豊富な鉄鋼資源に目をつけたからだとされている。

歴史的には植民地戦争は、経済的理由による資源搾取が主目的であった。米欧諸国はアフリカ、アジア、中東、南アメリカの多くの地域を武力で抑えて植民地とし、香辛料、ゴム、果物、鉱物資源を本国へ持ち帰った。日本も遅ればせながらこの植民地争奪戦に加わった。現在では植民地はほとんど残っていないが、主要国が中東の石油資源を求めて、中東への影響力を伸ばし、資源を搾取しようとしている点では実質的に変わっていないといえよう。

他方、経済力を伸ばしつつある国は、さらに経済力を得るため海外に市場を求める傾向にある。歴史上、帝国として発展した国は、例外なく国内産業発展の基盤を構築した後は対外的に国力の伸張を図り、海外領土を獲得しようとした国である。米国も南北戦争の終わった一八六五年以降は西海岸に向かって経済発展をし、その後はカリブ海や太平洋諸島、そしてフィリピンへと植民地を拡大していった。日本も明治維新後の国内産業の発展の基盤が整うと、「富国強兵」をスローガンにして朝鮮半島、満州、中国、そして東南アジアへの対外的膨張（領土拡大と勢力圏の拡大）の道を歩んだ。

現在の中国にも、国内産業が育ち、国民の生活レベルが上がると、石油などの消費が急伸するにしたがい、東シナ海の日中中間線（境界線）を超えて日本側の海底石油資源に手を伸ばそうとしたり、アフリカのソマリアなどの独裁政権に対して武器を売却して資源を獲得する動きをしたりして、領土拡大ではないが勢力圏拡大を目指す点では、同様の姿をそこに見ることができる。

3 いわゆる侵略国は本当に侵略国か

一国を守るには、安全を脅かす周辺国はどれかを常に警戒しておく必要がある。国防を怠っていたのでは、国家の存在理由がなくなる。国家とは、一定の価値観を共有する一定規模の集団で構成される組織で、かつその指導者がその集団を守ることを使命としている組織なのであるからである。他国からの侵略があれば、指導者はその集団の人たちに集団を守るために命を賭けて戦うよう鼓舞しなければならない。

ここまでは侵略や侵略国についての議論は理解できよう。しかし国際政治では、これを超えて一歩進んだ議論をしようとすると、大変面倒な議論になってしまう。第一に「侵略」とは何なのか、すべての「侵略戦争」は本当に侵略戦争なのかという問題が生じるからである。

たとえば、一九五〇年の朝鮮戦争は北朝鮮軍による南朝鮮（現在の韓国）への「侵略」によって始まったのであるが、当時北朝鮮を支援していたソ連は、「北朝鮮人民による民族解放は侵略ではない、正当な民族的行為である」と主張して、国連安全保障理事会の「北朝鮮による侵略」決議に賛意を表せずボイコットしたことがある。つまり民族は当然解放されるべきであるから、解放行為は侵略ではなく、正義の行為という主張である。したがってソ連、中国、および北朝鮮にとっては、米国の韓国支援こそが侵略行為と考えたのである。

また侵略と思われる行為もそれが行われる以前の経緯を見ると、むしろ自衛のための行為だと見ることのできるものがある。日本は先述の日清戦争や日露戦争は**自衛戦争**［＊3］であると主張してきた。一九四一年一二月の日本による対米開戦も自衛戦争だったという見解が最近では日本で強くなっている。イラクによるクウェート侵略も、フセイン大統領によれば、前述のように、クウェートがイラクの石油資源の一部を盗掘しているからだ、ということになる。二〇〇一年の米国主導によるアフガニスタン戦争も、米国は自国をテロ攻撃から守るための自衛目的であるという立場をとっていた。しかし実際は九・一一テロ事件への報復という一面が強かった。

とくに領土紛争、領有権紛争になると、紛争の当事国は相手国が脅威だと非難する。そして自国は自衛のために武力装備をしているにすぎないと主張する。一九八二年四月アルゼンチンがフォークランド諸島（マルビーナス諸島とも呼ぶ）を自国領であるとして軍事占領したのに対して、英国は艦隊を出動させてこれを撃退したことがある。このフォークランド戦争においても、双方が相手国を侵略国と非難していた。

このように、侵略は本当に侵略なのか自衛なのかは明確でない場合が多い。どちらの側に立つかによって解釈が異なるであろう。侵略戦争なのか自衛戦争なのかは、今後とも議論を呼ぶ問題である。

4 全面的侵略だけが侵略ではない

冒頭でイラクのクウェート侵攻を例に出して、イラクが典型的な侵略国だとしたが、一国にとっての脅威はこのような全面的な侵略だけではない。侵略国は現状不満国と述べたが、逆に現状不満国は全面的侵略以外の手段でも現状の変更を試みるものである。これには、❶遠隔地から爆弾などを投入して相手国の領土の一部を破壊する、❷相手国の領域近くに兵力を移動させるとか、相手国の船舶などを攻撃するなどの挑発行為をする、❸相手国に直接自国兵力を侵攻させるのではなく、第三国の兵力が相手国に侵攻するのを支援する（弾薬の供給や自国内通過を許可するなど）、などさまざまなケースがある。

第一の例としては、イスラエルが一九八一年にイラクのオシラク核施設が完成する直前を狙って奇襲空爆してその施設を破壊したことが挙げられる。また北朝鮮は日本に軍を派遣して占領する意図はないとしても、核ミサイル攻撃によって日本を恫喝し、日本の北朝鮮批判を緩めさせようともくろむかもしれない。

第二の例としては、米国は一九六四年八月トンキン湾の奥深くに米艦艇を侵入させ、ベトナム側を挑発し、ベトナム戦争の発端を作ったケースがある。将来中国海軍が台湾海峡を越えて台湾に接近し挑発する場合や、尖閣諸島の周辺に接近し、海上保安庁や海上自衛隊の艦船を妨害ないし攻撃して挑発する場合が考えられる。

また、一九七五～七六年に英国とアイスランドの間ではいわゆる鱈《たら》戦争といわれる対立があった。アイスランドは七五年七月、自国の鱈の漁獲量を確保するため二〇〇カイリの専管漁業水域を宣言し、英国のトロール船を追い出す挙に出た。これに対して、英国は自国のトロール船を守るため海軍艦艇を派遣したので、緊張が一挙に高まることとなった。アイスランドはこれに対抗して、英国航空機の上空通過禁止や英空軍機の自国ケフラビーク基地の使用禁止を宣言し、北大西洋条約機構（NATO）

からの脱退をちらつかせた。このため、NATOが調停に乗り出し、両国は一時断交までにエスカレートしたが、七六年五月、両国間の漁業協定が成立して落着した。これは有限資源をめぐって、両国が相互に威嚇し合って、国家的安全への脅威を示しあった例であった。

第三の例としては、ベトナム戦争で中国やソ連は北ベトナムに大量の武器を供与したし、また中国はソ連のハノイ行き武器弾薬輸送列車の自国内通過をある時期許可していたことがある。これらの中ソの行為は南ベトナムや米国には間接的侵略であり、中ソは侵略国であった。他方、六一年に米国内のキューバ出身反カストロ軍が自国に戻りカストロ政権転覆を狙った侵攻作戦を展開したが、米国はこの反カストロ勢力を支援した。結局失敗に終わったが、これも間接的侵略である。

侵略の定義は国際連盟時代から試みられたが、なかなかまとまらず困難を極めた。その後、国連総会は一九七四年一二月決議の形で侵略の定義を採択している。これまで述べたケースはそこにも含まれている。実際に侵略かどうかの断定はこれらの定義を基準にして国連安保理が行うことになっている。

5 米国は侵略国ではない?

第二次世界大戦後の世界で最も武力を行使してきた国を挙げるならば、躊躇なく米国であるといえよう。米国は、一九五〇年の朝鮮戦争に始まり、五六年のレバノン侵攻、六四〜七五年のベトナム戦争、九〇〜九一年の湾岸戦争、九二年ソマリア作戦、二〇〇一年以降現在に至るアフガン戦争、〇三年のイラク戦争などすべての大きな武力紛争にかかわっている。この他にも、八三年のグレナダ侵攻、八六年の地中海上での米軍機によるリビア戦闘機撃墜事件、八九年のパナマ侵攻など、米国が関わった紛争や戦闘は数多い。

そこで米国は侵略国だという見解が当然成り立つ。もし米国が侵略国であるとするならば、国家レベルの最大の脅威は米国だということになる。この疑問にはどう応えるべきだろうか。

米国は第二次世界大戦後その圧倒的な経済、軍事力をもって米国の考える安定した国際秩序を構築しようとしてきた。この国際秩序とは、自由と民主主義の原則に基づくもので、この原則を基に成立する政府は基本的には相互に武力紛争をすることはないとの前提に立っている。そこから、冷戦時代には米国は反共主義を貫き、自由主義陣営の主導権をとってきた。このことから、朝鮮戦争における米国の韓国側支持には、反共政権支持、民主主義擁護という大義名分があった。しかも国連での決議に基づく軍事行動であったため、国際的に正当化されたのである。

同様に、ベトナム戦争に対する米国の介入にも自由のためという大義名分（正当化）はあったが、これは米国が押した南ベトナム政権が極度の腐敗のため、北ベトナムによるもう一つの大義名分である民族統一に負けてしまった。

他方、米国は自国の近隣地域（裏庭）においては、自国の安全保障上不利な種は早い段階で摘みとっておくという姿勢を維持する。八三年一〇月、米国は、カリブ海に浮かぶ小国グレナダ（人口一二万人）に共産政権が誕生しようとしているのは米国の安全保障上望ましくない、また米国人の安全を確保する必要があるとの理由で、突然約二〇〇〇人の米軍を送り込んで政権を転覆させてしまった。これに対して、国連安保理は「武力干渉の即時停止と外国軍の即時撤退」決議を圧倒的多数の賛成で採択しようとしたが、米国の拒否権行使で流れてしまった。そこで、国連総会で侵攻非難の決議が圧倒的多数で可決されることになった。八九年には、パナマの独裁者ノリエガが米国内のマフィアと通じて麻薬を極秘に米国内に送り込んでいるのは米国の社会秩序を乱すものであるとの理由で、米国は軍隊を送り、ノリエガ拘束作戦に出たことがある。これは失敗したが、後にノリエガは逃げ切れないと判断して出頭してきたので逮捕され、米国に連行され、米国の裁判を受けた。米国はこれらの行為を自衛のためとするが、指導者を拘束するために他国に侵攻するのは、理由が何であれ主権侵害であり、国際法違反であった。

このように見ると、米国は国際社会の安定のために武力を行使し、フセイン(イラク)、カダフィ(リビア)、ノリエガ(パナマ)などの「ならず者」を国際社会から放逐するために大きな犠牲を払っている点を高く評価する必要があるが、その反面、侵略国としての性格も持っていることは否定できない。

6 侵略開始以前の脅威

これまでの議論は、他国からの侵略は第一級の脅威であるというものだが、脅威は侵略が始まったときに初めて感じるものではない。侵略が始まる前の状態でも、侵略の準備が進んでいる時はすでに脅威とすべきである。さらに侵略の準備はしていないが、侵略する能力があれば、これを**潜在的脅威**[＊4]というべきではないだろうか。

実際、専門家は、相手国が当方を侵略する能力があれば、その状態を潜在的脅威と考えるべきだとする。相手国が当方を侵略する意図を現時点で持っていなくても、将来そういう意図を持った時には、侵略することができるからである。この能力を重視するという立場から見れば、現在の北朝鮮が長距離ミサイル実験をしたり、核兵器を開発し保有したりしていることを、日本や米国は潜在的脅威と認識するのは当然であろう。

日本や米国は中国の軍事力が著しく増強されているとして、中国脅威論をよく主張する。中国の国防費が過去一八年間連続で、前年比一〇パーセント以上の増加率を達成していることは確かに驚異的である[**図表2-1**]。二〇〇五年の公式の国防費は二四七億ドルに相当する。そのうえ、米国防総省は、実質の国防費はその約三倍に相当すると推定する。中国の公式の国防費には兵器調達費や研究開発費は含まれていないとされる。米国の分析によれば、中国がロシアから購入した潜水艦などで構築する外洋型海軍が、将来米空母が台湾海峡に入り、台湾を支援するのを阻止することができるとようになるとしている。このようにして見ると、中国の軍事力は潜在的脅威であるといわねばならない。

他方、中国政府は、国防費の大半は人件費であって、経済成長が大きくなるとよい人材が私企業に流れるので、兵員の給料を上げざるを得ないと説明する。また人民解放軍は世界最大の規模であるものの、旧式な装備も多いようである。にもかかわらず、長距離および中距離ミサイル開発、核兵器改良、宇宙開発、航空機増強、空母建造などは、中国の経済の急成長と合わせて考えれば、軍事力の近代化が着実に進んでいると見るべきであろう。

また侵略の準備はしていなくても、言辞による恫喝も潜在的脅威である。南北関係が悪かった頃、北朝鮮は韓国に対して「ソウルを火の海にしてやる」という言明をしばしばしたことがある。またイランのアフマディネジャド大統領は「イスラエルは地図から消されるか、ヨーロッパへ移すべきだ」という発言をしているが、これも十分挑発的である。国民感情が相互に悪い二カ国は、お互いに侵略戦争を招く潜在的脅威であろう。このように何が潜在的脅威になるのかは広くとらえるべきである。

図表2-1◆中国の公式国防予算額および推定国防支出額

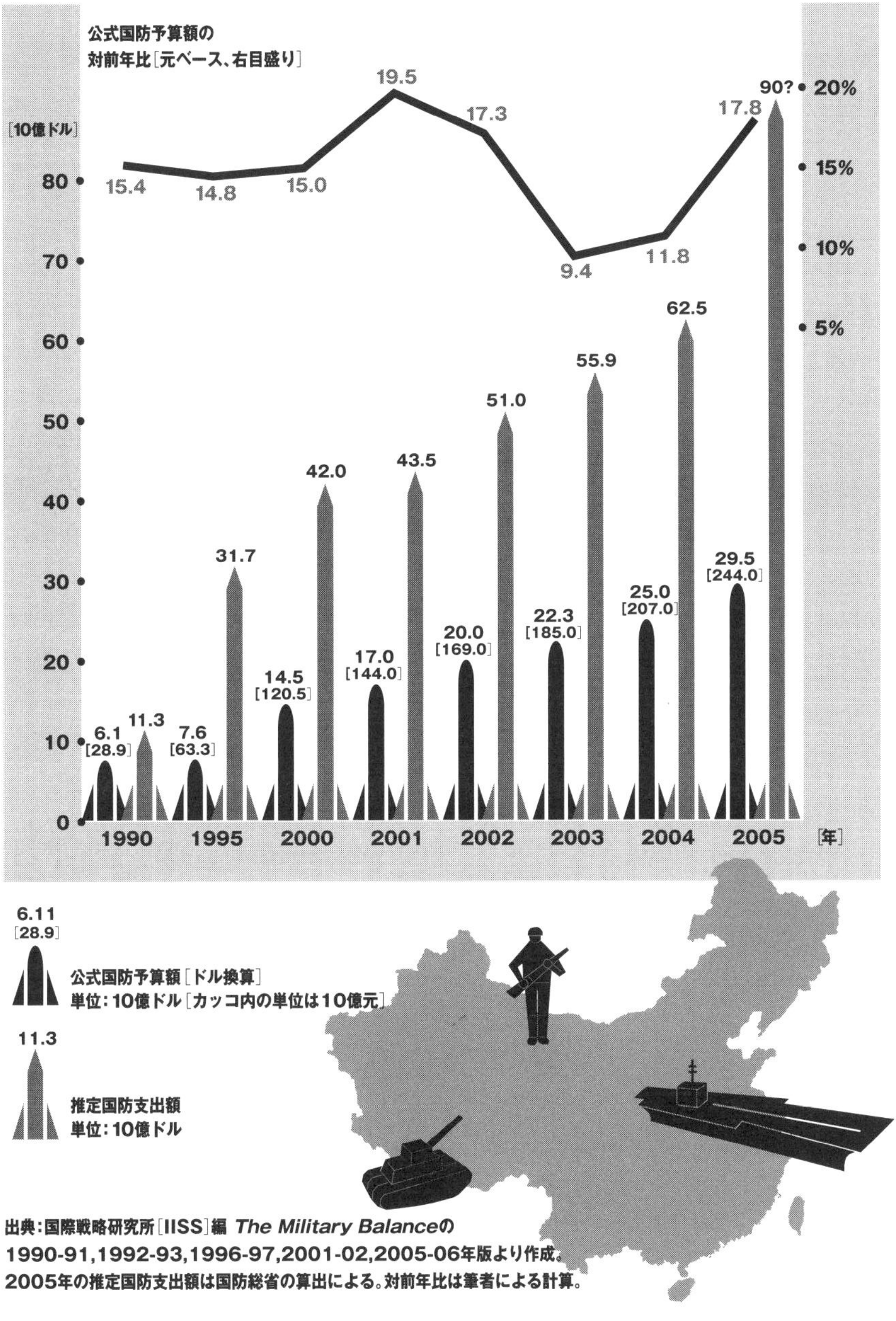

出典：国際戦略研究所［IISS］編 *The Military Balance*の
1990-91,1992-93,1996-97,2001-02,2005-06年版より作成。
2005年の推定国防支出額は国防総省の算出による。対前年比は筆者による計算。

2 地域安全保障環境

KEYWORDS
地域安全保障環境
地域対立
地域覇権国
安全保障のジレンマ
不安定の弧

論点▼▼▼▼▼地域レベルの脅威は地域大国があるからか、地域覇権国があるからか

1 有利な地域安全保障環境とは

ここでは、地域レベルの伝統的な安全保障上の脅威を検討したい。一国の首相ないし大統領としては、自国の属する地域が自国の安全に有利であり、有害ではないことを期待する。そして何が有利な要因であり、何が有害な要因であるかを見分けなければならない。こういうときに、「自国の**地域安全保障環境**〔＊5〕は良好である」とか、「自国の地域安全保障環境は自国に有利である」とか、あるいは「自国の地域安全保障環境は自国に不利である」などという。

地域内のすべての国が自国に友好的である状態が最も望ましいが、通常はそういう状態は期待できない。前章で見たように、この地域のなかには侵略国あるいは潜在的脅威となる国が存在するかもしれないし、多くの場合、

そうした国が存在するものである。最悪の地域安全保障環境は、地域内のすべての国が自国に敵対的である場合である。一九九〇年八月にイラクがクウェートを侵攻したとき、中東地域のすべての国がイラクを非難したことがある。その非難は当然としても、イラクにとっては最悪の地域安全保障環境であった。

地域内で対立している国がある場合、これを**地域対立**［**＊6**］ないしは地域紛争という。地域対立の原因はさまざまであるが、概して❶国境線や領有権をめぐる見解の相違、❷民族的反感、❸宗教的対立、❹有限資源の争奪、❺政治体制の相違、❻国力の不均等発展、そして❼**地域覇権国**［＊**7**］としての野望などである。

自国がこれらの地域対立の当事国ではないとしても、地域内の複数国が対立している場合、一国の指導者はその対立が自国の安全にどのような脅威となるかを検討しなければならない。たとえば、南シナ海の西沙諸島や南沙諸島の領有権をめぐって関係五カ国が異なる主張をしてきた。八〇年代や九〇年代には、中国とベトナム、中国とフィリピンとの対立は厳しいものであったが、日本は当事国ではなかった。したがって南シナ海の紛争が日本の安全に脅威となることはなかった。しかし、日本がベトナムあるいはフィリピンの立場を支持したとすれば、日本は中国からは批判され、日中関係はこのために一層悪くなっていたかもしれない。さらに南シナ海が日本の東南アジア、中東、およびヨーロッパとの貿易ルートであることを考えれば、そこでの紛争は日本の経済活動に悪影響を与えるかもしれない。このように考えれば、南シナ海の島々の領有権紛争は日本の安全にとって無視できない問題であることがわかる。

もっとも、地域内の紛争が自国に敵対的な国同士間で起きている場合には、自国に有利な状況であると言えるかもしれない。中東ではイスラエルが多くのアラブ諸国およびイランから常に批判されているが、その際、サウジアラビアとイラク、サウジアラビアとイラン、そしてイラクとイランが対立している状態は自国の安全には有利であると、イスラエルは判断しているであろう。狡猾な外交をする国ならば、意図的に敵対国同士を反目させて、敵対感情が自国に集中するのを避ける策をとることもできよう。

2 地域対立は地域覇権国を生む？

地域対立の大きな原因として、地域大国の台頭を挙げることができる。どの国の国力も均等に発展することはない。国力は人口規模、国民の一体性、国民の能力や特性、国内資源の質量、地理的特性などさまざまな要因によって影響を受けるため、発展の速度は異なってくる。その過程で国内の経済的発展の基盤を構築した国は海外に貿易や投資をして、対外的発展を図ろうとする。またそうした経済力を基盤に軍事力を増強しようとする傾向が出てくる。軍事力によって国土、領海を守る体制を確保するばかりでなく、海外の権益を守ろうとする。あるいは経済力や軍事力の伸長によって、自国の地域的、国際的地位を上げようとする。

こうした国のことを地域大国という。台頭する過程の地域大国は概して自国の現在の影響力に満足しておらず、対外的発展を求めようとする点で、一種の現状不満国（現状変更国）である。地域大国が周辺の国々と摩擦なく台頭する場合には地域対立は起きにくいが、急速に台頭する場合には地域対立を起こしやすい。しかもいくつかの地域大国は覇権的姿勢を持ちはじめることが多く、そうした国を地域覇権国と呼ぶことができる。地域覇権の野望をもつ指導者が現れると、国力伸張を誇示するため、失地回復、領土拡大などの行動をとるので、周辺諸国と対立関係になる。覇権国は国益の追求のために武力を行使する用意があり、武力の誇示によって周辺国に対して政治的発言権を強化しようとするからである。地域覇権国の台頭は自国の安全から見て警戒しなければならない。

地域大国は、アジアでは差し当たり日本、中国、インドネシア、インド、中東ではサウジアラビア、イラン、イラク、エジプト、中南米では、メキシコ、ブラジル、アルゼンチン、欧州では英国、フランス、ドイツである。地域大国の基準は曖昧であり、どの国を地域大国として扱うかは議論が分かれる。アジアでは、経済力から見れば、韓国、台湾も地域大国として考えるべきかもしれない。また中東でのイスラエルは人口や経済力では大きな規模とはいえないが、過去の中東戦争でアラブ諸国を敵に回しながら概して有利な条件で戦争を終結しているところを見れば、地域大国に加えるべきかもしれない。同様に、石油輸出で高収益を得て伸びている南米のベネズエラ、欧州ではイタリア、スペイン、トルコ、ポーランドなども含めるべきかもしれない。また日本、中国、インド、英国、フランス、ドイツなどは、地域大国よりも国際大国あるいは地球規模大国（グローバル・パワー）の域に入っているというべきである。

しかしこれらの地域大国のなかで、地域覇権国は当面のところ中国とインドであろう。かつては、イランのパーレビ国王、エジプトのナセル大統領、イラクのフセイン大統領などによる地域覇権国への野望が周辺国と緊張関係を生んできた。東南アジアでも、一九六〇年代初め、インドネシアのスカルノ大統領は、西イリアン（現在のイリアン・ジャヤ州）を併合したり、新興諸国のリーダーとして振る舞い、新興諸国によるスポーツ競技大会を主催したりした。そしてマレー連邦が六三年、旧英国領の北ボルネオ、サラワク、シンガポールを統合してマレーシア連邦を結成した時、これを英国の新植民地主義政策の現れであると非難し、「マレーシア対決政策」を大まじめで断行したことがある。これは結局、スカルノの失脚に終わった。

現在中国やインドは地域覇権国というレッテルを貼られることには不満であろうが、外交や軍事姿勢を見ると、その分類に入ることがわかる。いずれも長距離ミサイルや核兵器の開発に熱心であり、また外洋型海軍の増強に力を入れている。中国は東シナ海における海底油田の掘削に力を入れ、台湾併合を進め、将来は米国の東アジアにおける影響力を低減させる戦略をとっている。インドも南アジアの七カ国で構成される南アジア地域協力連合

（SAARC）では常に、パキスタンの動きを意識してリーダーとして振る舞うなど、優勢な地位を保持しようとしている。

なお最近のイランの核開発への執念やイラクのシーア派支援、南レバノンの反イスラエル主義のイスラム原理主義勢力であるヒズボラなどへの支援を見ると、イランも地域覇権国を目指している兆候があるといえよう。

3 アジアの安全保障環境は？

ここで、アジアの安全保障環境を観察してみたい［**図表2-2**］。日本でしばしば聞かれる議論に、「中国と台湾の軍事バランスは中国に有利に展開しているので、近い将来、中国は台湾を軍事的に解放するのではないか」というのがある。台湾海峡をはさむ中国と台湾とが軍事衝突を起こせば、米国は台湾を防衛するため軍事行動に出るであろう。これによって台湾海峡の緊張は一気に高まるであろう。その際、米国は沖縄や本土の在日米軍基地およびグアムの基地を使って台湾支援作戦を展開することになる。自衛隊も米軍支援や情報収集で関与するであろう。場合によっては、台湾の要人や一般人が沖縄に避難しようとするかもしれない。そうなれば、中国は日本が台湾を支援していると非難し、日本に対して軍事的圧力を加えようとするかもしれない。

このように、一国の首相なり大統領は、周辺国で自国に侵略してきそうな国だけを心配していればよいわけではない。周辺国で起きている、直接自国に関係のなさそうな複数国間の軍事的対立が自国の安全にどう影響を及ぼすかも考えておかねばならない。ここでは、日本から見て、そうした可能性のある地域紛争について述べてみたい。

第一は、朝鮮半島の南北関係の動向である。朝鮮半島は歴史的に日本が自国の安全を考えるうえできわめて重要な地域であったし、現在もそうである。一八七〇年代以降は、朝鮮半島を支配下に置かなければ日本の安全は危ないという征韓論が盛んに論じられたほどである。そ

図表2-2◆ユーラシア大陸南部周辺における地域安全保障環境

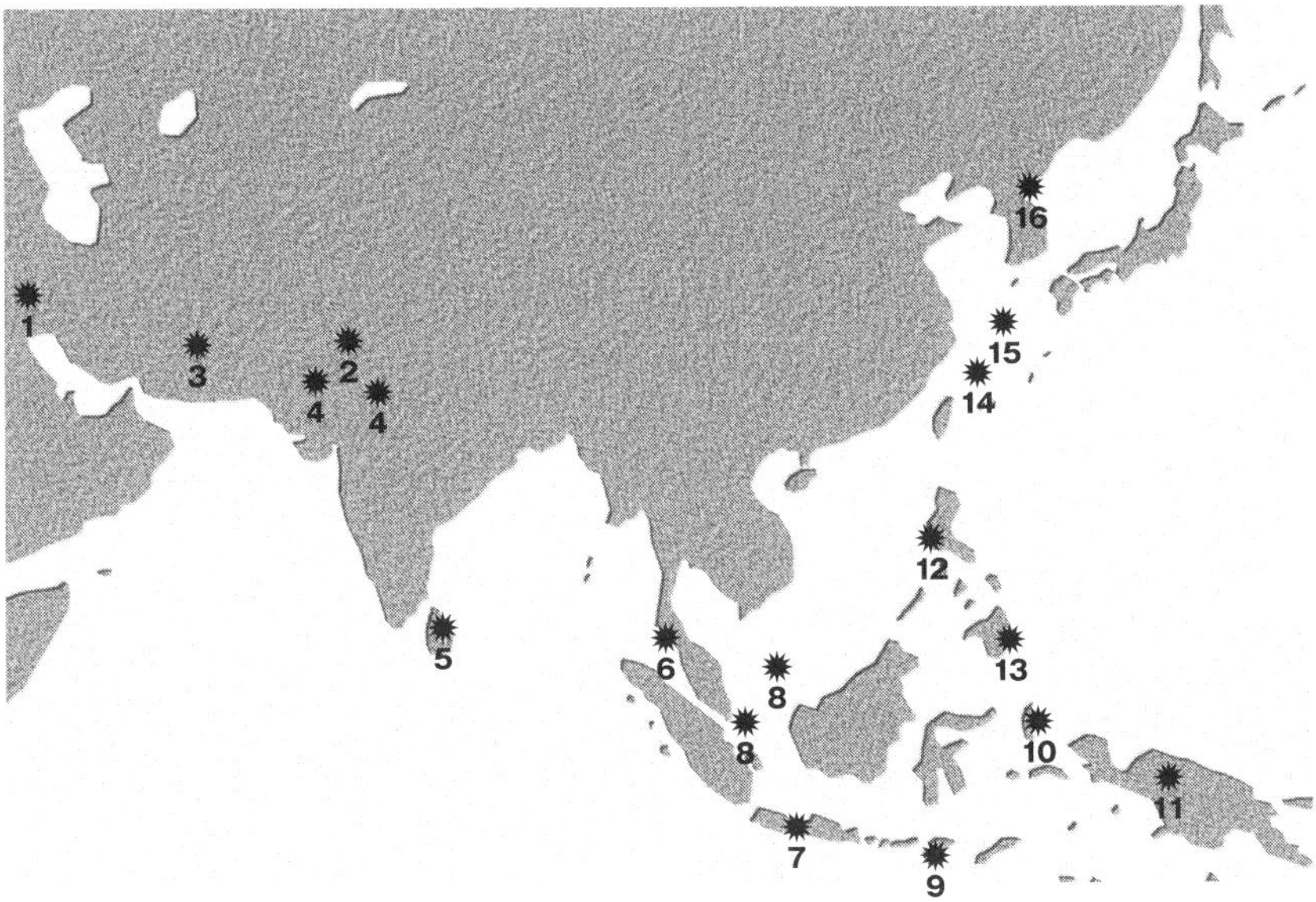

1 ✹イラク治安悪化と宗教対立

2 ✹カシミール紛争

3 ✹イラン核開発

4 ✹印パ核実験［1998年］

5 ✹タミル過激派分離要求

6 ✹イスラム教徒テロ

7 ✹ジャカルタ爆弾テロ［2005年］

8 ✹海賊の横行

9 ✹バリ島爆弾テロ［2002年、2005年］

10 ✹アンボン宗教暴動

11 ✹パプア独立運動

12 ✹マニラ・イスラム過激派テロ

13 ✹アブサヤフ過激派テロ・誘拐

14 ✹日本の尖閣諸島領有に中国異議

15 ✹日中中間線海域での油田掘削対立

16 ✹北朝鮮核ミサイル開発実験

れが後に日清戦争および日露戦争となり、一九一〇年からは日韓併合につながったのである。

　現在の問題は、北朝鮮と韓国が今後どこまで統一の道を進めるのか、その際中国は朝鮮半島にどんな影響力をもつのか、そして統一された韓国が日本にどんな姿勢を見せるかである。最悪のシナリオは、統一された朝鮮半島が中国の支援を後ろ盾にして対日強硬政策をとり、核兵器で日本を恫喝するというものであろう。

　中国の朝鮮半島への影響力は予想以上に大きいと思われる。北朝鮮の金正日総書記は二〇〇二年に約束した韓国訪問を反故にして、これまで中国をすでに二回訪問している。中国は北朝鮮に経済援助をしているが、中国企業の進出を条件にしているようである。中国は北朝鮮の食糧や電力の供給などで大きな役割を果たしている。韓国も三八度線のすぐ北にある開城《ケソン》市に大規模な工業団地を設立しているが、中国の北朝鮮への影響力のほうが大きいようである。このまま行くと、中国の強い影響力の下で進められる南北統一は、一九世紀末の日清戦争直前の朝鮮半島に類似した状態になるかもしれない。そうなれば、朝鮮半島の南北対立の解消が日本の安全にとって脅威となる。

　第二は、中台対立である。これについては冒頭で述べたとおり、台湾海峡をめぐる緊張は日本だけでなく、米国を巻き込む重大な事態となりえる。冷戦時代には中台対立が米ソ対立の激化になる懸念もあったが、現在ではその懸念はない。現在では、中国が台湾に届くミサイルを中国の沿岸に七〇〇基以上配備しているとされている。それに加えて海軍力の増強が著しく、中国側が有利になっている。それだけに中台武力衝突は大きな地域安全保障問題である。

　第三に、中印対立である。中国とインドは一九六二年にヒマラヤ山脈の国境線をめぐって武力衝突をしているが、両国間には強いライバル意識がある。インドと対立してきた隣国のパキスタンと中国はともにインドを牽制する点で利害が一致し、中国・パキスタン対インドという構図が続いてきた。インドは中国に対抗して、核兵器と長距離ミサイルの開発に努力してきた。現在両国は相互に自制しており、海軍合同演習などをして信頼醸成に努めているが、両国関係の底辺では民族的反目が続きそうである。

これまでは中印対立は日本の安全に影響してこなかったが、今後状況は変わるかもしれない。インドは今の年率六％以上の経済成長率を維持すれば、国内総生産（GDP）で二〇二〇年代後半には日本を追い越し、五〇年には中国、米国に次ぐ世界第三位の経済大国になるとの予測もなされている。日本とインドが経済面ばかりでなく、安全保障面でも協力関係を推進すれば、日中関係はさらに悪化するかもしれない。

現在の東南アジアは、南シナ海やマラッカ海峡に出没する海賊およびジェマー・イスラミヤと呼ばれるイスラム過激集団という、従来とは異なる地域安全保障上の障害がある。後者は、アルカイダ勢力との連携を保っているようで、ジャカルタやマニラ、それにバリ島、フィリピン南部のミンダナオ島、タイ南部などでの自爆テロや誘拐事件を起こしている。

南アジアには東南アジアよりもっと複雑な地域対立がある。そのなかで大きなのがインドとパキスタンの対立である。現在は相互の抑制が効いているが、過去にはカシミールの領有権の問題をめぐって何度か武力衝突が起きた。九・一一テロ事件以後、米国の強い圧力により、パキスタンはそれまでのアルカイダやタリバン勢力への支援を中断し、テロ勢力掃討に協力してきた。米国はその見返りにパキスタンの核保有を認めたが、同時に米国はインドを世界最大の民主主義国と持ち上げ、インドとの強力な関係を構築することで、対中牽制と対パキスタン牽制に動き始めた。ブッシュ大統領の二〇〇六年三月の訪印で米印関係の強化が図られたが、日本にとっては歓迎すべき動きである。反面パキスタンがテロ勢力掃討に弱めることになり、パキスタンがテロ勢力掃討にどれだけ熱心に取り組むか疑問である。

中東にも複雑な問題が多いが、特にイスラエル・パレスチナ問題、イラク問題、それにイラン問題が大きい。

ここには民族抗争と宗教抗争あるいはイスラム教徒の中の宗派抗争があり、これにイランなどの核開発問題がからんでいる。中東の政治的不安定が続けば、日本への石油の安定的供給が阻害されるかもしれない。

以上の諸国はユーラシア大陸南部にあり、政治的に**「不安定の弧」**［＊8］と呼ばれている。この南部沿岸に沿って、日本にとって死活的な長いシーレーンが延びている。その安全が脅かされる可能性があるわけで、東アジアの安全保障環境は日本にとって決して楽観視できるものではない。

4 安全保障のジレンマは軍拡競争を生みやすい

地域紛争は、多くの場合、軍備拡張競争を招く。それがさらに対立を激化し、地域を不安定にさせる。地域内の二国間の対立が大きくなるにつれ、一方の当事国は、自国の安全のため相手国の軍事力に匹敵するかあるいは少し上回る軍事力を持とうとする。しかしそのことが逆に相手国に対して不安を与え、相手国もそれに劣らぬ軍事力を準備しようとする。これはたとえばインド・パキスタン関係にも、中台関係においても見ることができる。インドとパキスタンの間の核開発やミサイル開発における競争は、典型的な軍拡競争の例である。中台関係も同様である。中国が自国の台湾海峡に面した沿岸に中距離ミサイルを配備しはじめると、台湾はイージス艦の購入を検討する。米空母が有事に台湾海峡に入るのを防ぐため、中国は潜水艦を増強するといった具合である。

この二つは当事者が二者であるが、中東の場合はもっと複雑である。イラン・イラク関係、サウジアラビア・イラン関係、サウジアラビア・イラク関係、イスラエル・アラブ諸国関係など、対立関係が錯綜しているため、相互の不信感や不安感はさらに深刻である。

この「自国の安全は他国の不安である」という**「安全保障のジレンマ」**［＊9］は、実際には指導者の心理的要因も加わって対立関係を一層複雑にする。一方の指導者は相手国の指導者の意図が読み取れず、攻撃を受けるのではないかという猜疑心に駆られる。そして攻撃を受けるよりは先制攻撃をしたほうが損害が少なくてすむのではという計算をする。この心理が対立関係を戦争に導いてしまう。一九五六年の第二次中東戦争ではイスラエルはエジプトに、六七年の第三次中東戦争ではエジプト、ヨルダン、シリアに、先制攻撃をかけた。またイスラエルは八一年六月にイラクのオシラク核施設を完成直前に奇襲攻撃をかけて破壊した。さらにイスラエルは八二年八月、西ベイルートへ突入しパレスチナ・ゲリラを攻撃し、一掃したのである。

軍拡競争は一般に地域を不安定にさせ、望ましくないという主張が多いが、これに対して異論を唱える論者もいる。特に核兵器は相手国に決定的な破壊をもたらすので、相互に使用を自己抑制する。このため、核競争はむしろ戦争の可能性を低減させているとの主張を行う。事実、冷戦時代は米ソが核を保有することで、相互が核の使用を抑制した。また現在イスラエルが核保有をしているることが、アラブ諸国のイスラエル攻撃を抑制している側面もある。核兵器が地域安定に寄与しているとの議論がここにある。

3 国際安全保障環境

KEYWORDS
国際安全保障環境
覇権国と覇権抗争
核の冬
核抑止
覇権安定論

論点▼▼▼▼▼覇権国の存在は常に国際レベルの脅威と見るべきか

1 有利な国際安全保障環境とは

ここでは、**国際安全保障環境**［＊10］をどうとらえるかを論じ、一国にとって国際レベルないしは地球レベルの脅威は何かについて検討する。前章の地域安全保障環境と同じく、国際レベルの脅威を考える際にも、広く国際社会における対立の諸要因を探ることが重要である。一国にとって最も望ましい国際安全保障環境は、すべての国が自国に友好的、協力的である状態である。たとえば、スイス、スウェーデン、ノルウェー、フィンランドなどは世界中がきわめて友好的に接しているので、国際安全保障環境は良好である（と日本人は考える）。こうした国は例外的で、日本がこういう状態を期待するのは非現実的である。逆に、最悪の国際安全保障環境は、自国が世界中から敵視される場合であるが、これも非現実的であろう。

　自国が国際的規模の対立関係の当事国であれば、抗争相手に対して有利な立場に立つべく、経済的、軍事的な面で張り合うのが、自国の安全につながる。そこでは軍拡競争も必要になるであろう。同盟国を募るのも重要である。反面、自国が国際対立の当事国でなければ、国際対立が自国の安全にどんな脅威を与えるかを分析する必要がある。たとえば、冷戦時代の後半には、中国とソ連が激しく対立した時期があった。これは直接的には日本に関係のなさそうな事態であったが、もし中ソ戦争が始まることになれば、米国も日本も世界政治における大国間の均衡を考慮して中国側に味方したであろう。そうなれば、当然日ソ関係は悪化したであろう。このように、一見関係なさそうな事態にも、展開によっては関係づけられてしまうことがある。

　国際安全保障環境を分析するときには、国際規模で対立している国または国の集団を扱うわけであるから、ここでの国とは当然のことながら大国を指す。国際規模の対立の原因としては、概して❶有限資源の争奪、❷政治体制の相違、❸覇権国としての野望などである。

　中国とインド（合計の人口は約二四億二〇〇〇万人）の経済が成長するにしたがって、石油エネルギーおよび核エネルギーの需要が高まっており、世界の主要国がエネルギー資源の確保に懸命になっている。そのため、石油価格の高騰が続き、世界規模で石油資源の争奪戦が起きている。この争奪戦が武力を伴うものになるとき、事態は深刻になる。国際対立は政治体制の相違によることも多い。冷戦時代は特にそうであった。米国が代表した自由民主主義体制とソ連が代表した共産主義体制が対峙した形になった。それぞれが自己の政治体制の優位性を宣伝し、できるだけ多くの国を味方につける工作を展開した。現在はロシアも形式的には民主化しているので、政治体制の相違に基づく米露間の対立はあまりない。しかし今後は、人権問題などをめぐる米国と中国との間の政治体制における対立は大きくなるかもしれない。

2 覇権国の出現は脅威

国際規模の対立を生むもうひとつの大きな原因は、世界制覇の野望をもつ覇権国が出現することである。本章2「地域安全保障環境」で地域覇権国について検討したが、この節で扱う覇権国は、地域覇権国よりも規模のもっと大きい帝国規模のものである。

歴史を振り返ると、しばしば「帝国」が出現している。帝国といっても、自ら自国名に「帝国」という言葉をつけているローマ帝国のような国もあれば、そういう言葉をつけていないが、次に説明するように、帝国の性格を有している今日の米国や一九九一年まで存在したソ連邦のような国もある。ここでは両方の帝国を扱う。

帝国は覇権国である。覇権国は、経済的、軍事的手段によって他国を威圧したり侵略したりして、自国を中心とした勢力を拡大しようとする。覇権国は敵対国が現れると、戦争をして自己の立場を固持ないしは強化しようとする。帝国は覇権的姿勢をもつからこそ、帝国になれるのである。したがってそうした覇権国が出現するのは、周辺国にとっては脅威である。特に弱小国にとっては、覇権国に逆らうことは危険である。弱小国が逆らわなくても、覇権国は併合をもくろむことが十分あり得る。

まず、覇権国が周辺の弱小国や敵対国を呑み込んで併合してしまう例を見よう。一三世紀初めのモンゴル軍は、チンギス・カンの強力な指揮の下、華北へ侵入して制し、その後西へ移動して西夏を滅ぼした。チンギス・カンの死後もモンゴル軍は南下して金(中国北部を統治した国)を滅ぼして、一二七一年、北京に元(蒙古帝国)を樹立した。ついで元は中国南部を制していた南宋を滅ぼした。さらにビルマを討ち、高麗軍を率いて日本にまで、またジャワにまで遠征した。

またロシアの発展も同じパターンである。ロシアはもともと九世紀末にウラル山脈西部に生まれたキエフ公国から始まり、次第に勢力を伸ばしていった。ロシアは一三世紀にはウラル山脈を越えて進入したモンゴル軍に押され、西からはポーランドなどの勢力に侵されるが、一五四七年、イヴァン四世がロシア帝国の初めての皇帝（ツァーリ）となって以後、シベリアへの進出が始まった。その後一六八九年、ピョートル大帝の即位後は中央アジアも占領し、カムチャツカ半島を越え、アラスカも領有した。ロシアの提督プチャーチンが長崎に来て、日本との和親条約を求めたのは一八五〇年代である。一八六〇年、ロシアは弱体の清王朝から沿海州を取得した。その後もロシア帝国は膨張を続けた。ロシア共産革命を経て一九二二年、ソビエト社会主義共和国連邦が共産党政権の下に成立したときには、ユーラシア大陸の全北部を占める、一五の共和国からなる帝国になっていた。しかもソ連は、一九七八年のアフガニスタンの内乱に介入したように、周辺国が反ソ政権になるのを阻止して政権転覆を謀るなど政治介入をした。これも覇権国の姿である。

　このように覇権国は勢力伸長の過程で周辺国を呑み込んでしまう。さらに覇権国が安全保障上の脅威になるもうひとつの理由は、**覇権国**［＊11］が当然のことながら**覇権抗争**［＊12］から戦争へとエスカレートするので、国際秩序を不安定にする傾向があるという点である。第一次世界大戦は、ドイツ帝国やオーストリア・ハンガリー帝国が対抗馬のロシア帝国へ宣戦して、戦争が拡大したものである。第二次世界大戦も、ヒトラーのドイツ（第三帝国）、ムッソリーニのイタリア、そして東条の大日本帝国が枢軸国を形成し、米英仏露などの連合国に挑戦したものである。こうした覇権抗争が始まると、周辺の小国の安全はその影響を直接受ける。覇権国の出現は一般的には脅威である。

　しかし「覇権国は危険ではない」という主張もある。二つの競合する覇権国が存在するとき、一方の覇権国との対立が深刻になり、侵略を受けそうになった小国にとっては、自国の側に立つ覇権国が保護してくれるからである。その場合は、「覇権国は頼りになる」「寄らば大樹」との主張になる。今日の台湾にとっては、米国は頼りになる覇権国であろう。第二次大戦後の米国が、戦後の疲弊した西欧諸国の経済復興を大々的に援助したマーシャル計画や、同じく敗戦で極度の食糧難にあった日本に対して大量の余剰食糧を供与したことに関して、「米国は情け深い帝国」という表現もある。米国として、自国の安全保障の確保のため友好国を増やすという国益の追求を貫いたにすぎないかもしれないが、そういった側面を活用する帝国は覇権国の恐怖性を和らげる。

3　覇権と核戦争の脅威

一九四五年八月以降は、国際レベルにおける覇権国の出現に新たな次元が加わった。それは核兵器の出現である。広島、長崎に投下された原子力爆弾によって国際政治は一変したといってよい。破壊力において、それまで使用されていた爆弾や砲弾をはるかに超えたものを米国が開発使用したことによって、米国は国際政治において超大国という覇権国の地位を勝ちとったのである。しかし、ソ連もその数年後の一九四九年九月に原爆保有宣言を行ったことで、超大国に加わった。米ソに続いて、英国は一九五二年に、フランスは一九六〇年に、そして中国は一九六四年に、それぞれ原爆実験を行い、核保有を宣言した。

最初、核爆弾は空軍機（長距離爆撃機）によって敵地近くまで運搬して投下するものであったが、大型ロケットと潜水艦の開発が進んで、地上発射（長距離ミサイルないし大陸間弾道弾）と海中発射（潜水艦発射）による核兵器が配備されるようになった。一九八五年頃までの五カ国による核保有の量はＴＮＴ火薬二二〇億トンに上り、広島型原爆の一四七万発に相当した。米ソの核兵器保有数は戦略兵器削減交渉（ＳＴＡＲＴ）Ⅱが合意された一九九二年には、それぞれ九九八六発、一万九〇九発にまでになった。なぜこれほどまでに米ソが核兵器を持つ必要を感じたのか理解に苦しむが、まさに核の脅威がここにあった。

核の脅威は実は二つに分けて考えることができる。ひとつは、核兵器の量が多すぎることの脅威で、この状態のことをオーバーキル（過剰殺戮）という。そして一九八三年、米国の天文学者であるカール・セーガン博士ら科学者グループが、核戦争がもたらす気象への影響を研究した結果を発表した。それによると、米ソが保有する一万メガトンの核爆弾を打ちつくす全面核戦争が起きると、六〇日後には北半球の中緯度地帯が氷点下四五度という北極並みの寒さになり、通常の気温に戻るのには一年以上かかり、人類は絶滅の危機にさらされるというものであった。この状態を「**核の冬**」［＊13］と呼び、米国のテレビ映画『ザ・デイ・アフター』にも使われた。

もうひとつは、偶発核戦争の脅威である。人為的、機械的ミスにより意図することなくして核戦争が引き起こされる恐怖である。八〇年代以降、偶発戦争に対する関心が高まった。それは核の警戒、監視、発射システムなどコンピュータ化が進み、コンピュータの誤作動や故障により、相手国が核攻撃を仕掛けてくると誤認する可能性が出てきた。またこれらの判断と意思決定に要する時間がきわめて短いことが誤認かどうかの確認を困難にした。攻撃の決定時間は七〜八分、警報の正誤判断は五〜六分だといわれている。さらにこうした緊迫した状態で勤務する人たちがストレスを受け、アルコールやドラッグの常用者となり、注意力を低下させるという問題がある。

このように、核兵器の出現によって覇権戦争になれば、全世界が壊滅的になる危険があるという意味で、覇権国の意味や覇権戦争の性格が大きく変わったことがわかる。しかし同時に、核兵器の持つ威力は、その驚異的な破壊力のために、抗争する双方の核保有国に使用を躊躇させる。一方が先制核攻撃をして相手国の持つ核兵器を完全に破壊できるならば、使用しようとするかもしれない。しかし、相手国が核攻撃を受けても必ずいくつかの核兵器を温存する（地下深くに配備しておくとか、所在のつかめない潜水艦に配備をしておくなど）ことができれば、その温存した核兵器で反撃し壊滅的打撃を与えることができる。つまり核兵器は相手の核攻撃を抑止する（控えさせる）効果を持つ兵器である。こういう考え方に基づいた防衛政策を**核抑止**戦略とか相互確証破壊戦略という。

したがって冷戦時代を通して、米ソは核兵器の激しい保有競争を展開したが、一度も核を使用することはなかった。唯一その可能性が顕著になったのは、一九六二年のキューバ危機のときであった。ソ連のフルシチョフ第一書記はキューバに秘密裏に米国を攻撃できる核ミサイルを運び込み、一挙に米国を恫喝できる有利な立場を築くことを考えたが、空中撮影でこれを知ったケネディ大統領は、キューバを海上封鎖（厳密には海上隔離という用語を用いた）してソ連の艦艇をキューバに接近できないようにし、かつソ連に核ミサイルの撤去を要求した。その際ケネディは、最悪の事態に備えて全世界の米軍基地にソ連への核攻撃態勢に入るように指示したとモスクワに通告した。フルシチョフは結局この要求に折れてキューバから核ミサイルを撤去することに応じた。世界を震撼させた一三日間のドラマであった。このときには、米国側の核破壊力がソ連側のそれに圧倒的に優勢であったため、フルシチョフは後退せざるを得なかった。このため、ソ連はこの後核兵器の開発生産競争に躍起になったのである。

核保有国は、核兵器は実際使用できない兵器であると通常考えている。にもかかわらず、米ソばかりでなく、英国、フランス、中国がこれに続いて核保有をしたのは、核兵器が対外関係における発言権を強化する（敵対国を恫喝する）のに決定的に役立つと考えたからである。この五カ国は国連安保理の常任理事国でもあり、核を排他的に持つ資格を有する「核クラブ」のメンバーだと考えている。またイスラエル、インド、パキスタン、北朝鮮、イランなどの指導者は、核兵器は自国を敵の攻撃から守る究極的な保証となる兵器であると考えている。この防御的な目的でのみ核を保有している国あるいは保有しようとする国は、覇権国とはいえないかもしれない。しかし実際には、核を保有してしまった国は、核を自国の発言権を強化するために利用するであろうから、覇権的意図があることは否定できない。現在の北朝鮮の指導者の発言を見ると、明らかに核兵器を恫喝に使おうとしていることがわかる。

4 覇権戦争の後は国際秩序が生まれる？

覇権戦争の歴史や帝国の興亡史を見ると、そこに一定のパターンがあり、戦後に一定の国際秩序が誕生することがわかる。たとえば、英国の歴史家として有名なアーノルド・トインビーは、一五世紀以後のヨーロッパでは覇権戦争が一定の周期（約一世紀に一回）で起きていると指摘した。それらは、一四九四～一五二五年のイタリア戦役、一五六八～一六〇九年のスペイン対イギリス・オランダの戦争、一六七二～一七一三年のルイ一四世の戦争、一七九二～一八一五年のフランス革命およびナポレオン戦争、そして一九一四～一九四五年の第一次、第二次世界大戦をさしていた。そしてこれらの覇権戦争が起きた後には、勝った覇権国が君臨することで、一定期間国際秩序が安定することになる。一九世紀の大英帝国は世界の七つの海を海軍力で支配し、かつ「世界の工場」「世界の銀行」としての国際金融貿易体制の中心となった。英国に挑戦する国もなく、「パックス・ブリタニカ（イギリスの平和）」の時代と呼ばれた。世界に圧倒的な支配力を持っている覇権国がただ一国だけの場合、世界は安定し、安全をもたらすという見方である。これを**「覇権安定論」**［＊14］という。

核兵器が出現するまでは、対立する覇権国は覇権戦争をするという前提であったが、前述のように、第二次世界大戦後に出現して米国主導の自由陣営とそれに挑戦したソ連主導の共産陣営は、核戦争を自制した覇権抗争を展開した。米ソ間には熾烈な核兵器開発競争と生産競争が展開されたが、冷たい戦争にとどまり、核戦争（熱戦争）に至らなかった。覇権国間の対立と核兵器の存在が一定の国際秩序を生み出したことになる。これを「パックス・ルソ・アメリカーナ（ロシアと米国による平和）」あるいは「米ソ二極体制」と呼ぶこともある。

このように覇権戦争の後に国際秩序安定期が来ることで、覇権戦争の利点を見出すことができる。第二次世界大戦後、米国が覇権を通して西欧と日本を組み入れて国際自由貿易体制を創出し、一定の国際平和と国際秩序を維持した。冷戦後この傾向は一層顕著になっている。米国による平和は「パックス・アメリカーナ」あるいは「米国一極支配」と呼ばれてきた。第二次世界大戦後の米ソ間あるいは米ロ間の国防費の推移を比較すると、国際政治における両国の影響力の差がよくわかる［**図表2-3**］。

5 覇権国は必ず衰退する？

戦後の世界は、米国流儀の世界づくりになった。さらにその後に続いた冷戦においても勝利を勝ち取った米国は、経済、政治、軍事、技術、文化などの分野で圧倒的な支配力を持ち、米国の基準を世界基準（ワールド・スタンダード）に据える勢いである。これはいつまで続くだろうか。

英国の歴史学者ポール・ケネディは『大国の興亡』の

図表2-3◆世界国防費総計に占める米国、ソ連/ロシア、中国の国防費の割合
［単位：%、世界総計＝100］

	米国	ソ連/ロシア	中国
1965年	32.4	32.8	4.0
1975年	22.2	31.2	7.7
1985年	30.4	n.a.	2.3
1995年	33.6	9.6	4.0
2000年	36.8	6.2	5.1
2003年	40.6	6.5	5.6

出典：1965年および1975年の数字は、それぞれ米国軍備管理軍縮庁編
World Military Expenditures and Arms Transfer の1965-74年版、1971-80年版による。
1985年および1995年の数字は、国際戦略研究所［IISS］編 *The Military Balance* の1997-98年版による。
2000年の数字は同2002-03年版、2003年の数字は同2004-05年版による。

中で、一五〇〇年から二〇〇〇年の五〇〇年の歴史における帝国の発展史を分析して、帝国はその伸張過程で勢力を伸長させ過ぎて衰退していくと説いた。ケネディの指摘を受けるまでもなく、古代のローマ帝国、近世のオランダ、スペイン、ポルトガルなどは一大勢力を誇りながら、勢力を伸ばし過ぎて統治が手薄になり、衰退していった。ペルシャ帝国、サラセン帝国、モンゴル帝国、神聖ローマ帝国、トルコ帝国、清帝国、大日本帝国など、すべて興隆した後、衰退したかあるいは衰亡した。

しかしいくつかの帝国は、帝国としては衰退しても、かつての影響力は形を変えて保持している場合が多い。スペイン、ポルトガルが保持する中南米への文化や言語面の影響力大はきわめて大きい。大英帝国もかつてのピーク時には、「世界の七つの海を制する」国と豪語していたが、第二次世界戦争後は多くの植民地を失ってしまった。しかし英国は、かつて大英帝国に属して独立した国々など四九カ国で英国連邦というユニークな組織を結成し、緩やかな連携を維持している。そして何よりも英語を世界に広めた。ソビエト帝国も一九九一年に解体したが、旧ソ連邦構成共和国のうちバルト三国を除く一二の独立共和国とともに、独立国家共同体（ＣＩＳ）を組織して、国際テロや組織犯罪問題などでの協力関係を継続している。

そこで米国は現在唯一の超大国として残る覇権国であるが、米国は衰退するのであろうか。先述のポール・ケネディなどは、一九七〇年代から米国は衰退期に入っていると主張したことがある。彼の持論は、覇権国は軍事費の過剰な支出により凋落を迎えるというのであるが、冷戦後の米国は技術革新、軍事力などで依然として圧倒的な国力を保持しており、覇権国として存続するとする説が強い。二〇〇三年度の米国の国防費支出四〇五〇億ドルは、世界の国防費総計の四一％に相当した。つまり、「二一世紀も米国の世紀である」とする見解が支配的である。このように、覇権国がすべて必ず衰退するという見方に関しては疑問も多い。

米帝国が衰退期に入ったと見るか、二一世紀もアメリカの世紀と見るか、見方は分かれるが、今後米帝国に挑戦する国が出てくる可能性はどうだろうか。石油価格の高騰で豊富な国家収入を得ているロシアは再び米国に挑戦する帝国になるだろうか。一三億人の人口を抱え、一〇%前後の経済成長を長期に続ける中国や、それに競争を挑むインドの国力は将来どこまで伸びるだろうか。そして、そうした新しい覇権国が米国とどういう関係を築くだろうか。米中覇権戦争などはあり得るのだろうか。それは日本の安全にどういう影響を与えるだろうか。

さらにサミュエル・ハンティントン（ハーバード大学教授）の『文明の衝突』にも示唆されるように、将来の世界は覇権国間の抗争ではなく、キリスト教徒勢力とイスラム教徒勢力との間の抗争になるかもしれない。九・一一テロ事件などの自爆テロはそういう方向を示しているのかもしれない。その場合、米国のような覇権国はどのように自己の覇権を保持するのだろうか。

4 国内紛争と国外勢力の介入

KEYWORDS
国内政治紛争
国外勢力の介入
民族紛争
宗教紛争
宗派紛争

論点▼▼▼▼▼国内の紛争はどのように国の安全に脅威となるのか

1 国内政治対立は国外勢力の介入を招く

最後に、国内的要因が自国の安全に脅威となることがある点について考えてみたい。通常、国の安全にとって脅威となるのは侵略などの国外要因であるが、❶イデオロギーなどをめぐる国内政治対立や❷民族・宗教対立などによる**国内政治抗争**［＊15］も国の安定を弱め、国外勢力の政治介入を招いて国の安全を脅かす［**図表2-4**］。まずイデオロギー対立と**国外勢力の介入**［＊16］について東欧とインドネシアのケースを見よう。

第一に、共産党の勢力拡大は国内政治対立に国外勢力の介入が行われた典型的ケースである。一九一七年にレーニン率いるロシア革命が成功して後、東欧諸国やアジア諸国でその影響を受け、共産党政府が誕生した。その多くは、モスクワの指示で行われたものであり、政府指導者もモスクワが決めていた。第二次世界大戦後には、東欧諸国で共産党が対立政治勢力を倒して（これを粛清と呼んだ）政権をとった。また日本を含む多くの他の国でも、ソ連や中国の指示を受け、共産党が秘密裏に組織され、労働組合や学生組織を動かして大衆デモや大規模ストライキを展開し、政府転覆工作を行った。

これらは国内政治対立に外国政府が介入したケースである。そうした介入が成功することもあれば失敗することもある。介入の成功例としては、ソ連の介入に抵抗したハンガリー国民が一九五六年大規模の反ソ暴動を起こした際、ソ連の戦車などが首都ブダペストに侵入して反ソ暴動を鎮圧してしまった例がある。こうしてソ連のハンガリー支配は八九年まで続くことになった。これに対して、ソ連の介入が失敗した例として、非同盟主義を標榜していたアフガニスタンへの介入が挙げられる。同国では親ソ派のタラキと民族派のアミンが対立していたが、一九七九年九月、民族派が実権を握り（タラキは死亡）、アミン新政府が成立した。しかし同年一二月、アミン政府に不満のソ連は軍事介入によってクーデターを画策し、アミンを処刑してしまった。そしてソ連は自国に亡命していたカルマルを擁立して新しい親ソ派政権を樹立させた。ソ連としては、パキスタンがアフガニスタンの反政府ゲリラ（反ソ勢力）を支援しており、その背後に米国の支持があると判断し、軍事介入によりアフガニスタンの衛星国化を図ろうとしたものと思われる。しかし同政権の失政が混乱を生み、反ソゲリラ勢力への軍事行動も奏功せず、ソ連は八八年に和平協定（米国、ソ連、アフガニスタン、パキスタン）を通してソ連軍を撤退させることになった。

第二に、インドネシアの国内政治対立と中国の介入について見よう。一九六五年九月三〇日の夜、インドネシアで共産党と陸空軍の中の容共派がクーデターを起こし、七人の国軍最高幹部を連行惨殺してスカルノ政権を一挙に倒す策に出たが、国軍の反撃を食らって失敗したことがある。国軍の最高指導者となったスハルト将軍は新軍事政権を率いることになったが、クーデターの背後

図表2-4◆冷戦後の「不安定の弧」地帯に見る主な国内民族・宗教紛争

東アジア

中国	チベット民族による漢民族支配への抵抗、新彊ウイグル自治区における ウイグル族による漢民族支配への抵抗のほか、法輪功集団による北京政府への規制抵抗などがある。 憲法上は宗教の自由は認められているが、実際には相当の規制がある。
フィリピン	南部のイスラム教徒による分離運動があり、自治権拡大要求が2002年に認められた。 このほか、過激派のアブサヤフは東南アジア地域で活動するイスラム・テロ組織 ジェマー・イスラミヤと連携しているといわれている。
タイ	南部でイスラム教徒による自治拡大要求があり、テロが頻発。
インドネシア	スマトラ、ジャワ、カリマンタンの主要都市で中華街の焼き討ちなどの反華人暴動が起きている。 また、マルクのアンボンでは1999年、キリスト教徒とイスラム教徒の深刻な衝突があった。 イスラム過激派によるテロ行為がバリ、ジャカルタなどで起き、州は紛争の様相を呈している。 アチェで長く続いた自治権拡大要求闘争は2005年決着した。 しかし、イリアン・ジャヤ州のパプア独立運動はまだ続いている。
東チモール	インドネシア民族と東チモール民族との抗争が絶えなかったが、 2000年、東チモールの独立で決着した。

南アジア

カシミール	インドとパキスタンの領有権紛争が続く地で、両軍の衝突が何度も起きている。
インド	人口10億6000万人の80%がヒンズー教徒、14%がイスラム教徒であり、 両派の過激派集団による宗教施設の破壊合戦が起きている。 また、主要政党の一つである人民党はヒンズー至上主義政策を掲げてイスラム教徒との緊張を高めた。
パキスタン	人口1億4800万人のほか、150万人のアフガン難民を抱える。
スリランカ	人口1900万人は仏教徒のシンハリ人74%、ヒンズー教徒のタミール人18%からなるが、 タミール過激グループが政府の仏教徒優遇策に不満で分離独立運動を展開。2009年5月敗北。
アフガニスタン	人口構成はパシュトゥン人38%、タジク人25%などの多民族国家であり、 民族間抗争が外国勢力を巻き込んだ内戦を繰り返してきた。

中東

イラク	人口2470万人。うち約80%がアラブ系、クルド系が約26%で、両者の民族対立は歴史的に深刻。 また、アラブ系のうち、南部のシーア派が約55%、北部のスンニ派が約45%で、 両者の宗派対立も激しく、頻繁に武力衝突が起きている。
イスラエル	人口670万人。うちユダヤ人82%、アラブ人19%。アラブ人がパレスチナ地区の分離を求めて、 ほかのアラブ諸国による対イスラエル戦争および近年の対イスラエル自爆テロを展開。 1994年にはユダヤ人がパレスチナ人に銃を乱射するというヘブロン虐殺事件も起きた。

に中国の支持があったとして、中国と国交を断絶する措置をとった。中国としては、当時進行中であったベトナム戦争で北ベトナムを支援し、それに加えて、東南アジアの一大拠点であるインドネシアの赤化が戦略的に重要だと踏んだのであろう。

こうした例でもわかるように、国内政治対立は外部勢力の介入を生み、国家を分裂させることが多い。これは国の安全上きわめて深刻な状態となる。

2 民族・宗教紛争と国外勢力の介入
インドネシアの場合

民族紛争［＊17］や民族紛争とからんだ**宗教紛争**［＊18］も、伝統的脅威である。民族・宗教紛争がいかに国の安全を脅かすかという点を理解するために、インドネシア、イラク、ユーゴスラビアを取り上げる。前二者は国家統一が維持されながら内部分裂要因が続いており、これが国の安全を脅かしている例であり、ユーゴスラビアは国家が解体したとき、諸民族の対立が表面化し、新たな国家が複雑な過程を経て形成されている例である。

第二次世界大戦後、オランダから独立したインドネシアは、多様な民族と宗教を持ち、かつ多くの島からなるため、統治していくうえで深刻な困難を経験した。もともと、現在のインドネシアを構成する地域の島々は、オランダ統治以前はばらばらに存在していた。「インドネシア」という呼び名もまだ存在していなかった。それぞれの島自体もまとまったものではなく、島内の民族、種族が単位になって成立していた数多くの土侯国が支配していた。そこに仏教、ヒンズー、イスラム教（およびその諸宗派）が伝播してきた。

一六世紀末にこの地域に植民地を求めて進出したオランダは一六一九年にジャワに総督をおいて後、次第に統治地域を拡大し、一九〇四年、オランダ領東インドとしてほぼ現在のインドネシア地域の植民地統治を完了した。その過程でキリスト教を導入し、多くの中国人を入れて労働者および仲介業者として使用したことが、社会構成を一層複雑にし、社会的緊張を生起させた。その際オランダは、ジャワ島とその他の地域（外領と呼んだ）を分け、ジャワと外領、特にスマトラとを相互に対抗意識を醸成して反発させる、いわゆる分割統治を敷いた。その後、ジャワを中心に反オランダ独立運動が組織されるが、スマトラ北部の、敬虔なイスラム教徒の多いアチェ王国では、一九世紀末以降、オランダ植民地支配に熾烈に抵抗する武装闘争が起きた。

第二次世界大戦中は日本軍がオランダ領東インドを奪い、ほぼ全土に軍政を敷き、三年余りの統治を行ったが、やはりジャワ島と外領とを分割統治した。ジャワ島は第一八軍、スマトラ島は第二五軍、そしてボルネオ、セレベス地域は海軍が責任を持った。日本軍も分割統治の利点を見ていたのである。

独立後スマトラとセレベスなどの外領は、インドネシア統治で主導権を握ったジャワ人（スカルノ初代大統領）に反発して、一九五六年、オランダと英米の支援を得て、ジャカルタ中央政府に反旗を翻したことがある。それ以外にも、独立後の約六〇年の期間に、アチェの独立（自治権拡大）運動、イリアン・ジャヤ州のパプア人による独立運動、イスラム過激グループによるイスラム国家樹立運動（ダルル・イスラム）、東チモールの独立が起きて、中央政府を悩ませた（最も深刻な国内分裂は、既述の一九六五年九月三〇日に起きた共産党クーデターであった）。

さらにインドネシア東部のマルク州の州都アンボンでは一九九九年一月、キリスト教徒とイスラム教徒の反目から大規模な抗争が起き、死者六〇〇〇人を出し、三〇万人が近くのスラウェシ島へ避難する事件があった。またジャカルタやスラバヤなどの主要都市では中国系市民（華人）に対する暴動が発生した。それに加えて、近年は、イスラム教戒律の励行強化を要求するイスラム過激派が、アルカイダ勢力との結託による自爆テロをバリ島およびジャカルタ市街地で起こしており、これも宗教紛争の一形態になっている。

近年の大きな進展はアチェと自爆テロである。ユドヨノ大統領になってからもアチェ武装勢力と中央軍との闘争は熾烈で多くの犠牲者を出したが、二〇〇四年末のスマトラ沖の大地震でアチェ地区が大きな被害を受け、これを契機に始まった外国軍隊と中央軍の支援によってアチェ人の姿勢が変わり、二〇〇五年和平合意が成立した。

しかし全般にインドネシアでは、国内の複雑な民族、宗教がからんだ分裂要因が国の安全を内部から脅かしている。しかも外国政府を含む国外勢力は介入の機会を待っており、国内勢力も自己の立場を強めるため国外勢力の支援を求める傾向にある。

3 民族・宗派紛争と国外勢力の介入
イラクの場合

現在の中東には、民族・宗教紛争が至るところにある。また同じ宗教を信仰する集団の中の**宗派紛争**［＊19］も厳しいものがある。長い歴史における戦争や自然災害による民族の移住、移動、追放などによって、それぞれの国が複雑な民族、宗教構成になっている。それに加えて、欧州諸国の植民地政策により、中東の国境を人為的に作って不自然な境界線になっていることが、社会構成を一層複雑にしている。

イラクもそのひとつである。北部にいるイスラム教徒のクルド人約五〇〇万人は少数民族である。クルド人は約三〇〇〇万人いるとされ、周辺国のイラン、シリア、トルコ、アゼルバイジャン、アルメニアの国境地帯に住んでいるが、その地帯をクルド人の土地クルディスタンだとして自治、独立を求めて戦っている。そのため、それぞれの国で少数民族としての悲哀を味わい、多くの場合、弾圧されている。一九八〇年に始まったイラン・イラク戦争では、フセイン大統領がクルド人の忠誠を疑って大量のクルド人を化学兵器で殺戮した。そのため、クルド人は二〇〇三年三月のイラク戦争では米軍にきわめて協力的であったとされている。

イラクの残りの国土にはアラブ人が住んでいる。そのアラブ人は同じイスラム教徒であるが、北東部にいる少数派のスンニ派と南西部にいる多数派のシーア派に分かれ、両者は宗派紛争を続けている。フセイン大統領はスンニ派出身で、多数派のシーア派を冷遇してきた。したがって、フセイン政権崩壊後はシーア派が影響力を伸ばしている。

スンニ派の一部はザルカウィ武装勢力と連携して米国主導の有志連合部隊に攻撃を仕掛けている。シーア派も米国や多国籍軍の存在に批判的であるが、そのシーア派を外部から支援しているのが、隣国でやはり同じシーア派の多いイランである。イラクはアラブ人で、イランはペルシャ人であるが、同じシーア派であるため、密接な連携がなされているといわれる。米国などは、このままの状況が続けばイランのイラクへの影響力が増大することを懸念している。こうした複雑な状態が中東の現実である。

4 民族・宗教紛争と国外勢力の介入
ユーゴスラビアの場合

他方、南東欧のボスニア、コソボも同様の民族・宗教紛争を抱えている。しかしその過程はインドネシアとは異なる。歴史的に、バルカン半島は、戦争などを通して諸民族の移入が頻繁で、そのうえキリスト教、ギリシャ正教、イスラム教が入り混じって、複雑な社会構成を生んだ。民族間の抗争は絶え間なく、ヨーロッパの火薬庫とさえいわれてきた。第二次世界大戦中に、枢軸軍に対するパルチザン戦争を率いた指導者チトーは、一九四五年一月、ユーゴ地域に新政府を樹立した。チトー大統領は強権を持って、同年一一月に、六つの共和国と二つの自治州をまとめてユーゴスラビア連邦人民共和国を結成した。きわめて複雑な人種、言語、宗教構成からなる多民族国家であった。

一九八〇年、チトー大統領が死去すると、経済危機が深刻になりはじめた。このことが共和国、民族間の対立を顕在化させ、連邦の解体を助長した。冷戦の終結でソ連が崩壊しはじめると、連邦解体の動きは一層顕著になり、九一年三月には内戦状態になった。このときから九八年までに、スロベニアの独立をめぐる戦争、クロアチア独立後に起きたクロアチア内戦、イスラム教徒、セルビア人、クロアチア人の三勢力間のボスニア内戦、独立を要求するアルバニア人とこれを認めないセルビア共和国との間のコソボ紛争、マケドニア内のアルバニア人とマケドニアとの間のマケドニア紛争など、暴行、拉致、虐殺、戦闘が相次いで起き、大量難民が発生した。この間、北大西洋条約（NATO）軍、国連平和維持部隊、欧州連合（EU）軍などが介入して、停戦、戦闘収拾に努めた。この結果、かつてのチトー・ユーゴスラビアは、スロベニア（九一年）、ボスニア・ヘルツェゴビナ（九二年）、クロアチア（九一年）、セルビア・モンテネグロ（新ユーゴスラビア、九二年）、マケドニア（九一年）の五つに分裂したが、さらに二〇〇八年にはセルビア・モンテネグロからコソボは分離独立した。

分離独立した共和国の大半は国家としては脆弱である。たとえば、マケドニアには人口の三〇％を占めるアルバニア人がいる。旧ユーゴスラビア時代は少数派のアルバニア人政党が与党に参画できたのだが、その後、アルバニア人の利益が無視されるようになっていた。二〇〇一年アルバニア人による武装勢力が多数派マケドニア人との同等の地位保証のための憲法改正、アルバニア語の第二公用語化、警察や地方行政職におけるアルバニア人比率の増大などを要求した。これにはアルバニア政府も支持を与えており、マケドニア政府はこれを内政干渉だとして非難した。その後、NATOやEUの介入があって、約一〇カ月後にアルバニア人の権利拡大が実現した。

このように、一国内の民族間の対立は外部の干渉を招きやすく、統治がそれだけ困難になる。国の安全を考えるうえで、これは深刻な状態である。

5 民族・宗教紛争はなぜ起きるのか

民族・宗教紛争が起きる原因はさまざまであるが、一般的には、一国家が多民族で構成されていること、民族別に宗教が異なるため国家としての共同体よりも国家内の民族単位あるいは民族・宗教単位で共同体ができていること、過去に熾烈な抗争をして共同体間に強い不信感と相互偏見があること、などが挙げられる。

世界の大半の国は、米国やロシアを含め、多民族国家である。概して、少数民族は社会的地位、法的地位などで不平等な扱いを受け、多数民族ないしは国家に対して不満を持っている。さらに経済格差が少数民族の不満を高め、暴動を起こすことがしばしばある。米国社会におけるアフリカ系市民の暴動、フランス社会における北アフリカ系市民の暴動など、しばしば報道されてきた。

そうした少数民族は国への帰属意識が薄く、したがって国全体の安全に対する関心も低い。少数民族は、隣国に同胞がいる場合は彼らとの連帯を強めたがる。それがさらに忠誠心を疑われる原因となる。少数民族が国家への忠誠心に欠ければ、国家が外国からの攻撃など危機に直面しても国のために戦おうとする者は少ない。そういう場合、ソ連のように少数民族の不満を警察力で抑えつけるとか、ユーゴスラビアのチトー大統領のように強い指導者が複数の民族を一つの国家の中に束ね込み、国家の枠を強力に維持することができれば、民族・宗教紛争をある程度抑え込むことができることを証明している。

もっとも国によっては、少数派を巧みに国家の枠組みに取り入れている。たとえばシンガポールでは、一九六五年の建国以来、少数民族のマレー系市民のマレー語を国語として採択し、さらにマレー語以外にインド系市民のタミール語、多数民族の中国系市民の中国語、そして英語の四カ国語を公用語として日常生活で認めている。米国で少数民族の社会向上を積極的に促すための教育、就業の法的措置をとっているのも、その例である。

第2章 日本の視点

東アジアと「不安定の弧」の脅威

日本の安全を脅かす対象を観念的に国家レベル、地域レベル、国際レベルに分けて見るならば、日本は当然のことながら、国家レベルを最重視する。しかしそのあと、地域レベル、国際レベルの順に重視度が下がるとはいえない。国際レベルの脅威のほうが地域レベルのそれよりも重要である場合は沢山あるだろうからである。

日本は、歴史的に東アジアにおける脅威を第一義的な国家安全保障上の脅威として考えてきた。これは日本が東アジア地域の一角に位置しているのであるから当然だが、地域の中でも朝鮮半島の動向が特に重要な関心事である。日韓関係の政治側面は円滑に進んでいないが、政治的に冷却しているからといって韓国が日本を全面的に侵略するとは考えられない。しかし、竹島問題などをめぐって、韓国と日本の漁船や警備艇などが海上で衝突する可能性は否定できない。

北朝鮮が日本を全面的に侵略する可能性もない。しかし、部分的な形での侵略（遠隔地からの攻撃など）は考えられる。外務省が毎年発行する『外交青書』の二〇〇六年版は、北朝鮮の核開発とミサイルの力を日本にとって脅威であると明言している。また北朝鮮の秘密工作員などによる日本国内の重要施設の破壊工作などが今後あるかもしれない。

第二次世界大戦後の日本政府は、韓国とは長く朝鮮半島の共産勢力を抑えることで米国とともに努力してきた。しかし、近年の韓国は日米との協力関係に制限をつけて、北朝鮮との融和に努めている。韓国が核兵器開発を進める北朝鮮に対して宥和策をとることで、北朝鮮に逆に取り込まれないだろうかということが、日本の最も懸念する点である。

東アジアでは、さらに覇権的な超大国になりつつある中国が今後さまざまな形で日本の安全を脅かす可能性が高い。それは、❶中国は朝鮮半島にどんな影響力をもとうとしているのか、❷台湾との統一に関して実際にはどんな姿勢で臨んでくるのか、❸中国の軍事力がどこまで増強されるのか、そして軍事力をどのように行使しようとするだろうか、❹中露関係はどうなるだろうか、❺中印関係は、そして❻中国の民主化がどこまで進むか、などである。日中政治関係が改善しない場合、たとえば、東シナ海の日中の中間線海域での油田開発を相互に困難にさせる。中国が日本に対して全面的な侵略をしてくることはないだろうが、意図的に日本の領海や排他的経済水域を侵すことで、日本への部分的侵略を仕掛けてくる可能性は否定できない。尖閣諸島や沖ノ鳥島に関しても同様である。中国はこれらを日本領だと認めていない。

他方、中国は、経済格差、教育機会格差、失業問題、官僚の汚職蔓延、環境問題など、国内に多くの問題を抱えており、これらの問題のために覇権的大国にはなれないという見方もある。

冷戦後のロシアは民主的な政治体制を導入し、市場経済体制に移行する政策をとっているので、一九世紀後半から冷戦終結までの長い期間に見られた、伝統的覇権国としてのロシアの脅威は当面消滅している。しかしロシアの民主化がどれほど実質的なものになるのか、またロシアが再び覇権国となるのかなど、不透明な点が多い。ロシアが朝鮮半島への影響力を伸ばして太平洋での存在を強めようとしても驚くことではない。その意味で、日本はロシアの将来、特に中露関係などに警戒心を持ち続けている。

戦後の日本にとっては、東南アジアは日本の海外市場としてまた国家的安全を担保する地域として重要な地域であった。特に一九九〇年代以後東南アジアが経済的に成長し、今では東アジア共同体を作るうえで不可欠の経済地域である。東南アジアは、政治的にも東南アジア諸国連合（ＡＳＥＡＮ）として日、米、中、露、ＥＵなど域外大国に対して、重要な役割を果たすようになった。日本としては、東南アジアに対する中国、インド、米国などの役割が競合的になることを認識して、東南アジアの力関係の動向を注視すべきである。

この理由に加えて、戦後の日本には、中東および欧州との経済交流が緊密になったことを踏まえて、東南アジアの重要性が一層増している。日本の長いシーレーンが東シナ海、南シナ海、マラッカ海峡、インド洋を通っており、それらはユーラシア大陸南部の「不安定の弧」に沿って伸びていることに留意すれば、日本はこの「不安定の弧」に出現する地域大国や地域覇権国の動きを注視していかなければならない。

世界の多くの国が多民族国家であり、したがって国内の民族・宗教紛争によって政治的安定に悪影響を及ぼしていることを、日本はこれまで自国の安全に関係ある問題であるとの認識をあまりしてこなかった。しかし、日本が国際安全保障のため、また地域安全保障のため、自衛隊を派遣することになれば、他民族国家の国内不安定要因に一層敏感になる必要がある。

そして、超大国である米国が他の大国や覇権国とどんな関係を構築するかが、地球規模の安全保障環境の動向を見るのに重要な点となる。そればかりでなく、日本が他の主要国との連携、なかでも米国との国際レベルでの連携を積極的に構築することが不可欠になってきている。日本自身が国際安全保障問題で明確な立場をとることになれば、それに反発する国や勢力が反日テロを起こす可能性も出てくると思われるからである。このように、日本にとっての脅威および潜在的脅威の対象は、一層拡大している。脅威の対象は伝統的脅威を超えたものになっている。

KEYWORDS解説

1 侵略と現状不満国

［＊1］
現状不満国

現存の力の配分や国際社会における地位に対する不満を、さまざまな方法で打破しようとする国家を指す。単なる力の増強ではなく、二国ないしそれ以上の国家間の力関係の逆転を志向する点で、ある特定の時点の力の配分を維持しようとする現状維持国と区別される。

［＊2］
クウェート侵略

一九九〇年八月、イラク軍機甲師団一〇万人がクウェートに侵攻し全土を占領した。国連安全保障理事会は即時無条件撤退を求め、イラクへの全面禁輸を行う国連決議を決議した。九一年三月、米軍が主導する延べ五〇万人の多国籍軍の攻撃によりイラクは敗戦を認めた。

［＊3］
侵略戦争と自衛戦争

一般に、侵略戦争と自衛戦争の区別は、領土保全と政治的独立を守るという自然権に基づく正当な理由に基づくかどうかによる。しかし、自衛と侵略の区別は難しく、自衛のための侵略戦争とさえ表現されることもある。

［＊4］
潜在的脅威

脅威とは、安全を脅かす能力と意図によって構成される。しかし、相手の攻撃意図を確認するのは困難である。また、意図は能力によって左右されるとすれば、高い目標達成能力を持つ国は、それだけで潜在的脅威となりうる。

2 地域安全保障環境

［＊5］
地域安全保障環境

ある地域に固有の地理的、歴史的、政治的な特徴から発生する対立関係や、地域内の脅威に対応するための協力関係を意味する。国際システムと国家の中間レベルとして独自のダイナミズムを持つが、従来は大国間の安全保障関係の陰に隠れてあまり注目されてこなかった。

［＊6］
地域対立

技術の進歩により地理的要素が安全保障に与える影響は小さくなった。しかし、紛争当事者間の地理的近接性に特徴づけられる地域対立は、紛争をエスカレートさせる可能性が高い。他方、域内諸国に、対立の影響を最小化する方法を模索させる動機が働きやすい一面もある。

［＊7］
地域覇権国
特定の地域において、周辺国を圧倒する軍事力や経済力を背景に、最優位の地位を確立したり支配権を及ぼす国家。地域全体の安定や平和よりも、当該国の個別利益を優先し、周辺国との協力よりも対立を引き起こす懸念がある場合に使用されることが多い。

［＊8］
安全保障のジレンマ
ある国家が自国を守るために軍事力を増強すればするほど、それを脅威に感じた他の国家の軍備増強を誘発する。このように、双方が自らの安全保障を向上させようと合理的な行動をとった結果、どちらの安全感も低下してしまうというジレンマを指す。

［＊9］
不安定の弧
九・一一テロ事件後の「米国国防戦略見直し」は、北東アジアから中東にかけての弧状地域に対し、❶大規模な軍事競争、❷勃興する大国と衰退する大国の混在、❸強大な資源基盤を持つ軍事的競争相手の出現、❹米軍基地や中継施設の密度の低さ、という不安定性を指摘した。

3 国際安全保障環境

［＊10］
国際安全保障環境
一般に国家を取り巻くすべての安全保障環境を指す。ただし、国家の安全保障に対する国際システム大の影響ととらえることで、地域安全保障環境と区別される。したがって、国際システムを規定する大国間の力の配分や力関係のほか、特定地域を越えて作用する諸問題などを指す。

［＊11］
覇権国と覇権抗争
覇権国の優越性とリーダーシップに対する挑戦国の出現が、覇権抗争を引き起こす。過去五世紀、ほぼ一〇〇年に一度の周期で覇権戦争が勃発し、覇権国が交代してきた。核兵器の登場により、二一世紀の覇権抗争は必ずしも戦争という形態をとらない可能性もある。

［＊12］
核の冬
全面核戦争によって放射能を帯びた死の灰や大量の粉塵が大気中を浮遊し、日光が長期にわたり遮られることによって起きる地球規模の環境変動を指す。植物の死滅や気温の急激な低下が生態系を破壊し、文明の崩壊が起きると予想される。

［＊13］
核抑止
先制攻撃を仕掛けた場合、巨大な破壊力を持つ核の報復攻撃によって甚大な損害を受ける可能性を示唆することで、先制攻撃を思い止まらせるという戦略概念。自国への核攻撃を抑止することを基本抑止、同盟国や第三国への攻撃を抑止することを拡大抑止（核の傘）と呼ぶ。

［＊14］
覇権安定論

覇権国が、その卓越した能力に基づいて、いわば国際公共財となる国際安全保障や国際経済制度を提供することで、国際システムの平和と安定を構築できるという考え方。一国の強大化を防ぐために力の均衡を模索する勢力均衡論とは異なる。

4 国内紛争と国外勢力の介入

［＊15］
国内政治紛争

国家の内部で、政権の争奪、政治体制の選択、少数民族の分離・統合などさまざま原因で発生する紛争。少なくとも一方の紛争当事者を非政府主体とする非対称な対立構造になりやすい。国内政治紛争が大規模な暴力を伴う場合には「内戦」や「内乱」となる。

［＊16］
国外勢力の介入

主権国家の内部問題に影響を与える国外勢力の行動を介入という。強制性の度合いに応じて、経済援助から軍事侵攻まで介入の形態には幅がある。国際的相互依存が深化するなかで完全な非介入は考えられないが、強制性が強まるにつれて主権が侵害される度合いも深まる。

［＊17］
民族紛争

言語、宗教、習慣、歴史的体験といった文化的属性を土台に、帰属意識、連帯感、利害意識などを共有する集団を一方の当事者として発生する対立や闘争のこと。別名エスニック（民族）紛争とも呼ばれ、民族のほかに、種族や部族を集団の単位とすることもある。

［＊18］
宗教紛争

広くは信仰の異なる集団間の対立全般を指すが、一般的にはキリスト教、イスラム教、仏教など人種や民族を超えた世界宗教間の対立や、ユダヤ教やヒンズー教のような特定の地域や民族に信仰される民族宗教を一方の当事者とする対立を指す。

［＊19］
宗派紛争

同一宗教の内部で、教義の解釈をめぐり発生する派閥対立。たとえばイスラム教多数派のスンニ派と少数派シーア派の対立は有名であるが、各宗派内にはさらに分派が存在する。宗派の区別は相対的なものであり、宗派間の相違が直ちに紛争に発展するわけではない。

宮坂直史
Miyasaka Naofumi

第3章

安全を脅かすものは何か

非伝統的脅威

1 国際テロリズム

KEYWORDS
テロの抑止
テロの未然防止
被害管理
テロの根本原因
陰謀論［陰謀理論］

論点▼▼▼▼▼テロの根絶は可能か

1 「リオネル・デュモン」から考える

リオネル・デュモンを覚えているだろうか。二〇〇二年から二〇〇三年にかけて日本で出入国を繰り返したアルカイダ系の国際テロリストである。二〇〇三年一二月にドイツ・ミュンヘンで逮捕されてからの取り調べで初めて日本側は潜伏の事実を知らされた。

デュモンの一件は二〇〇四年五月になって日本のメディアがこぞって大きく報道した。それからというもの、これは、日本も国際テロの標的にされている例として繰り返し挙げられるようになった。ともあれここには、テロ対策の在り方や変化する国際テロを考えるポイントがいくつか含まれている。

まず水際対策の難しさが浮き彫りになった。デュモンは脱獄・逃亡中の国際指名手配犯で、かつ国連のタリバン・アルカイダ制裁委員会が策定する関係団体・人物リストにも掲載されていた。日本人妻がいたわけではないし、日本には不案内だったはずだ。そんな彼がなぜ出入国を繰り返せたのか。デュモンは他人の真正パスポートに自分の写真を貼るという古典的な手口を使った。それを防ぐには、盗難、紛失した旅券データが迅速に集約され、その情報が入国管理当局によって世界的に共有されなければならないということが改めて確認された。また同時に、出入国者の生態認証（一人ひとり固有の指紋、虹彩など）によるチェックの必要性も指摘されるようになった。

各国ともこのような水際での審査や、たとえ入国させてしまった後でもテロ関連の活動ができないような仕組みづくりに取り組み始めている（日本でも二〇〇六年に出入国管理及び難民認定法を改正し、上陸審査時における外国人の個人識別情報提供の規定などを設けて対応した）。テロ対策の成否は、まずは国際的な情報共有にかかっており、その点はテロ対策のあらゆる宣言や声明、協定で繰り返し取り上げられてきたが、一朝一夕にはうまくいかないことは想像のとおりである。世界は利害関係の異なる約二〇〇カ国から構成され、しかも一国内でも外務、警察、入国管理、税関などが別々の省庁によって掌られているのが普通だからだ。

他方、デュモンのプロフィールに注意すると、それが今日問題になっているテロリストの典型例ではないかと思わせる。彼は中流家庭出身のフランス人であり、成人した後にキリスト教からイスラム教に改宗した。これは決して例外的ではない。イスラム過激派がアラブ人だけでないことは、ユーラシア内陸や東南アジアのテロ組織――たとえばジェマー・イスラミヤやモロ・イスラム解放戦線――の例からもわかることだが、さらにはヨーロッパ人、白人にイスラム過激派がいても驚いてはいけない。欧州生まれ欧州育ちの改宗者がテログループの新たなリクルートの対象にさえなっているのは、各国の対策部局が注目していることである。改宗は配偶者がイスラム教徒の場合に慣行的になされることも多いが、デュモンの場合は、一九九〇年代初めにソマリアに行ったのが改宗のきっかけになったといわれている。そして、ボスニア紛争ではイスラム義勇軍として「参戦」し、セルビア人と戦った。「ソマリア」や「ボスニア」は九〇年代には国際的に最も注目度の高い紛争であった。ボスニアから帰国後、デュモンは少人数からなる「ルーベ団」（フランスのリール近郊にルーベという街がある）を結成し、強盗を繰り返し、九六年にはG７雇用関係閣僚会議を狙ったと思われる爆弾テロ未遂事件も引き起こしている。それから再びボスニアに逃亡し、ここで警官殺害などの犯罪を重ね、逮捕されるも脱獄し、二〇〇二年以降日本に出入りするという経緯をたどる。

このようなデュモンの経歴は、テロの原因（イスラム過激派の原因）というものがとおり一遍に語られる身の回りの貧困とか抑圧、あるいは反米のような外在的な環境要素だけでは説明できないことを示しているのではないだろうか。米国はソマリアやボスニアで反イスラム的な対応をとったわけでない。なぜ同じ環境下に生まれ育ってもテロリストになる者と、そうならない者がいるのか。外在的な環境要素だけではこれに答えられない。個々人の内面的なものも影響しているはずである。

デュモンはフランスの重罪院で裁かれたが、日本潜伏の本当の目的は未だにわかっていないし、どの程度イスラム過激派、とりわけアルカイダ本体と関係があったのかも不明である。このような曖昧な一件がテロ脅威の例証として日本で何度も取り上げられるということをどのように考えればよいのであろうか。日本は大した脅威にさらされていないのか、それとも危険が見逃されているのか、あるいはその後、未然防止措置が効を奏しているのか。欧米諸国ならば、デュモン程度の一件が起きたとしても、数多くの事件の中に埋没してしまい、語られることもないだろう。

2 テロは抑止できるか

さて、「テロリストは自己の破滅を恐れない。狂信的で合理的に思考しないから、**テロを抑止**[*1]することなどできない」としばしば主張される。しかし本当にそうだろうか。

自爆テロリストならば確かにそうであろう。だが自爆テロというのは、テロ全体のなかでも非常に少ない。イラクでさえ、イラク戦争終了後の占領期以降の自爆テロの比率は一〇％にも達しない。そればかりが報道されるから多いと錯覚される。それに、狂信的であることと合理的に思考することは両立しないのだろうか。狂信と狂乱はちがう。狂乱者に合理的思考は無理だが、狂信者がテロの準備や計画に周到緻密であってもおかしくない。リオネル・デュモンは新潟県のマンションに住んでいたのだが、隣人に何ら怪しまれることもなかった。同じマンションの居住者は「よくあいさつをしてくれた。エレベータに乗るときも譲ってくれた」と証言した。たとえ狂信者でも日々冷静に行動できるものである。

ではあらためて「抑止」とは何か。それは、Aにとってやられたら不都合な行為をBにやらせないことである。つまり相手に思いとどまらせること。そうさせるための構えをAはとる。国際政治の世界では冷戦時代（一九四七年頃〜一九八九年）に、米国とソ連の二大超大国が核戦争に突入しないために自己に課した行動原理または戦略として「核抑止」という言葉が使われた。この抑止には二つの方法があって、一つは、相手がやりたくても物理的にそれを難しくするような措置をとること（拒否的抑止）、もう一つは、もしやればそれ相応の、受け入れられないほどの代償を被ることを相手に確信させ、その行為をさせないこと（懲罰的抑止）である。

これをテロ対策に当てはめてみると、たとえば施設の防護を固めて寄りつかせないのは拒否的抑止の実行であり、他方、テロリストが割に合わないと思うほどの加重罰を科したり、殺害も辞さずに震えあがらせるのが懲罰的抑止の考えにそった措置になる。

それではどのようなテロリストに拒否的抑止が効くのか。それは標的・目的の明確なテロリストであろう。テロの実行までに綿密な計画を立て、入念に準備を進め、標的を何度も下見し、完璧に実行しようとする。もし、決行日に武器が準備できなかったり、いざ標的に接近したら下見したときよりも防護が強固で、起爆予定地まで乗り入れることができなかったということでもあれば、ひとまず撤収するであろう。

他方、特定の標的にこだわらないテロリストの行為を抑止するのは難しい。血気にはやる無計画的な場合や、先に発生したテロに影響を受ける同調犯、便乗犯の場合などである。

懲罰的抑止は、組織の幹部のように自己の保身と組織を存続させることを第一に考える合理的テロリストに効かないわけではない。地元で一定の支持基盤を有し、議席を有するなどその政治力を認知されているハマスやヒズボラのような組織は、より以上に正統性を獲得する方向に動くものである。組織を存続、発展させるという合理的目標がある以上は、抑止できる相手となる。

このように、ひと言でテロやテロリストといってもさまざまあるから、「テロには抑止が効かない」と十把ひとからげにいうことはできない。

3 抑止から未然防止へ

それにしても抑止というのは、相手にある特定行為を思いとどまらせることであって、それ以上のことではない。相手の存在はそのまま認めることになる。これは国家間関係ならば当然のことであり、敵対国だからといって抹殺するわけにもいかない。冷戦時代の米国とソ連は互いの存在を認め合い、外交関係も維持した。しかしテロ対策には必ずしも当てはまらない。日々テロの準備をする者を知っていて放置するわけにはいかないのである。そこで、テロの世界では抑止に代わって（抑止という意味も含めて）、より広く「**テロの未然防止**」[＊2]という概念が使用されることが多い［**図表3-1**］。

未然防止には、日々行われる出入国管理や、重要施設の防護、公共交通機関の警備、テロに使われる恐れのある爆薬や毒物の管理などのほかに、特定のテロの準備計

図表3-1◆国際テロ対策の4つのフレーズ

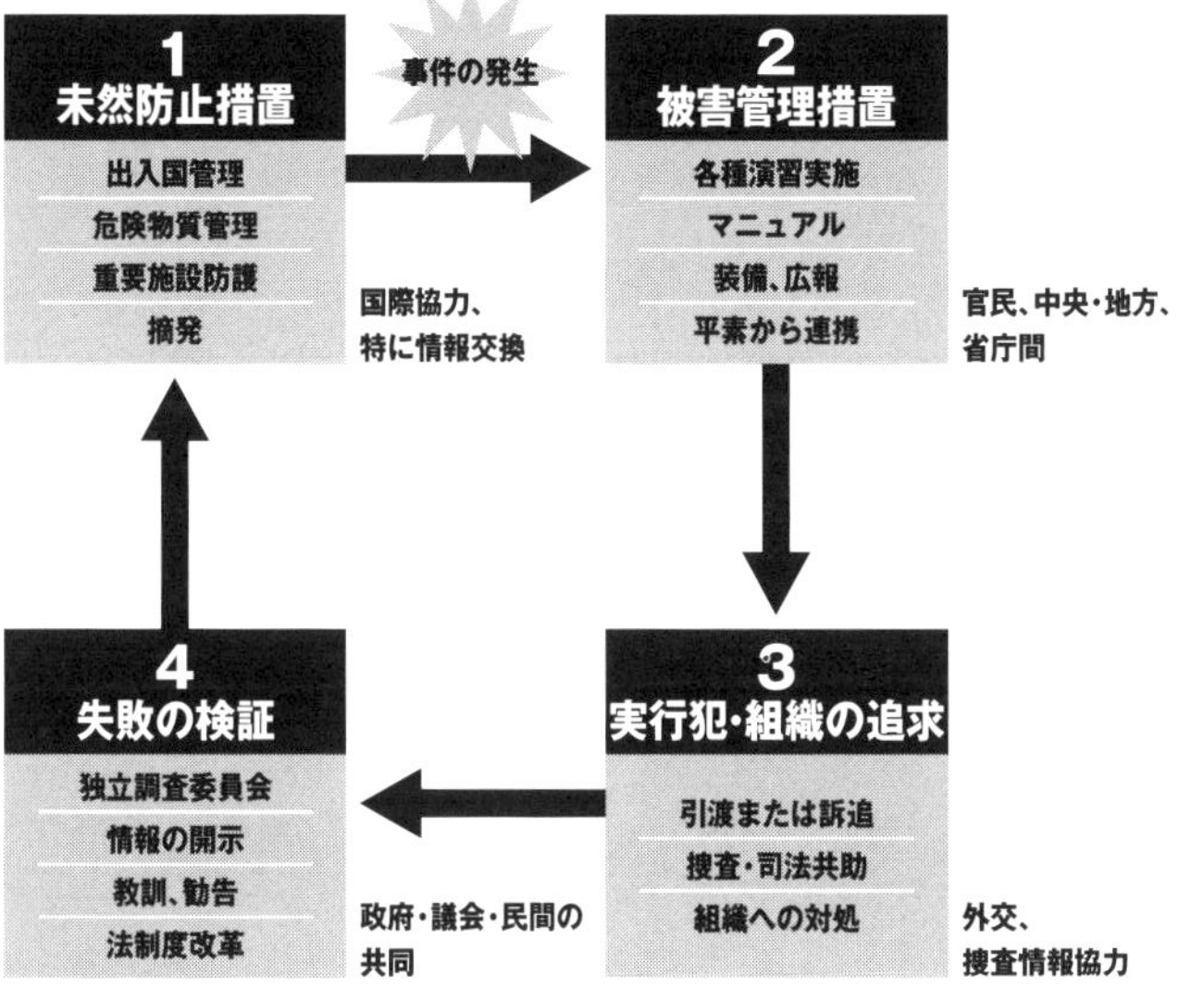

筆者［宮坂］作成。

画などをつかみ、アジトに踏み込んで捜索、逮捕することも含まれる。日本政府は『テロの未然防止に関する行動計画』を二〇〇四年一二月に発表した。一六項目におよぶ措置を一年または二年内に実施することを目標としている。この文書はもちろん公表されており、政府のウェッブサイトからとれる。いまの日本のテロ対策を知るうえで必読である。先に述べたリオネル・デュモンの一件が、この行動計画策定を促進するきっかけになった。

こういう動きに対して、「未然防止措置などは所詮小手先であり、そんなことではテロを防げない、もっと根底からテロをなくさねばならない」という意見もよく聞く。根底からテロをなくすという部分はあとで検討するとして、「未然防止措置ではテロを防げない」は本当だろうか。なるほど世界最大級の情報活動の諸機関を擁していても米国は九・一一テロ事件を防げなかったし、ロンドンのように五〇万もの監視カメラが設置されていても同時多発テロ（二〇〇五年七月）が起きたのは事実である。

だがその一方で、テロを防止した例も少なくないことを強調せねばなるまい。そのなかには、もし防げなければ大規模な事件になったと思われる例もある。米国は二〇〇〇年一二月の「ミレニアムテロ」を防ぎ犯人を逮捕したし、英国でも二〇〇三年一月に猛毒リシンを所持したアルジェリア人グループを逮捕して、地下鉄でのテロを防いだ。二〇〇六年八月には、航空機連続爆破未遂事件もあり、これらはほんの一例にすぎない。

テロの破壊力が近年ますます増加しているだけに、未然防止はより一層重要になっている。かつては一回のテロ攻撃で一〇〇〇人以上が死傷するようなことはなかったが、一九九三年二月のニューヨークの世界貿易センタービル爆破事件（その後二〇〇一年の九・一一テロ事件によって完全倒壊したのと同じビルである）で一〇〇〇人以上の負傷者が出たのをはじめとして、オウム真理教の地下鉄サリン事件（負傷者約五五〇〇人）や、ケニア・タンザニアの米大使館同時爆破テロ（負傷者約四〇〇〇人）、スペイン・マドリードの列車爆破テロ（負傷者一八〇〇人以上）と続いた。一〇〇人以上の死者が出る事件も一九九〇年代までは実は数えるほどしかなかったのだが、九・一一テロ事件以降になると目立つ。

いま国際社会がなによりも懸念しているのはNBC（核・生物・化学）テロである。NBCテロの過去の例は少ないが、多くの未遂事件がある。国によっては放射性物質や生物剤の管理に問題があり、多数の密輸が摘発されている。そのNBCなどに比べてはるかに容易に製造、使用できる手製爆弾も大問題になっている。有機過酸化物などの爆薬を使用することで、大規模テロが引き起こされてきたからである。

もちろん未然防止措置で一〇〇％テロを防げる保証はない。だからこそ未然防止に加えて「**被害管理**」［＊3］が重要になってくる。被害管理とは、万が一大規模テロが発生した際に、関係機関（警察、消防、救急医療、軍隊など）が連携して現場を治め、被害者を適切に治療し、さらにはパニックや社会不安を抑えることである。テロが起こってしまえばお手上げ、ということであってはならない。ただ、関係機関の連携とひと言でいってもそれは難しい。組織の性格・目的・文化が本質的に異なるもの同士の連携になり、しかもこのような場合での互いの権限が法的に必ずしも明確ではないからである。こうした事態への準備としてはマニュアルの整備が不可欠になるが、それだけではなく、さまざまな状況を想定して複数機関が合同で図上演習や実動演習を重ねていかねばならないし、いまや日本でも全国的にそのような演習が多数実行されている。

　ところで平時のテロ対策には都会で一般市民に紛れて活動するテロリストをあぶり出すことも求められる。ゲリラが農村地帯や山岳地帯に支配地域を陣取っているのとは違う。あぶり出しのためには監視能力、捜査権限も強化しなければならないこともある。このような強化は一般市民の理解と協力なくしてはうまくいかない。そして強化するほどに市民の支持は普通離れていくものだ。民主主義国家においては、それぞれの措置が法制度のもとに適正に行われているかチェック機能を常時働かせることも不可欠になる。

4 テロの根本原因を除去できるか

　前項で少しふれたが、テロ対策はテロそのものをなくしていく、テロの根本を絶たねばならないという議論がよくある。では、**根本原因**[*4]とは何か、それは排除できるのか。根本原因論者の多くはそれが何かを具体的に特定しないか、一つの要因でテロリズムという複雑な現象を説明しようとすることが多い。たとえば、貧困がテロの温床になる、政治的に抑圧されているからテロリストが生まれる、まともな教育が施されていないから過激主義に走る、米国がイスラエルを支援するから悪いとか、イスラム教の戦闘的な章句にこそ問題があるのではないか、などが挙げられる。

　戦争にせよ犯罪にせよ、それをたった一つの要因で説明することができるだろうか。テロでも同じことがいえる。ほとんど同じ環境におかれていても、テロ組織のメンバーになる者もいれば路上犯罪に明け暮れる者もいる。先進的な民主主義国家からもテロリストは次々に生まれる。この違いは一体何か。テロ組織とかテロリスト自身の心理など、内的要因に着目せずして説明できないであろう。

先にリオネル・デュモンの経歴をあげた。ソマリアやボスニア紛争がなければデュモンはテロリストにならなかっただろうか。では、紛争という、人を過激にさせる機会がなくなればよいのだろうか。どの紛争にも解決には時間がかかるし、いつの世も新たな紛争が生まれる。

ではここでテロリズムを、なんらかの運動体、集団が過激化し、テロを実行し、最後には弱体化していく一連のプロセスでとらえてみるのはどうだろうか。この間に、同じ組織も目標を変え、リーダーが変わり、合併や分裂を経て、変容していく。たとえば、アルカイダは一九八〇年代後半、アフガニスタン戦争の最中に結成された。しかしアルカイダはその後、反米姿勢をあらわにする。そして、いつのまにかパレスチナ問題からフランスの公立学校のスカーフ着用問題まで取り上げて、虐げられたイスラム教徒の代弁者のような声明を出し始める。

このアルカイダに代表されるイスラム過激派のテロの根本要因はどこにあるのか。アフガニスタンに侵攻したソ連か、その間に義勇兵を間接支援したアメリカにあるのか、それとも湾岸危機時にサウジアラビアに米軍を派遣したのが悪かったのか。だがそうさせたのはクウェートに侵攻したイラクに非の源流があるはずだ。アルカイダにはエジプトの「ジハード団」がのちに合流し、過激化に大きな影響を与えた。ならばジハード団のような過激派を生み出すエジプトの政治社会が悪いのか、ビンラディンから市民権を奪ったサウジアラビアのせいか、彼に事業を許し儲けさせたスーダンに責任はないのか、客人扱いして匿ったタリバンが悪いのか、それとももっと歴史をさかのぼるのか。プロセスを知るほど問いは永遠に続き、根本原因とか単一要因探しは無意味に思えてくるであろう。

結局テロの原因というのは遍在している。運動体や集団の発生要因、それが過激化していく内外の要因、テロ行為の引き金になるもの、テロへの対応のあり方。これらすべてがからまってテロの原因を構成している。そして何よりもテロリストになる者の心理にも目を向けるべきであろう。

では、どのような人間がテロリストになるのか。あらゆるテロリストに共通したプロフィールを引き出すのは困難だが、テロリストは指導者を含めて比較的若年層から構成されていることに着目してみたい。若年層のひとつの傾向に、実社会に対する無知がある。無知とは知識量の欠如を意味するのではない。社会を成立させている権力・利害の複雑な関係が感覚的にわからない人、わかりたくない人をここでは無知としよう。そのような無知ゆえに、悪の権化が世界を支配しているという**陰謀論**［*5］を信じるのである。陰謀論はテロリストが戦いを持続させる根拠として機能している。イスラム過激派の場合は米国とイスラエルなど、キリスト教原理主義過激派（クリスチャン・アイデンティティなど）の場合はユダヤ人が憎悪の対象となる。

プライドと挫折感を持ち合わせることも、テロリストになる前提条件のごとく論じられることがある。「自分がうまくいかないのはなぜか、世の中が間違っているからだ」。ここまではよくある責任転嫁である。しかし一歩進んで、自分には世の中を変える特別の使命と能力がある、と考えるようになる。このような歪んだ自意識、復讐心、権力欲が、社会を震えあがらせたい＝テロしかないと考える原動力になる。比較的高学歴でも就業の壁に突きあたったり、社会からの疎外感を抱く者のごく一部に当てはまりそうである。

テロリストが若年層であるということは、テロ組織は長持ちしないことの裏返しでもある。それぞれのテロ組織の平均寿命は十数年程度である。一九八〇年代に世界を震撼させた「アブ・ニダル・グループ」などいまや見る影もない。すでに結成から一五年以上経過しているアルカイダも、いずれ人々の記憶から消え去るであろう。しかしこの特定集団の消滅と、テロの根絶とは次元が異なる。いかなる政治社会運動にも先鋭化、過激化の種は含まれている。動物解放、環境保護、中絶反対、そして反税グループなどからもテロ集団が生まれていることを見逃してはならない。だが、結社の自由、言論の自由がなく、テロリストが生まれる余地が完全に封印された国、それは全体主義国家にほかならない。全体主義の体制とは、国民を末端まで何層にもおよぶ恐怖支配によって監視し、総動員を可能とする統治構造を有する「テロ国家」である。自由も人権も微塵たりとてない、そんな国ではテロリストも活動できない。

テロの根本原因を一気に除去するなどという考えは幻想にすぎない。自由で民主的な国は長期にわたる、辛抱強いテロ対策を国内・国際の両面で続けざるを得ないだろう。

2 大量破壊兵器の拡散

KEYWORDS
キャッチオール規制
核兵器
生物兵器
化学兵器
拡散・不拡散

論点▼▼▼▼▼不拡散か、軍縮か

1 日本も参加する訓練

二〇〇四年一〇月——神奈川県の相模湾沖で、米国、フランス、オーストラリア、そして日本の係官らが合同で、猛毒の化学剤サリンを受け渡している船を追跡し、その不正な取引を阻止した。その翌日には、横須賀市の海上自衛隊基地内で、今度は係留されている船に大量破壊兵器が積載されているという情報をもとに、各国の検査隊や税関が乗り込み、乗組員を拘束し、危険物の捜索をした。

これらは大量破壊兵器の移動を阻止するPSI（拡散に対抗する安全保障構想：Proliferation Security Initiative）の訓練である。最近数多くの演習が海上だけでなく空でも行われている。たとえば、二〇〇六年四月、オーストラリア上空を飛行中の民間機に大量破壊兵器関連物質が不正に積載されているという想定のもと、その機を着陸させ、乗客を避難し、危険な物質を安全化する措置をとった。この訓練には日本の警察庁、警視庁からも担当が派遣された。

PSIは二〇〇三年五月、米国によって提唱されて以来、大量破壊兵器の拡散阻止の原則に賛同する有志の間で進展してきた。G8（主要八カ国：米、英、仏、独、露、伊、加、日）すべてを含む一五カ国が中核メンバーになり、さらに七〇カ国以上が原則を支持し活動に参加している。それまで拡散の防止は、関係する国際条約（後述）や各国の輸出管理を中心になされていたが、それだけでは足りないという認識が国際的に広まってきた。PSIのように輸送途上で強制的にそれを阻止する多国間の仕組みは、新しい試みとして注目されている。

ところで、日本はいかなる大量破壊兵器も保有していないし、それを開発しようとする意図もない。それではなぜ日本がこのような国際的な演習に参加しなければならないのか。それは、国の外交政策として不拡散を掲げているからだけではない。大量破壊兵器という完成品そのものは保有していなくとも、大量破壊兵器の開発に必要な機器やその部品、大量破壊兵器を運搬できる関連品目などが、意外と身近で生産され取引されている。それらは軍事用と民生用の両用技術であったりもする。

日本企業が〝灰色の取引〟にかかわっていることは、新聞でもたびたび報道されている。川崎市の精密機械メーカー・ミツトヨは核開発に転用可能な三次元測定機を無許可でタイやマレーシアなどに二〇〇一年から〇二年にかけて輸出した容疑をかけられた。以前にこの会社の機械がリビアの核開発施設への査察で見つかったことがある。二〇〇三年には、明伸という会社が、本来、経済産業省から許可を受けるべき北朝鮮向けの貨物で、核兵器やミサイルの開発に用いられる可能性のある電源装置を、香港経由タイ向けの貨物と偽って無許可輸出に及び、それが発覚した。また、静岡県磐田市のヤマハ発動機は、軍事転用可能でとくに化学剤を搭載して噴霧できる無人ヘリを中国人民解放軍と関係の深い企業に無許可で不正輸出しようとした一件も報道された。

このような取引は外為法違反として摘発される。理想は、輸出管理体制を強化し企業の法令遵守意識を徹底させ（日本は「**キャッチオール規制**」[＊6]を導入している）、当該貨物が輸出される前の段階で差し押さえることである。だが、いったん船や航空機に積載されてしまえば、PSIのような強制措置が必要となるケースも出てくるであろう。日本が拡散防止の国際的な訓練に参加するのは決して他の主要国へのお付き合いとか国際貢献に留まるのではなく、自国も拡散源になりうるからである。

2 大量破壊兵器の拡散とは何か

さて、「大量破壊兵器の拡散」とは何か。ここでは改めて意味を正確におさえておきたい。

大量破壊兵器（weapons of mass destruction）という言葉は相当以前に誕生している。第二次世界大戦後に創設された国連は、軍縮を話し合う場として「通常軍備委員会」を設置した。ここで提出されたある決議案のなかで、大量破壊兵器は「原子爆発兵器、放射性物質兵器、致死性化学・生物兵器、および破壊効果においてこれら兵器に匹敵する性質をもつ将来開発される兵器を含む」と規定された。このようなことを受けて、いま、大量破壊兵器といえば、❶**核兵器**（nuclear weapons）[＊7]、❷**生物**（ならびに毒素）**兵器**（biological and toxic weapons）[＊8]、❸**化学兵器**（chemical weapons）[＊9]の三つを指すのが慣例になっている。

❶の核兵器は、ウランやプルトニウムが核分裂を起こし膨大なエネルギーを一気に放出し、爆風、熱線、核放射線で人間と建物と環境に壊滅的な損害をもたらす原子爆弾と、水素など軽い核同士が融合してやはり巨大なエネルギーが放出される水素爆弾の二つが主なものである。これら核爆弾を保有しているだけでもそこに敵対する国にとっては脅威となるが、さらに、核爆弾の「運搬手段」、つまり爆撃機やミサイルなどを保有することで他国を攻撃することができるので、より一層深刻な問題となる。

❷の生物兵器には、病原体となるウイルスや細菌を

使用する。その種類は非常に多く、人から人に感染する病気（ペスト、ウイルス性出血熱、天然痘など）と、そうではないもの（炭疽、リシンやボツリヌス菌による中毒）がある。どちらにせよ、無防備の人間に対して、大量かつ効果的に病原体が散布されれば、核兵器使用時に勝るとも劣らない犠牲者が出る。

病原体はとても小さい。たとえば、二〇〇一年秋に米国で発生した手紙テロで有名になった炭疽菌の長さは三〜一〇マイクロメートル（一マイクロメートル＝一ミリの一〇〇〇分の一）にすぎない。この事件では、目に見えない炭疽菌が、それよりは大きいがこれまた目に見えない封筒表面の無数の穴からこぼれ出たときに、菌を吸引した郵便局員までもが死亡した。細菌は肉眼では見えないので、一七世紀にオランダで光学顕微鏡が製作されるまでは、その存在を確認することはできなかった。ウイルスは細菌よりもっと小さく、ナノメートル単位（一ミリの一〇〇万分の一）で表す。ウイルスの目視は一九三〇年代に電子顕微鏡の開発を待たねばならなかった。一九二八年に亡くなった野口英世博士が、実際にはウイルスが引き起こす黄熱病をスピロヘータ（細菌）によるものだと誤ったのは無理もなかったのかもしれない。

最後に、❸の化学兵器もまた大量破壊兵器である。化学兵器はひと言でいえば毒ガスにほかならない（蒸気やエアロゾルではなく、液体状態で使用されるものもある）。病原微生物もそうだが、化学兵器もまた太古から使用されてきた。昔はそういう名前でこそなかったが、硫黄や松脂を燃やすと有毒ガスが発生することがわかっていたので、紀元前の戦いから試されていた。しかし、なんといっても第一次世界大戦（一九一四〜一八年）こそが、マスタード・ガス（糜爛剤）、塩素ガスやホスゲン（窒息剤）が大量に使用された最初の戦いであった。この戦争では毒ガスによって一〇万人が死亡し、一〇〇万人が負傷したといわれている。戦後、このような兵器の戦場での使用禁止が「ジュネーブ議定書」（一九二五年）に規定された。化学兵器の種類には他にも、神経剤（第一次世界大戦後にドイツで開発されたので〝Gガス〟

といわれる猛毒のサリン、ソマン、タブン、第二次世界大戦後に英米で開発されたＶＸなど）や血液剤（通常の犯罪でもしばしば使用される青酸や塩化シアンなど）がある。

次に、**拡散**［＊10］とは何だろうか。武器が使用されたときに放射線、病原体、毒ガスが空間的に広がっていく状態を指しているのではない。拡散は、あくまでも国際政治、国際法的な概念である。しかも、核兵器の拡散と、生物兵器、化学兵器の拡散は少し違う。

核兵器の拡散とは、基本的には核不拡散条約（ＮＰＴ）を基準においた考え方であり、その条約で認められた五カ国以外の国が核兵器を開発、保有するような事態を指す。五カ国とは、核実験を実施した早い順番に米国（一九四五年）、ソ連（一九四九年）、イギリス（一九五二年）、フランス（一九六〇年）、中国（一九六四年）のことで、一九六五年にこれ以上核兵器国を増やさないための枠組みとしてＮＰＴの交渉が始まった［**図表3-2**］。条約は一九六八年にできあがり、各国の署名が開始された。つまり、中国までが「核クラブ」に滑り込めたわけで、五カ国以外の条約締約国はすべて「非核兵器国」とされて、開発、製造や受領しないことが約束させられた。そして非核兵器国は、ＩＡＥＡ（国際原子力機関）の「保障措置」を受ける義務を有する。つまり原子力の平和利用（商用原子力発電所など）はよいのだが、それが軍事に利用されていないことをＩＡＥＡがチェックするのである。

五カ国以外の核保有国とは、公然と核実験を行ったインド（一九七四年）とパキスタン（一九九八年）、自ら肯定も否定もしないが事実上の核保有国イスラエルがある。しかしこれら三国はそもそもＮＰＴを締約していない。ＮＰＴに限らず一般的に条約に入っていない国は、その条約上の規定には縛られない。それでもこれら諸国が核兵器を保有している状況もまた核拡散といっている。

これ以上に問題になっているのは、ＮＰＴ加盟国でＩＡＥＡの査察を受け入れている国でありながら核開発の疑惑を持たれているイランや、ＮＰＴから脱退表明をし、さらに核実験を強行した北朝鮮などである。

核を放棄した事例もある。ウクライナやカザフスタン、

出典：カーネギー国際平和財団のホームページ
［http://www.carnegieendowment.org/images/npp/prolif.jpg］をもとに筆者修正。

図表3-2◆核兵器の拡散状況

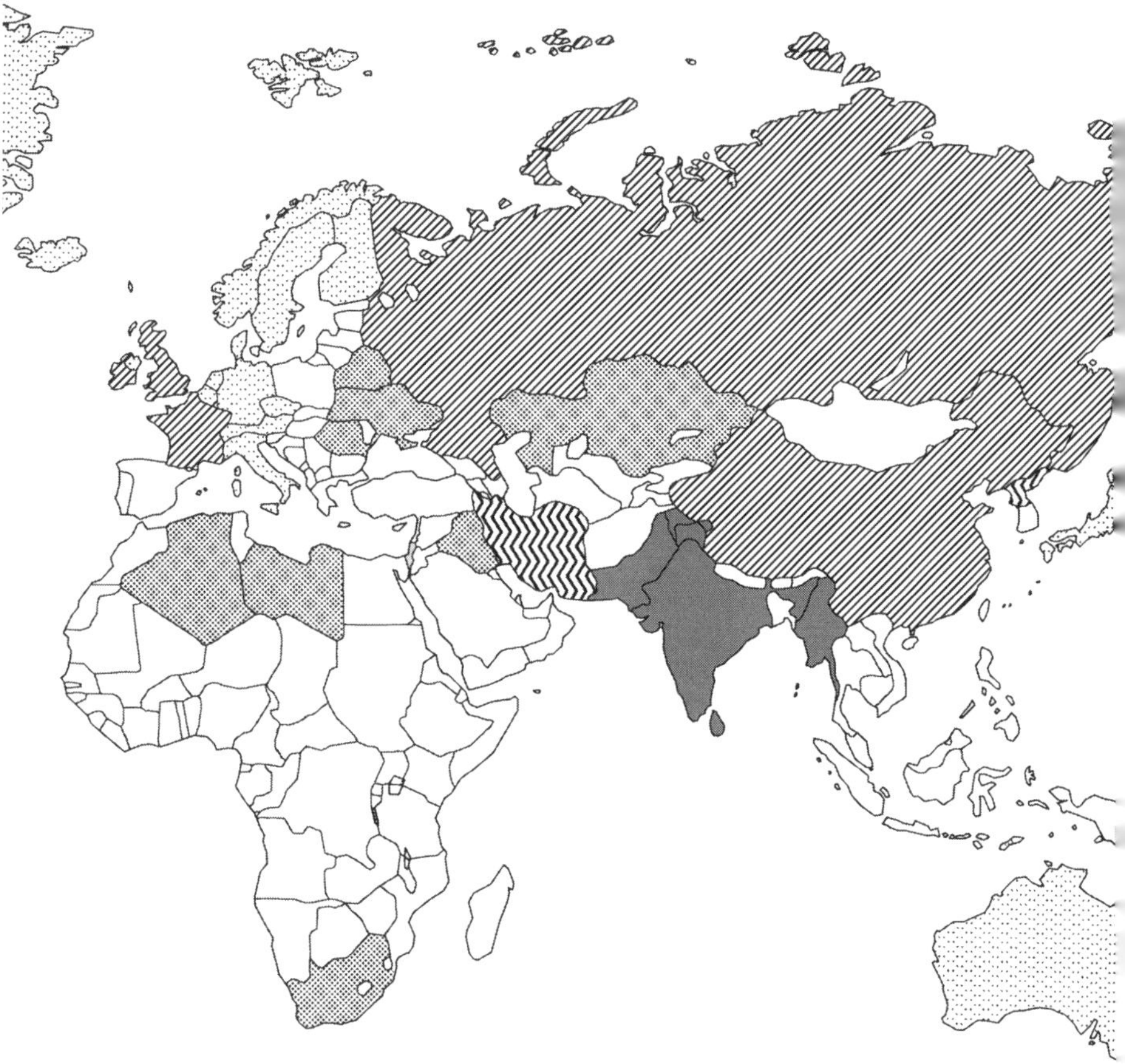

核兵器国［NPT締約国］	米・ロ・中・英・仏
核兵器国［NPT未締約国］	インド・イスラエル・パキスタン
ハイリスク国	北朝鮮・イラン
核開発技術を有するが 核兵器国となる意思のない国	日本・豪州・西欧各国・北欧各国ほか
核兵器開発計画を放棄した国	ブラジル・アルゼンチン・南アフリカ・アルジェリア・ルーマニア・リビア・イラク。 ソ連崩壊後にベラルーシ、カザフスタン、ウクライナが一時的に核保有国になったが、 NPTを締約し、旧ソ連からの残存核兵器をロシアに移送した。

ベラルーシは、ソ連邦が分裂することで棚ボタ式に核兵器保有国になったが、その後、これら諸国に分散した核兵器は平和裡にロシアに集約させることができた。南アフリカは核兵器の製造まで極秘に行いながら廃棄した。最近ではリビアが核開発を放棄して査察に委ねた。

他方、生物兵器や化学兵器の「拡散」は核兵器の場合とはやや違う。というのも、生物・化学兵器についてはNPTのように「保有国」と「非保有国」を区別するような不拡散条約はなく、締約国は全面的に該当する兵器を禁止する「生物毒素兵器禁止条約」(一九七五年発効)と、「化学兵器禁止条約」(一九九七年発効)があるからだ。そこから、生物兵器や化学兵器の「拡散」とは、これら条約に入らないで開発、生産するか、または締約国であるにもかかわらず条約に違反して陰で保有するような国が現れる状況を指す。さらに、テロリストのような非国家主体が保有するような場合も拡散という(これは核でも同じである)。公式に保有を宣言した国は少ない。化学兵器の場合は、米ロ両国に加えて、インドや韓国が化学兵器禁止機関(OPCW)に申告をした。生物兵器はロシアだけが保有を認めている。だが生物兵器も化学兵器も、それを保有しているのではないかという疑惑国はいくつも挙げられている。

ここで条約を二つあげたが、『条約集』やインターネットで条文そのものに一度目を通してみよう。「生物毒素兵器禁止条約」は、法律の条文に慣れていなくても読めるし、おおよその意味はつかめるはずである。なにしろ全一五条で短い。主な部分は、締約国に課せられた禁止条項(生物兵器の開発、生産、貯蔵、取得、保有、移譲、取得援助)と、保有していれば廃棄するか平和目的に転用するという箇所になる。条約違反などの苦情は国連安全保障理事会に申し立てることとされているが、この条約が署名、発効した冷戦時代は米ソ対立の時代であり、両国とも安保理の常任理事国であるのだから、安保理に申し立てても埒があかないのは明らかだった。つまり、この条約は、締約国が約束を守るものという善意に依拠した紳士協定のようなものである。ソ連は締約国であるにもかかわらず、条約の遵守を一顧だにせず、米国も違反しているはずだという思い込みのもとに一九七〇年代から八〇年代にかけて生物兵器の大軍拡に走り、それを国際社会はやめさせることはできなかった。

それでも条約が無意味だったとはいえない。一五〇カ国以上が締約してきたことで生物兵器に反対するひとつの国際規範が成熟し、多くの国はそれに制約されているからである。生物兵器を開発、使用するにも堂々とできず、隠れてコソコソやるしかない。ばれたときに、その国に制裁が自動的に発動されるわけではないが、国際的に信用が失墜し、まともな国とは見なされない。そういうハイ・リスクを覚悟しなければならない。もちろんその一方で、条約上の不備を補うために検証制度の導入などの交渉が断続的に行われてきた。

他方、「化学兵器禁止条約」は長くて複雑で、予備知識なくそれを通しでいきなり読むのは苦痛であろう。この条約も該当する兵器の開発、生産、取得、貯蔵、保有、移譲、これら活動の援助・奨励・勧誘が禁止され、保有物の廃棄が定められている。第二条に化学兵器が定義づけされている。毒性化学物質およびその前駆物質（毒性化学物質を生産するための化学剤）そのものも、装置化（兵器化）されていなくても化学兵器になるのだが、毒性化学物質が何であるかも特定されている。ひと言で化学兵器、毒性化学物質、前駆物質といっても、たとえば除草剤とか、警察部隊が保有する暴動鎮圧剤とか、医薬品や農薬をはじめとして民生用途に欠かせない前駆物質をどう扱うのかなど難しい問題があり、条約に細かく規定されている。また、この条約では、「生物毒素兵器禁止条約」と違って、締約国が約束事を実施するため、条約違反問題を解決するための機関として化学兵器禁止機関を設立し、そのことも細かく規定している。

3 不拡散か軍縮か

大量破壊兵器の危険性を削減するために、不拡散（nonproliferation）と軍縮（disarmament）の二つの措置がある。**不拡散**[＊10]とはそれを追求する側から見れば、相手に特定の兵器を開発させたり持たせたりしないことであり、そのために査察、外交交渉、法的な制裁、ときに軍事的な手段を含めた対応など、さまざまな措置がとられる。だが、いかなる措置もすぐに結果が伴うわけではないし、非効率的とさえ受けとめられることもある。イラクの大量破壊兵器問題は、湾岸戦争の終結時（一九九一年）を起点としても、一二年もの間、査察とその中断が繰り返され、経済制裁や飛行禁止空域の設定が継続して行われた。結局は戦争でフセイン政権を倒したが、米英など戦争を仕掛けた側の国際的信用は失墜し、戦後もテロや戦闘が頻発している状況をみても、戦争の代償はあまりに大きいといわざるを得ない。北朝鮮の場合は、米国との交渉で核兵器プログラムを凍結したのが一九九四年であり、それから九年たって再処理施設からプルトニウムを抽出して再び核危機を迎え、六者協議の場で解決を目指している。イランの核問題も解決にこれから何年かかるか見通せない。拡散懸念国の問題解決にはたいへんな時間がかかる。

さらに不拡散は、その考え方自体が不平等、差別的であるという不満も根強い。それはとくに核兵器の場合に問題となる。NPTの第六条は、核保有国に核兵器の廃絶そのものを義務づけているわけではない。核軍備競争の早期の停止と軍縮に関する効果的な措置について、さらに国際管理の下における全面的かつ完全な核軍縮条約についての「誠実な交渉」を促しているにすぎない。もちろん、この条約が策定された冷戦時代のような意味での核軍備競争は終わり、少なくとも米ロ間ではSTART（戦略兵器削減）-I条約に基づいた核軍縮が進行したのだから、条約の前文に書かれてあるような核軍縮の方向をとるという大原則が全く無視されたわけではない。しかし、核保有五大国は全面完全軍縮の交渉など始めていないのだから、約束を守っていないともいえる。かつてインドはNPTの不平等性を猛烈に非難する急先鋒であった。だが、時代は変わり、安全保障環境も変わった。二〇〇六年三月、NPT未加盟のまま、米国との間で原子力協力の合意がなされ、民生用の核施設はＩＡＥＡの査察を受けるものの、軍事施設は査察外とされた。インドは特例扱いされることで、当面、ＮＰＴ体制を非難する必要もなくなった。問題は多々あってもＮＰＴには一九〇カ国が加盟している。ほとんどの国が締約している事実は重い。

不拡散とは違い、軍縮（軍備縮小）は、文字どおり、兵器を減らしていくことである。大量破壊兵器は究極的には全面完全軍縮こそが望まれるところであろう。核兵器についていえば、現在は冷戦時代のピークに比べれば、数量的には大幅な軍縮が実現している。しかし、この九〇年代以降の核軍縮の過程を見ると、もし将来、全面完全核軍縮に関係国すべてが法的・政治的に合意したとしても（その可能性は限りなくゼロだが）、それが物理的に実現できるかという新たな難問に突き当たるであろうし、またその途上においてかえって危険なことに直面する可能性も高いと思わざるを得ない。核兵器の解体は車のスクラップとはわけが違う。核物質の安全な処分が容易にはいかないことを一九九〇年代の軍縮から見てとれる。つまり、旧ソ連において核の管理不徹底、密輸という問題が付随し、新しい国際安全保障問題として懸念され始めた。兵器の解体はそれでも時間とコストをかければ不可能ではない。だが、未来永劫に大量破壊兵器を葬り去ることができるのだろうか。全面完全軍縮はその兵器が無意味になったときに自然となされるであろう。核兵器以上に破壊力がある兵器が登場すればどうなるかわからないが、少なくとも今は核兵器に象徴的な意義が付与されており、保有国は優越感を抱いている。あるいは切り札として保持する。米国やロシアや中国が核兵器をすべて廃棄するとは想像しにくい。

生物兵器や化学兵器の全面完全軍縮といっても、生物兵器の原料は病原体であり、化学兵器は毒性化学物質やその前駆物質から成る。これらは民生利用、平和目的でも使用される（サリンのように人を殺傷する以外に用途のないものもある）。ワクチンの製造にはウイルスが必要で、抗生物質の開発にも菌が必要だ。病原微生物はももともと自然界に存在する。病気を発症させる「生物兵器」（という名称こそなかったが）は紀元前から使用されていた。動物や人間の死体を敵の井戸や水源地に放り込んだり、それをカタパルトで敵の城内や要塞に向けて投擲する戦法は、戦史ではお馴染みのものだ。一八世紀の北米、まだアメリカ合衆国独立以前のフレンチ・インディアン戦争では、英軍が痘瘡病院から持ち出した毛布を、反乱を起こしたインディアンに渡して天然痘に感染させることに成功している。電子顕微鏡もなくウイルスは目にみえなかった時代でさえ、人間はこんな悪知恵を重ねてきた。バイオテクノロジー、遺伝子工学が発展している今日ならばなおのこと、生物学的な攻撃手段をその技術的知識から封印してしまうことはもはや不可能といえる。

核の場合にも原子力の平和利用がある。それは、潜在的には核兵器開発につながるものではある。だからといって原子力発電に頼らないのであれば、代替エネルギーが不可欠であろう。核兵器の製造方法も広く知られているいったん廃棄してもノウハウが蓄積されていれば再生産可能だ。

拡散問題は、オウム真理教がサリンを用いて甚大な被害を発生させて以来、テロリストのことまで射程に入れなければならない時代になった。テロリストにとって大量破壊兵器は殺傷能力の高さばかりか、隠密に使用できる点もまた非常には魅力的であろう。化学兵器も生物兵器もその「災害因」となる物質には目に見えないものが多いし、症状が発現するまでに時間がかかるものもある。化学兵器は、症状が発現するまでの時間は、吸引したり皮膚に触れたりする量にもよる。神経剤のようにほぼ即死することもあるが、患者の手当てをしていて自分も浴びてしまう二次感染もある。糜爛剤のように何時間かしてから症状が現れることもある。生物兵器の場合は、誰も見ていないなかで、エアロゾルとして噴霧されれば、たまたまその場に探知器機でもない限りは、その病原体の浮揚を察知できない。攻撃されたことは患者が発生してからわかる。それでも自然発症とみなされる恐れすらある。化学兵器も生物兵器も特定されるのにも時間がかかる。これは攻撃側に圧倒的に有利な特性である。同様のことは、放射性物質の散布装置（ダーティ・ボム）にもいえることである。通常の爆発によって放射性物質が撒かれているとすぐに気づかれるわけではない。ダーティ・ボムは核爆発ではないのだから。

「生物毒素兵器禁止条約」や「化学兵器禁止条約」には一五〇カ国以上が参加し、その禁止は国際規範として成熟している。このような環境の中であっても、あえてリスクを冒し、隠れて不正に大量破壊兵器に手を出すのはどのような国だろうか。それは、民意が反映されない独裁者に支配されていたり、周辺諸国との争いが多い国である。湾岸戦争の終結にあたって国連安保理がイラクに対して大量破壊兵器の開発を禁じたのは当然の措置であった（八〇年代に化学兵器を使用したり、核開発に着手していた）。

最後に、拡散の全般的問題、個別の問題に対処するにあたって、すべての行動は関係国、関係機関の間での情報協力にかかっている点を強調しておきたい。たとえば、冒頭で述べたPSIを効果的ならしめるためには、各国が、どの船、どの飛行機に大量破壊兵器やその関連物質が不正に搭載されているのか、荷主は誰なのか、という情報がなければならない。情報があって初めて出動できる。輸出管理もそうであるし、査察も同様である。このような国際的な情報共有が非常に重要であると同時に、一国内での情報共有も等しく必要とされる。国内では、外務省、防衛省・自衛隊、財務省・税関、警察、法務省・入国管理、国土交通省・海上保安庁など多数の省庁がこの問題に関係する。省庁と部局は管轄職務が明確に定まっており、悪い意味で「タテ割行政」があるが、複数の部署にまたがるような問題に対して機動力がなかなか発揮できない。そうはいっても、たとえば、警察が大量破壊兵器の不正輸出に関する情報を捉えたとする。それが洋上でのことならば海上保安庁（国土交通省）に伝えなければならない。空港では入国管理（法務省）に伝えねばならない。

こうして大量破壊兵器の拡散に対処するためには、国際的、国内的な連携を一層進めるしかない。

3 破綻国家

KEYWORDS
人道的介入
難民
小型武器
平和維持・平和構築
DDR

論点▼▼▼▼▼なぜ破綻国家は国際の平和と安全にとって脅威なのか

1 破綻国家とは何か

破綻国家——普通、この言葉から想像するのは国家財政の破綻した国のことかもしれない。日本も、破綻しているかどうかはともかく財政赤字は三〇兆円にも達する。しかし、ここでいう破綻国家は財政赤字の次元ではない。財政赤字でも平和で繁栄している国は多い。そうではなく国家の統治機構が崩壊して無政府的な状態に陥り、なおかつそこで暴力や紛争が絶えず、住民の安全が常に危険にさらされている状況に置かれた国のことを指す。武装したグループが我が者顔で街を闊歩し、略奪や殺人があっても警察は来てくれないので、自分の身は自分か仲間内で守るしかない。地図上には国名も国境線も残っているが、その実態は警察、軍隊、税務署、裁判所などが何もないか、あったとしても機能不全に陥っていて、住民に対して公共サービスをとても提供できるような体制になっていない。

ハーバード大学のロバート・ロットバーグは、国家が国民に対して、安全に関する公共サービスを提供できるかどうかという点で世界各国を五つに分けた（*Foreign Affairs*, July/August 2002）。提供できている順に「強い国（strong states）」、「弱い国（weak states）」、「失敗しつつある国（failing states）」、「失敗国家（failed states）」、「崩壊国家（collapsed states）」とした。「強い国」に比べて「弱い国」のほうが犯罪発生率は高いし、国内での民族間、宗派間の対立緊張度も高い。「失敗国家」では、国内の一部の地域に対してすでに政府の実効支配が及ばない、交戦も発生している。「崩壊国家」はもっと程度の悪化した、政府機能が完全にダウンし、紛争も継続しているような状態である。訳出上、この「崩壊国家」を破綻国家としてもよいし、本節での破綻国家もそのような意味で用いる。あるいは「崩壊国家」と、その一歩手前の「失敗国家」をあわせて破綻国家としてもよい。ロットバーグによれば、これら2つのカテゴリーに当てはまるのは、アフガニスタン、アンゴラ、ブルンジ、コンゴ民主共和国、リベリア、シエラレオネ、スーダンの七カ国だという（二〇〇二年の論文）。他にも、社会的、経済的、政治的な指標を細かく設定して、それを点数化し、破綻国家のランキングを行った研究もある。やはりアフリカのいくつかの国の他に、イラク、アフガニスタン、パキスタンなどが上位にランクされていた。

このように書いていくと、「北朝鮮は破綻国家ではないのか」と思う人がいるかもしれない。その国がそれに当てはまるかどうかは、まず定義や規定との照らし合わせとなる。破綻国家については世界共通の普遍的な定義は存在しないが、経済だけでなく、統治機構の崩壊もしくは機能不全という点を基準にすることがおおよそ共通に了解されている。北朝鮮は一部の地域で飢餓が発生し、外部から人道支援が行われ、首都ピョンヤンでさえモノ不足の様子が窺われる。偽造紙幣を製造し、麻薬を密売して外貨を稼いでいるくらいだ。だが、独裁的で強力な政府が存在している。国民に対する安全の提供の仕方は、逆らうことのできない恐怖支配に基づくものだが、とにかく権力は機能している。そして内戦が勃発している兆候もない。そういう点では破綻国家とはいえないだろう。

2 冷戦後に注目される破綻国家

破綻国家が大いに注目されるようになったのは冷戦後になってからである。そのなかでも特にソマリアのように、政府が完全になくなってしまったような国に対する国際的な支援とその失敗の経験を経て、破綻国家問題が広く議論されるようになった［**図表3-3**］。

「冷戦が終わって民族紛争や宗教紛争が世界各地で噴出し」と決まり文句のようにいわれるが、冷戦時代も同様に民族紛争、宗教紛争は多発していた。ただ冷戦時代は、米国とソ連が世界各地で影響力を争っており、各地で勃発する紛争でどちらからの勢力に肩入れをするケースが非常に多かった。つまり、世界各地の紛争は「超大国」（米国とソ連の二つだけを指した）の戦略に大きな影響を受けていた。

冷戦後、このような意味での影響力競争は終わった。米国もロシアもさして国益を見い出せない紛争が増えてきたのである。米国や日本のように平和で繁栄した世界では、冷戦が終わっただけに「平和の配当」があるべきとか、「新世界秩序」を作るといわれていた。だが、その対極の世界では、地元勢力の間での残虐な戦いが続けられ、「新世界無秩序」が広がっていた。

破綻国家を含めて世界各地の紛争の惨状が注目されるようになった背景として、メディアの発展と普及がほとんどときを同じくして起こったことも無視し得ない。米CNNのように二十四時間ニュースを流すケーブルテレビによって（CNNの設立は一九八〇年だが、九一年の湾岸戦争報道で世界的に有名になる）、湾岸戦争後のイラク北部でのクルド人避難民の様子（一九九一年）、ソマリアでの飢餓とわが物顔に振る舞う山賊（一九九二年）、ザイール（現・コンゴ民主共和国）東部での地獄

図表3-3◆破綻国家ソマリアの難民

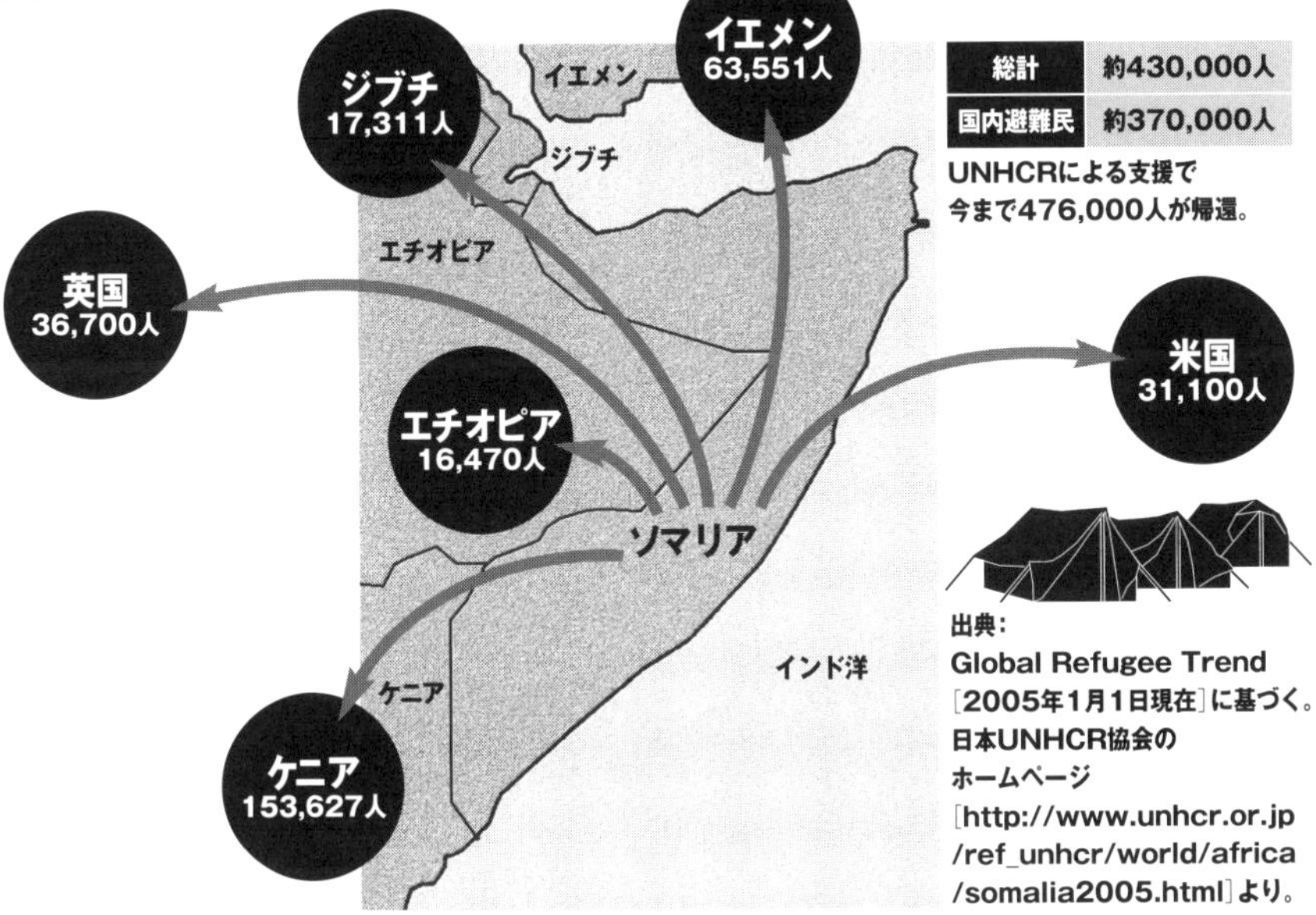

出典：
Global Refugee Trend
［2005年1月1日現在］に基づく。
日本UNHCR協会の
ホームページ
［http://www.unhcr.or.jp/ref_unhcr/world/africa/somalia2005.html］より。

のようなルワンダ難民キャンプ（一九九四年）、集団虐殺が繰り返されたボスニア・ヘルツェゴビナ紛争（一九九二〜九五年）など、インパクトの強い映像が繰り返し流された。

マスメディアなどで悲惨な状況を見せつけられて、「何かしなければならない」という博愛主義的な世論がしばしば醸成された。

さらに、一九九〇年代後半以降はインターネットの急速な普及によって、世界の紛争もより身近に感じられるようになり、NGOを中心とした支援のネットワーク作りも加速した。

だが、内戦下や治安崩壊のなかでの援助活動ではどうしても限界がある。そこで、国家に対して軍隊など部隊の派遣が要望される。他国への派兵は国家にとって最高度の決断であるが、自国の国益と直接関係がないような国であっても、国際的、国内的な世論に押され、重い腰を上げるのである。一九九二年末にソマリアに米軍が投入されていくまでの過程を見ると、この典型例のようなものであった。だからこそ、翌年、現地武装勢力の攻撃によって米兵の死者が増え、米国内から一転して「なぜソマリアにかかわるのか」という批判が高まると、(介入の決断はブッシュ政権下で行われ、撤退考慮のときはクリントン政権に代わっていたこともあるが)未練も残さずさっさと米軍を撤退させたのである。

このような動きと平行して、国家間関係のルールも再検討された。その最も重要な決まりは、内政不干渉原則、他国への非介入である。だがその無条件遵守、絶対性に留保が付された。一九九二年にブトロス・ブトロス・ガリ国連事務総長の『平和への課題』に記されたように、国連は、強制的で、必ずしも中立的ではない、平和強制(peace enforcement)という概念を打ち出した。それまでの、紛争発生後の平和的解決や、停戦後の非強制的、中立的で、当該国の同意を必要としていた平和維持活動から一歩進めた考え方であった。たとえばソマリアに対してのように、同意を得るにも政府が存在せず、武装勢力が氏族ごとに四分五裂し衝突が続いているなかで、秩序回復と人道支援をしなければならないとするならば、平和強制という措置をとらざるを得ないと考えられた。

さらに、長年にわたって国際社会では議論されてきた**人道的介入**(humanitarian intervention)〔*11〕も、この時代状況に即して慎重に再検討に付された。集団的虐殺が繰り広げられているならば、一刻も早く介入してそれを止めねばならない。止めるといっても交渉で止められるほど悠長なものではないから、交戦になることを覚悟して軍事介入で止めるのである。人道的介入は、虐殺がその国の政府主導であったり、虐殺主体がはっきりしているようなケースが問題になってきた。しかしこのようなケースでの介入のルール、基準は未だに確立されていない。国連の安保理決議くらいは介入の正統性に必要かもしれないが、一刻を争うときに、その採択を待っていては遅いということもある。さりとて、安保理決議もなく軍事介入するのは、介入国の恣意的な都合を許しかねない。

3 難民、小型武器の拡散、テロの温床

破綻国家に対して国際社会が行動を起こすときに、国連安保理決議では「国際の平和と安全」に対する脅威だと規定されることが多い。それはなぜなのだろうか。内戦が一国内で行われているならば、あくまでその国の問題であって「国際の平和と安全」の問題にならないはずだが、そう見なされるのは、**難民**［＊12］や武器、特に**小型武器**［＊13］の移転など、国境を越える問題が伴うからである。

難民は、破綻国家といわれる状況下において必ず発生する問題である。一九五一年採択の難民条約（難民の地位に関する条約）によると、難民とは、人種、宗教、国籍、特定の社会集団の構成員であることを理由に、または政治的意見を理由に、迫害を受けるおそれがあるという十分に理由のある恐怖を有するために、自国から逃れて他国にいること、と規定されている。出稼ぎ目的の経済難民は難民と認定されない。また、難民と同じ理由で居住地を追われてもその国内に留まる者を「国内避難民」といって、区別がなされる。

振り返ってみると、冷戦時代の難民問題の焦点は受入国の義務におかれた。難民は庇護国もしくは第三国に定住する方策がとられた。つまり難民を本国に帰還させないということである。なぜならば、難民の多くは共産主義国家から逃れてきた者であって、共産主義のような政治的自由のない専制国家に引き渡すのは非人道的だと見なされたからだ。もちろんパレスチナ難民をはじめ、共産圏以外からの逃避のケースも多々あったが、冷戦時代の難民問題は、東西対立の一環として解釈されることも多かった。

冷戦後の難民問題は、本国への帰還を国際機関が支援し、発生国の責務も問われるようになったのが変化した点である。帰還を奨励するようになった背景には、紛争後の平和構築まで国際社会が関与するようになり、選挙支援も含めて、抑圧的な政府が出来ることを想定しないからでもある。また、発生国の責務については、前述し

たように内政不干渉原則が最も重要な国際関係のルールの一つであることには変わりないが、同時に、良好な国内統治（グッド・ガヴァナンス）が求められ始めた。国の治め方は各政府が好き勝手にというわけではなく、少なくとも難民発生の原因となる自国民、特定集団の虐殺をしたり、内戦を収拾できないような統治能力ではまずいという考えが国連を中心に広まった。

国連難民高等弁務官事務所（UNHCR）によると、二〇〇五年一月時点で世界のUNHCR援助対象者は一九二〇〇万人であった。ここには、難民だけでなく、庇護希望者、国内避難民、帰還民などが含まれるが、このうち難民は九二〇〇万人で過去最低の数字であった。アフガニスタン難民がこのうち二〇〇万人を超える。ただし推定四〇〇万人以上のパレスチナ難民は、国連パレスチナ難民救済事業機関（UNRWA）の担当であり、UNHCR援助対象者には含まれていない。パレスチナ難民の発端は、イスラエル建国を契機とする第一次中東戦争の時期にさかのぼる。

安全保障問題として難民問題を見るならば、特に難民キャンプが長期化、固定化することで、受入国にも発生国にも不安定な状況をもたらす点を注視すべきであろう。一九九四年にルワンダでフツ族によるツチ族に対する大虐殺が発生した。しばらくすると隣国のウガンダからツチ族の武装勢力が介入（もともとルワンダ人だから逆侵攻）し、虐殺の主体であるフツ族の過激派を駆逐した。彼らは難民としてザイールに敗走した。だが、難民キャンプで武装したままリクルート活動も行っていた。

難民キャンプはこのような武装難民、あるいは反乱勢力の温床になりかねない。彼らがキャンプで影の支配を行うことで、人道援助物資も彼らに収奪される可能性が大きくなる。

さらに、アジア、アフリカのキャンプで広く確認されてきたのは、人身売買や銃器、麻薬、ダイヤモンドなど不正取引の隠れ蓑となったことである。

他方でケニアのように、隣国ソマリアが破綻国家なだけに組織的な帰還が難しく、恒常的に難民の流入に悩まされてきた国もある。ケニアにとってソマリア難民は安全保障問題である。

また、難民受入国にとって微妙かつ深刻な問題は、難民保護を手厚くするほどに、受入国の地元住民の間で不満が蓄積すること、さらには、大量流入によって、受入国での民族間の人口比率が変化したり、バランスが崩れたりすることである。マケドニア（総人口約二〇〇万人のうちマケドニア人が六四％、アルバニア人二五％）が、一九九九年のコソボ紛争時に、コソボからのアルバニア人の受け入れを嫌々ながら引き受けたのも、この問題が背景にあった。

難民問題とともに世界各地の紛争につきものなのは、小型武器の不正取引や広範囲の拡散である。小型武器の拡散とは、その所有国が増えるということではなくて、本来保有すべき警察や軍隊などの正規の機関のみではなく、武装勢力や市民にあまねく行き渡ってしまっているような状態を指している。その売買流通も国境を越えて不正に行われることが多い。それは破綻国家とその近隣諸国に特徴的なことである。小型武器とは、国際的に使用されている小火器(small arms)と軽兵器(light weapons)を併せた日本外交に独特の呼称である。小火器とは一人で携行可能で操作するものであり、自動小銃やライフル銃、軍用ピストルなどを指す。一方、軽兵器とは数人で操作するものであり、重機関銃や迫撃砲などを指す。両者の区分については、国連決議に基づいて初めて多国間でこの問題の原因探求や予防・削減策を討議した「小火器に関する政府専門家パネル」の報告書（一九九七年）において明記された。本章の前節で大量破壊兵器について述べたが、実際に戦場で使用される頻度はいうまでもなく小型武器が圧倒的に多い。大型の通常兵器（戦車、装甲車両、航空機、軍艦など）に比べても、比較できないほど安価であること、使いこなすまでにさほどの訓練を必要としないこと、運搬・隠匿が容易であること、性能は劣っても自家製造が可能であることなど、武装勢力にとって多くの利点がある。

このような武器は国防と治安の双方に不可欠であるか

らどの国でも保有し、世界中にメーカーがあり、すでに基礎技術は拡散し、それだけに大量破壊兵器と違って規制したり禁止したりする規範や制度はできにくい。国際的には事実上の野放しであったといってもよい。国連主導で本格的に規制を目指す会合が始まったのも、九〇年代半ばからにすぎない。

小火器のひとつの種類に自動小銃がある。その拡散の代表格はカラシニコフ銃になるであろう。旧ソ連での開発者の名前をとったそれは、性能に優れ、ジャングルでも砂漠でも使用でき、シンプルで故障しても修理が容易であり、そのために世界的なベストセラーになった。ライセンス生産も行われている。紛争地には溢れかえっており、アフリカのある国では物物交換さえされている。しかもニワトリやトウモロコシなどとの交換もある。少年兵でも使用しているのだから、ゲリラにもテロ組織にも重宝がられてきた。

以上、破綻国家が国際的に脅威を与えている側面について述べてきた。さらに、最近指摘されることであるが、破綻国家は国際テロリストや組織犯罪の温床となるのだろうか。たとえば、破綻国家・ソマリアに軍事的な介入を深める米国やエチオピアの目的は、浸透したアルカイダを叩くためでもある。しかし、破綻国家にテロリストが必ず寄生するとも限らない。国際テロリストには隠れ蓑が、犯罪組織にも寄生する相手（腐敗した政府や企業）が必要である。完全な崩壊国家、隠れ場所もないような国にテロリストが陣取ったとしても、外部から潰されるのがおちであろう。そのような国には内政不干渉原則も適用されないという論理によって介入されるし、国際法はこの状況に対して明解な行動規範を回答してくれない。犯罪組織も、腐敗した役人すらいない、寄生しようがない貧困社会に浸透しても稼ぐことは難しいだろう。

4 破綻国家の再建

破綻国家はどのように再建できるだろうか。破綻国家の特徴は、内戦の存在、林立する武装勢力、政府の崩壊または著しい機能不全にあることは述べたとおりなので、それらを正せばよいということになる。とりあえずは停戦状態を維持し、武装を解除する（**平和維持**［*14］）。それから、将来的に紛争が再発しないようないわゆる「**平和構築**」［*14］と呼ばれる復興事業が必要とされる。この間に、一つの政府、一つの軍隊、一つの警察をつくり直す。もちろん、「一つ」といっても中央集権とか連邦制とか自治権など国の仕組みは多様で、軍隊と警察を明確に区分できるほど治安機関も単純ではないのが各国の実態ではあるが、要は一つの国の中に、正統性を争う複数の実力組織が存立してはならないということである。二〇世紀の最も高名な社会学者マックス・ウェーバーは「国家とはある一定領域の内部で正当な物理的暴力行使の独占を要求する人間共同体である」と述べた。破綻国家には、正当な物理的暴力行使が独占されていないのである。

このように国家の体裁を整え、治安を回復し、社会秩序を維持するためには、**DDR**［*15］といわれる行動計画が重要になる。DDRとは、武装解除（disarmament）、動員解除（demobilization）、社会再統合（re-integration）のことである。まず、武装集団または個人から武器を回収し、集団を解散させる。これを強引に進めれば、抵抗され衝突、交戦になりかねないので、あくまでも納得のうえ協力してもらうのが基調となる。バイ・バック（Buy-back）といって、小銃一丁いくらと買い戻すことも多い。現金も武器を差し出すインセンティブにはなるが、より根源的には、彼らは安全が保証されなければ容易に武器を手放すことはない。回収した兵器は廃棄処分するか、あるいは一つの正統な国軍を再建するときにそちらに回す。さらに、戦闘員を再就職させ、再教育するのが社会再統合である。しかし、再統合される戦闘員から被害を受けた者にとっては、人殺しを恩赦するだけでなく、就職斡旋の恩恵を与えることであるから、不平等感や憎悪やねたみを招くこともある。もちろん、再就職といっても雇用創出を計画的に進めなければどうしようもない。それに加えて、社会秩序の維持のために民主的な警察の創出も重要である。このことは、国連平和維持活動において文民警察官（CIVPOL）の派遣が求められていることに表れている。

破綻国家の再建が、直ちに自由で民主的な国の誕生を意味するわけではない。まずは、内戦の終了、秩序の維持が再建の出発点である。その段階では、政府がなくても、最低限、主要勢力間でのバランス・オブ・パワーが成立しなければならない。平和はひとまずはそれで維持される。次の段階で政府が創出されたとしても、役人は汚職まみれになるかもしれないし、縁故採用がはびこるかもしれない。もしかしたら独裁制になるかもしれない。最終的に、公共サービス提供の主体として公正なルールとそれに基づいた政府ができればよいが、自由で民主的な国が一夜にして誕生することはない。

最後に、破綻国家の象徴ともいえるソマリアについてだが、一九九一年に独裁的なシアド・バーレ政権が崩壊して以来、二〇〇六年までに一三回も政府創出の試みがあっていずれも失敗した。首都モガディシオではイスラム勢力である「イスラム法廷連合」（UIC）とそれに対抗する暫定政府を中心とする「平和の回復と対テロ同盟」（ARPCT）の間で戦闘が断続的に行われた。暫定政府を支援するエチオピアや米国は、UICはイスラム過激派、アルカイダと関係していると見なして、軍事介入を「対テロ戦の一環」としている。UICはアルカイダとの関係を否定している。また、ソマリア沖は海賊の多発地帯となり、援助物資が強奪されている。

ソマリアの場合、多くの氏族に分断した社会であり、またイスラム教徒が大半を占めるだけにイスラム過激派が浸透し易いこともあり、国家再建は容易な道のりではない。

4 移民

KEYWORDS
極右勢力
不法滞在
多文化主義
同化主義
ムハンマドの風刺画事件

論点▼▼▼▼▼移民は社会・経済的な問題か、それとも安全保障問題か

1 社会・経済的問題としての移民

前節「破綻国家」のなかで述べた難民が、武力紛争や圧制のために命からがら国境を越えて他国に逃げる人々であるのに対して、移民は、移住先で労働するために、どちらかというと自発的に母国を離れる人々である。つまり、その移動は経済的動機に基づき、滞在は長期化するか、永住化する。

一九世紀までの世界史において移民は、米国やカナダをはじめとする「新世界」の形成を促進する要素であった。第二次世界大戦後は、経済成長下の各国で労働力不足を補うために歓迎された。一九五〇年代から六〇年代にかけての欧米諸国、七〇年代からはペルシャ湾岸の石油輸出国が移民の受け入れを始めた。移民を送り出す国も彼らからの送金が期待できた。しかし、どのような国

にも低所得や失業によって、あるいは何らかの差別を受けて不平不満を抱いている層がいる。彼らから見て移民は、労働力を奪っている存在に映ることも多い。低所得層でなくても、移民のための教育、福祉、医療などの公共サービスの経済的な負担が大きいと反感が渦巻いたり、移民の文化的なアイデンティティが現地のそれとは相容れないという排外主義的な考えが台頭することもしばしばある。政治的には右翼や**極右勢力**[＊16]が、このような風潮を利用して支持を獲得してきた。

移民問題といった場合にその多くは、雇用や経済にかかわることであり、安全保障問題の範疇では見られないことが多い。最近の例を挙げよう。最大の移民国家・米国では二〇〇五年に不法移民取締法案が下院で可決されたことをきっかけに（不法移民を刑法上の重罪とする）、翌春、ヒスパニック系住民（四〇〇〇万人、全人口の一四％を占める）がロサンゼルスなど各地で一〇〇万人規模のデモを起こした。現在、一二〇〇万人といわれるビザのない**不法滞在**[＊17]（そのうち八割がヒスパニック）者は、摘発されずに長年にわたって住み着き、家族を持つ。彼らにとって米国はチャンスをくれた国であり、そこで賢明に働き、税金も払い、犯罪者であるという意識はまったくない。不法移民の二世、三世は米国生まれで、米国人という意識も当然強く、一世とは違い高学歴者も含まれる。

移民は安価な労働供給源として不可欠な存在となり、人手不足の業界にとっては、不法移民にゲストワーカーとして合法的地位を与える政策を歓迎する。それに対して保守層などからは、医療や教育のコスト増という点から批判も多い。

そもそも国境警備の不備もあり（「スイスチーズの穴」と揶揄される）、二〇〇六年には米国・メキシコ国境に全長約七〇〇マイル（約一一二〇キロ）にわたってフェンスを設定する予算が承認されたものの、米国での移民とくに不法移民問題は、基本的には経済、社会的な課題の域にとどまっている。

だが、時と場所によって移民は治安、安全保障問題にもなる。不法移民の密航は国際的な犯罪組織によるビジネスと化している。また、移民が出身国の体制や政策に反対する運動を行い、受入国との間で緊張が高まることはよくある。国家の存立を揺るがすほどの安全保障問題となったケースは、一九八九年に東ドイツ人がハンガリーなどを経由してオーストリアに大量流出したときである。これは、大量逃亡された側、東ドイツ国家にとっては国家消滅の序章となった。だが、受入国のオーストリアや西ドイツにとっても、最高度の国家安全保障問題に直面していたといえる。

2 安全保障問題としての移民

移民問題を今日的な安全保障の視点から考えるには、欧州のムスリムを取り上げるのがよいであろう。二〇〇一年の九・一一テロ事件以降、欧州ではイスラム過激派による相次ぐテロによって移民規制の方向が打ち出されるようになった。テロに関係するのは、移民二世、三世で、欧州で生まれ育ったか、子供の頃に移住した者である。

大規模テロの第一撃はまずスペインで発生した。二〇〇四年三月一一日のマドリード列車爆破テロで二〇二人（身元判明は一九二人）が殺害され、一八〇〇人以上が負傷した。稀に見る大規模テロ事件である。ダイナマイト一〇キログラムが、それぞれバッグ一三個に詰められて列車に持ち込まれた。当時のアスナール政権は世論の大勢に反して、イラク戦争に賛成し、戦後もイラク派兵を続けていた。そんなわけで、イスラム過激派の仕業とすれば三日後の総選挙には不都合になり、テロの直後から証拠もなくＥＴＡ（バスク祖国と自由）の犯行に違いないと強調した。それも国民には不自然に映り、総選挙で与党は敗北した。間接的だが、テロは政権をも吹き飛ばしたのである。

この事件の首謀者はチュニジア人であったが、逮捕された約四〇人の大半はモロッコ系であった。実行犯の一人、ジャマル・ズガム容疑者（三一歳）は一二歳のときにモロッコから移住してきた。なまりのないスペイン語を話し、酒も飲み、携帯電話販売を営んでいた。一見すると社会に溶け込んでいたかに見えるのがかえって恐ろしい。スペインのイスラム教徒の九割、五〇万人以上はモロッコ系である。そのモロッコでは、二〇〇三年五月にカサブランカで同時爆破テロがあったように、国際テロ組織と関係のある過激主義者の温床と見なされている。スペインは狭いジブラルタル海峡を隔ててモロッコと向きあっている。この地理的隣接は安全保障の関係者には大変なプレッシャーになっているようで、あるスペイン外交官は、著名な安全保障専門誌に自国とイギリスを比較して、「もしドーバー海峡隔ててパキスタンがあればイギリスの世界観はどう変わっていたことか」とロンドン同時テロ後に書いていたが（Fidel Sendagorta, "Jihad in Europe : The Wider Context" *Survival*, vol.47, no.3, 2005）、イギリスよりもスペインのほうが大変だといいたいのだ。スペインは、西欧諸国のなかでは、過激派を抱えるイスラム国家と近接している唯一の国家である。その距離は、やはり地中海を隔てて向き合うフランス本国とアルジェリアよりもはるかに近い（フランスも国内でアルジェリア系のテロに対処してきた経緯がある）。

次にオランダで事件が起きた。イスラム原理主義を日頃から公然と批判し、迫害されたイスラム教徒を題材にした映画『サブミッション』を制作した映画監督テオ・ヴァン・ゴッホ——あの画家ヴァン・ゴッホの遠縁になる——が二〇〇四年一一月二日、オランダ生まれのモロッコ移民二世によってアムステルダムの街路で惨殺されたのだ。この事件は、かつてイランの最高指導者ホメイニ師が、イスラムを冒瀆したとして小説『悪魔の詩』の作者サルマン・ラシュディと出版関係者などの死刑宣告を発したことを想起させるような事件であった（ラシュディは暗殺を逃れているが、日本語版の翻訳者である筑波大学の五十嵐一助教授は九一年七月に大学内で惨殺された。犯人は捕まらず時効となった）。ゴッホ監督殺害事件では一三人もの容疑者が逮捕され、北アフリカ出身のムスリム系オランダ人の若者からなる過激派ネットワークが明るみに出た。オランダでは、この事件以前にイスラム過激派の関係したテロはなかったが、イスラム系移民へのくすぶっていた反発が各地で噴出し、二〇以上ものイスラム施設が攻撃された。

オランダは欧州でも最も寛容で、最もリベラルな国だといわれてきた。一九六〇年代から移民を積極的に受け入れて、宗教的には相互不干渉をとってきた。オランダは人口一六〇〇万のうちイスラム諸国からの移民とその二世は九〇〜一〇〇万人いるといわれている。そのうち問題視されているのはゴッホ監督暗殺犯も含まれていた三〇万人のモロッコ系である。イスラム批判を口にすることはタブーであったが、それも微妙に変わりつつある。

ゴッホ監督暗殺後、事件のあったアムステルダム区当局と移民が通う一部モスクの間では協定が結ばれた。それによれば、モスクでは、信者が過激主義に傾く兆候を見逃さず、そうならないように努めることとし、改心しなければ当局に通報する。また、区当局は、外国から来るイスラム教指導者がオランダ語を習得するように支援し、イスラム教徒が就職で差別を受けないように専門の相談窓口を設置することなどを決めた。

その翌年、今度は英国で大きなテロがあった。二〇〇五年七月、G8サミット（グレンイーグルス）開催中にロンドンで五〇人以上もの死者を出した同時テロが発生した。ここでも注目すべきは実行犯のプロフィールである。自爆した実行犯のうち三人はパキスタン系英国人、一人はジャマイカ系英国人であり、若者ながらいずれも長年英国に居住していた。その二週間後に発生した二度目のロンドン同時テロ（このときは死者は出なかった）の実行犯は、ソマリアやエリトリアからの難民の二世であった。

英国もまた比較的寛容といえる難民・移民受け入れ策をとってきた。英国社会の国際性は、特に**多文化主義**（マルチカルチャリズム）[*18]といわれるように、さまざまな民族の文化、宗教上の風習に寛容で共存するスタイルをとる。だがそれは必ずしも就労などの機会の均等を保障するものではなく、マイノリティにとって不満が蓄積していた。イスラム教徒は英国全人口の三%以下で一六〇万人程度だが、彼らは地域的に散らばって居住しているというよりも、一定の地区に大きなコミュニティを形成している。とくにロンドンは、そのようなコミュニティにまぎれてイスラム過激派にとって格好の活動拠点になっていると、同時テロ以前から指摘されていた。二〇〇一年の米国九・一一テロ事件から二〇〇五年のロンドン同時テロまで、英国本土でのテロによる死傷者数はゼロであったが、それはたまたまにすぎなかったのかもしれない。二〇〇一年一二月に米国上空でアメリカン航空機があわや吹き飛ばされる事件があったが、そのとき乗客に取り押さえられた「靴爆弾男」リチャード・リードはロンドン郊外の出身であった。二〇〇三年には猛毒のリシンを所持していたアルジェリア系住民六人が逮捕された。彼らは地下鉄でテロを起こそうと計画していたことがわかっている。二〇〇三年一一月には、トルコ・イスタンブールで英国領事館と英系HSBC銀行が爆破され、三三人が殺されている。

ロンドン同時テロ後に、英国内だけでなく国際的にも有名になったイスラム教指導者でシリアからの亡命者オマル・バクリ師や、パレスチナ出身のアブ・カタダ師らは、イスラム過激思想を若者に吹き込んでジハードを煽っているとされ、ロンドンは欧州のテロ対策当局によって「ロンドニスタン」と揶揄されていた。ロンドン同時テロ後、これら外国籍のテロ扇動者を国外追放する措置が新たなテロ対策として加わった。二〇〇五年八月にクラーク英内相は、特定思想を広げる目的でテロを扇動したり、正当化、称賛したりする行為、他人にテロ行為を誘発させること、コミュニティ間の暴力につながるような憎悪を助長する人物は、入国禁止、送還の対象とすることを発表した。

英国は多文化主義をとっていても過激主義が芽生え、テロを防げなかった。それは民主主義国家がテロを根絶することの難しさを示唆している。

英国の多文化主義と対比されてきたのがフランスの**同**

化主義［＊19］である。個人主義のフランスでは、フランス語を話し、自由、平等、政教分離の国是を受け入れれば、民族・宗教に関係なく「フランス人」と見なすのが根本の思想にある。同じ民族・宗教の者だけでコミュニティを作り分離的に生活するのは、この同化主義から望まれることではない。フランスでは異民族間の結婚も少なくない。

そして、フランスは出生地主義をとり、フランス生まれの移民の子には犯罪歴がなければ一八歳で自動的に市民権が与えられていた。だが、一九九三年の法改正で移民の子には国籍の申請が必要になった。

すでに一九七四年には就労目的の移民の受け入れをやめているが、フランスにはムスリムが多く、全人口比で一〇％、六〇〇万人ともいわれている。そのうちごく少数の原理主義者がイラクでテロを行ったり、米大使館爆破の未遂事件にかかわった。有名なところでは、九・一一テロ事件の共謀罪で米連邦地裁から終身刑を言い渡されたザカリアス・ムサウイがモロッコ系フランス人である。

二〇〇五年一〇月から一一月にかけてフランス各地で暴動が発生した。暴動を引き起こした者すべてが移民二世、三世ではなかったが、移民が多く、失業率が高い地区で、低所得層が多い高層アパートに住む者が中心になっていた。フランス政府は移民の規制に動き出した。移民が家族を呼び寄せるまでの国内滞在期間を一年から二年に、フランス人と結婚した外国人が国籍を申請するのに必要な同居期間を二年から四年に延長することを発表した。同化のための期間を延ばしたのである。

ドイツにもムスリムの移民問題がある。ドイツには全人口の四％には達しないが三二〇万人のムスリムがいるといわれている。その多くはトルコ出身で、ドイツ語をしゃべらず、一定地区に集中して居住し、ドイツ人との社会的交流は限られ、高校中退率も失業率も高い。戦後の急速な経済成長時に「ゲストワーカー」として大量のトルコ人を一九七三年まで受け入れてきた。その家族の流入や二世、三世の出生によって「外国人」人口は増大したが、ドイツは血統主義（⇕フランスの出生地主義）

のために、ドイツで生まれたからといって自動的に市民権が得られるわけではない。「ゲストワーカー」というように、彼らはいつかは国に帰ると受けとめられていたのである。

さらに、ドイツでも懸念されているのは、イスラム過激主義である。ドイツでは九・一一テロ事件までイスラム過激派に十分な対策がとられていなかった。たとえば亡命トルコ人が、ドイツ各地に支部を持つ「カリフの国」を創設した。この「カリフの国」とは、政教分離の世俗国家トルコを打倒し、カリフ制国家をつくるという目標を一九八〇年代から堂々と掲げて、九〇年代にはアルカイダとの接触も指摘され、アタチュルクの墓へ飛行機で自爆攻撃を計画していた組織である。トルコは「カリフの国」の創設者カプランの引き渡しを再三要請していたが、ドイツは迫害される恐れがあるとして難民条約に則ってそれを拒否していた。それが九・一一テロ事件後に変わった。結社法を改正し、禁止対象団体に宗教団体を含めるようになり、二〇〇一年一二月に「カリフの国」は最初の適用を受けて禁止されたのである。ドイツの変化は、米国で九・一一テロ事件を実行する際の中核となったいわゆる「ハンブルク・セル」(ハンブルクに集まっていたアルカイダ)を当局が事前に突き止めることができなかったショックが大きく影響している。

以上、欧州主要国を見てきた。人口動態予測のなかには、二〇五〇年までに全欧州の人口の二〇%がムスリムになるであろうというものもある。欧州の移民問題は今までのような経済的、社会的問題にとどまらず、テロの時代にあっては、深刻な安全保障問題の様相も加わった。

3 将来の移民問題

ムスリムの移民への反発が激化しかねない危うさは、欧州域外においても、たとえばオーストラリアのような移民国家に見みられる。

オーストラリアは第二次世界大戦後、欧州全域から移民を受け入れたが、「白豪主義」といわれたように白人中心であった。それが一九六〇年代後半から七〇年代にかけて崩れて、アジアやアフリカからの移民も増大した。オーストラリアへの移民は教育や技術水準は高い者もいて、専門職に就く者も多いのだが、それでも反移民感情、特にイスラム系への反感が醸成されていた。二〇〇五年、

図表3-4◆日本入国者の国籍［出身地］2005年

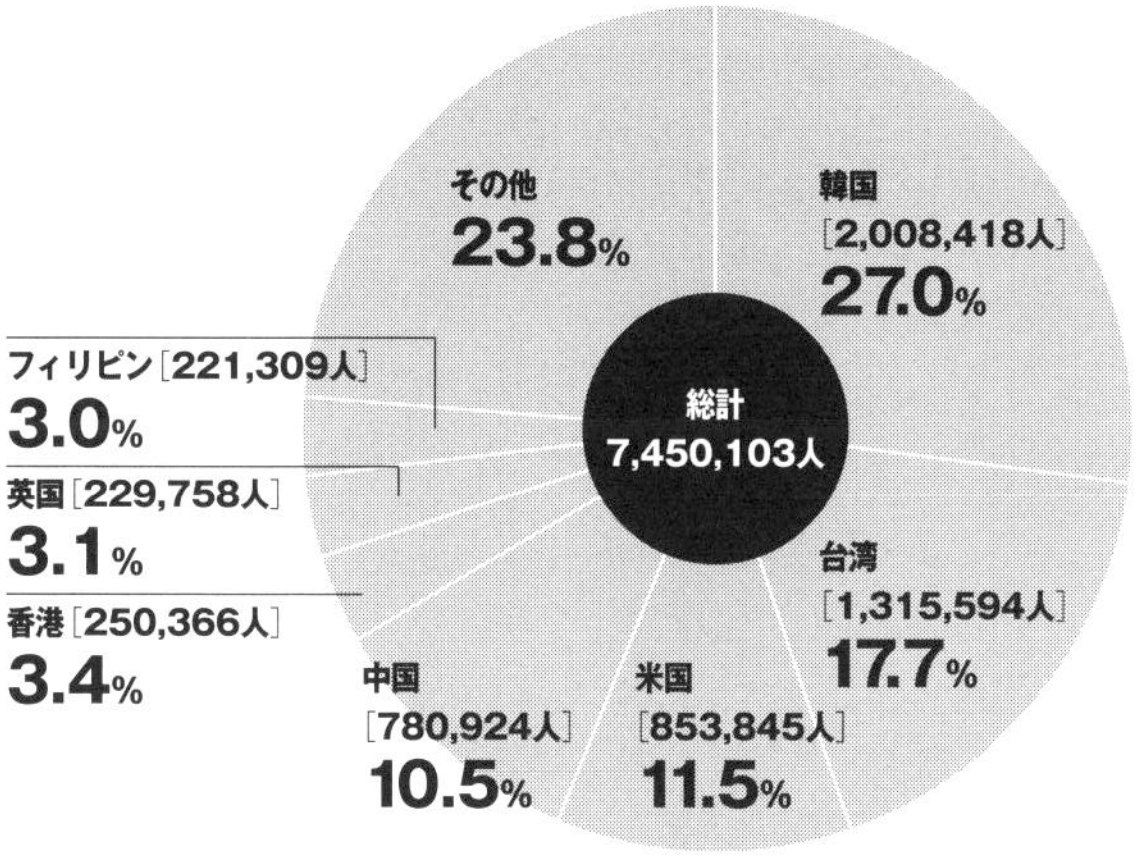

出典：法務省のホームページ［http://www.moj.go.jp/］より。

シドニーのビーチで海難監視員がレバノン系の若者に暴行を受けたことに抗議するために集まった五〇〇〇人の一部が暴徒化し、中東系を無差別に襲撃しはじめた。レバノン人は一九七〇年代のレバノン内戦時代に大量に移民した。その二世はオーストラリア生まれのオーストラリア人であるが、同国に溶け込めない状態にある。もっともレバノン系は七万人たらずで全人口の〇・四%にすぎない。二〇〇二年のバリ島爆弾テロ事件ではオーストラリア人八〇人以上が犠牲になったこともあり、オーストラリアはアジア・太平洋諸国のなかでは「テロとの戦い」に最も熱心な一国である。そのような世情も襲撃の背景にあった。

　オーストラリアのような移民国家ではないが、日本はどうだろうか。法務省のデータによると、日本の外国人登録者数は一九七万人（二〇〇四年末の時点）［**図表3-4**］で近年急増しているが、それでも総人口の一・五五%にすぎない。このうち、いわゆる在日（特別永住者）を含む永住者は七七万人である。外国人登録者数のうちアジ

ア出身が七割、南米が二割弱を占める。割合は少ないが、そもそも日本で移民といえば南米との関係を抜きに語れない。二〇世紀初頭から一九七三年までブラジルへの移民は長年にわたる事業であった。いまブラジルに日系人は一四〇万人いるという。そして逆に一九九〇年の入管法改正で日本への出稼ぎが増加し、ブラジル人約三〇万人が日本にいる。

また、日本のムスリム人口は公式にはわからないが、短期滞在者を除いて、非日本人六~七万人、日本人一万人と推計されている（桜井啓子、二〇〇〇年時点での調査）。パキスタン人が一番多く、新潟や富山では有名だが、彼らは国際的な中古車販売業に携わり、平均的な日本人の収入よりも多くを得ている成功者が多い。ムスリムそして移民受け入れは、就学をはじめ地域ごとにさまざまな課題が浮き彫りになっているが、日本全体では、絶対数の少なさと歴史の浅さから、欧州各国ほど深刻な経済、社会問題とはなっていないし、ましてや安全保障問題ではない。

ムスリム移民の問題を中心に見てきたが、彼らほど国境を意識せずに強力な連帯感を抱く集団もいない。連帯感あるいは集団アイデンティティの強さという点ではユダヤ人もそうかもしれないが、彼らにはイスラエル国家という拠り所があり、また超大国アメリカの政治にも大きな影響力を行使できるだけのパワーがある。ムスリム移民は欧州はじめ各国で差別、疎外されることが少なくない。どこかの国で発生した出来事がたちまちに世界中のムスリムに伝わり、デモなどが多発することも多い。二〇〇六年には、デンマーク紙が前年に掲載した預言者**ムハンマドの風刺画**［＊20］への抗議がアジア、中東で拡大した。

また、不満を吸収し暴力に転換する過激なイスラム運動もいたるところにある。さらに、ムスリムが当事者となる武力紛争も多く、一九八〇年代のアフガニスタン戦争、九〇年代のソマリア内戦、ボスニア内戦、チェチェン紛争、そして二一世紀最初のアフガニスタン戦争、イラク戦争とその後の反乱などがそうである。これら紛争地に各国から義勇兵として駆けつけ、テロ行為の実戦訓練をする機会が多いことになる。移民問題を国際的な安全保障という観点から見た場合にやはりこのような点が一番問題になるであろう。

最後に、移民問題の将来を世界人口の推移との関係で考えてみたい。世界人口は一九五〇年には二五億人だったが、世紀末の一九九九年に六〇億人に達した。人口増加率は、先進国のみならず途上国においても一九八〇年代以降減少しているとはいえ、今後とも絶対数は純増し、国連人口基金（UNFPA）の世界人口白書（二〇〇六年版）によると、現在約六五億人で、二〇五〇年には九〇億人になると推計されている（ただし中位推計値である。高中低位推計があり、大きく異なる。詳しくはUNFPA等のホームページを参照のこと）。とりわけ最貧国での人口増は二〇五〇年までに現在の二倍以上になるといわれている。これに見合った経済成長が見込めなければ、ヒトの生存が脅かされる。農産物の生産や水資源の配分、都市の巨大化に伴う環境・衛生問題など、技術的・行政的な解決が人口増に追いつくのだろうか。途上国において農村から都市への人口移動のみならず、途上国から別の途上国へ、途上国から先進国へと国際的な人口移動がより一層活発になるほど、それに介在する犯罪組織はますます増大するはずだ。将来、移民問題は、今まで以上に深刻になり、各地で紛争や対立激化の要因となる恐れが否定できない。

5 海賊・麻薬

KEYWORDS
国際海事局〔IMB〕
シンジケート型海賊
アジア海賊対策地域協力協定
麻薬新条約
組織犯罪

論点▼▼▼▼▼海賊、麻薬がなぜ安全保障問題になるのか

海賊行為と麻薬の売買。国家間の武力紛争をメインに据える「伝統的」な安全保障研究の視点では、どちらも「新しい」脅威、「非伝統的」な安全保障問題という枠で括られてしまうかもしれない。だが海賊も麻薬も非常に古くからの人類共通の厄介事である。二つとも組織的な犯罪行為で、はやりすたりはあるが根絶されることはまずない。だが、問題の性質はかなりちがう。麻薬は、一人ひとりにとって今日、より身近な問題である。たとえ自分の周囲にはいなくても、不法所持などで逮捕される者は後を絶たない。しかもグローバルな問題であるから、国連を中心に国際的な取組みも進んでいる（一九四六年に早くも国連麻薬委員会が開催されている）。警察、税関、入管だけでなく、ときに軍隊も密売阻止に関与する国もある。

他方、海賊は、海運業や保険業をはじめとして特定業界にとっては大きな関心事であるが、一人ひとりにとっ

てさほど身近な問題ではない。読者のなかで海賊の被害者を直接知っている人はほとんどいないだろう。真の意味でグローバルな問題ともいえない。それだけに国際的な取組みは麻薬に比べればずっと遅れている。それでも、近年、海賊は高度に組織化し、また重武装化（かつては刀や小銃の類だったが、機関銃やライフル、ロケット砲なども使用される）の傾向が見られ、各国の海上交通を脅かすものとして国際協力が進みつつあり、海上警察による対処のみならず軍の関与もある。

1 海賊行為とは何か

現代の海賊をテーマにした本は少なくない。面白いのは、その多くが、読者にとって海賊は昔の話かもしれないけれどそうではない、と警告している点である。土井全二郎『現代の海賊――ビジネス化する無法社会』（成山堂書店、二〇〇四年）は「今の世の中で海賊なんて」という小見出しから始まる。客船「にっぽん丸」がマラッカ海峡に入るころ、船長が「ここらあたり、海賊がよく出ますので、船内は厳戒体制に入ります」と放送し、それに驚く乗客の様子を描いている。山田吉彦『海のテロリズム』（PHP新書、二〇〇三年）は「皆さんは、海賊というと、どのようなイメージを持っているだろうか……多くの方々が、海賊にロマンを追いかけ、海を自由に動き回るアウトサイダーのイメージを持っているのではないだろうか」と記して、現代の海賊はそんな憧憬を感じさせるものではない、と続く。だが、そろそろこのような書き出しも不要になるだろう。日本船や日本人船員が被害に遭う事件がしばしば大きく報道され、そのたびに東南アジア、近年では特にソマリアでいかに海賊が多いかが紹介されている。海賊のみならず、不審船、密輸、密航、海上テロなど海の安全への不安感が漠然と高まっている。そういう世情であるから、海賊が出たと聞いても多くの人は驚かないであろう。

さて、海賊（行為）とは何か。国際法上の定義がある。「国連海洋法条約」（一九九四年発効）第一〇一条によれば、海賊行為とは、私有の船舶または航空機の乗組員または旅客が、私的な目的のために、公海や空中にある他の船舶・航空機に対して振るうすべての不法な暴力行為、抑留、略奪行為のことである。それを扇動、助長したり、海賊行為を起こすことを知っていて船舶や航空機の運航に参加するのもまた海賊行為になる。海賊が乗り込んでいるものを海賊船舶、海賊航空機という。

このような定義では、海賊行為は公海上のことであり、領海内（一二カイリ）のことはカウントされなくなる。だが、一般的にいわれる海賊行為の多くが領海内で発生している。そのような領海内の無法行為を「船舶に対する武装強盗」と称して、統計上、海賊と区別するという不便なことになっている。

これに対して、**国際海事局［ＩＭＢ］**［＊21］による海賊行為の定義は「盗難やその他の犯罪行為あるいは暴力を振るう目的で、船舶に乗り込む行為」と、対象から航空機を省き、公海・領海の区別もない。ＩＭＢとは世界貿易の促進を目的にしている国際商業会議所（パリ）の商業犯罪対策部門の付属機関である。その運営は各国の海運会社からの拠出でまかなわれている。

この定義にある「盗難」の対象は、船員の金銭・所持品から積荷、本船そのものまで及ぶ。何をとるにせよ必ず船に乗り込まなければならない。したがって海賊の未然防止としては、乗り込ませないための措置を講じなければならない。たとえば、船内警戒監視の強化、甲板周囲の警報装置、放水装置の設置、護身装備着装、船会社による船舶動静把握の強化による通報体制改善などである。

海賊と似た言葉に海上テロがあるが、海上テロの場合は、乗り込んで乗員乗客を人質にとって身代金やモノを要求することもあるが、それだけではない。人質をとるようなタイプを「船舶運航支配型」とするならば（たとえば一九八五年一〇月の「アキレ・ラウロ号」事件）、「船舶攻撃型」といわれるテロもある。そこには、武装小型艇で接近して自爆テロを仕掛けたり（二〇〇二年一〇月、フランス・タンカー「ランブール号」事件）、内部に爆弾を持ち込んだり（二〇〇四年二月、フィリピン

「スーパーフェリー14号」事件）、あるいは水中から接近し爆弾を仕掛けるなど多彩な攻撃が含まれる。

海賊と海上テロは密接に関連する。仮に、政治的な目標を持った私的な武装集団をテロ組織とし、政治的目的のための私的暴力をテロ行為としよう。テロ組織が行うことすべてがテロ行為で、海賊が行うことすべてが海賊行為とはならない。**図表3-5**で示したように交差した組み合わせもある。つまり、テロ組織が資金稼ぎのために政治色のない海賊行為を働く場合もあるし、歴史が示すように海賊がときに私掠船（国から承認されて敵国の船舶を襲う）となり、政治的な意味のある暴力にかかわることもあった。逆にいえば、海賊行為をするから海賊、テロ行為をするからテロリストとは必ずしもならない。

図表3-5◆主体と行為の関係

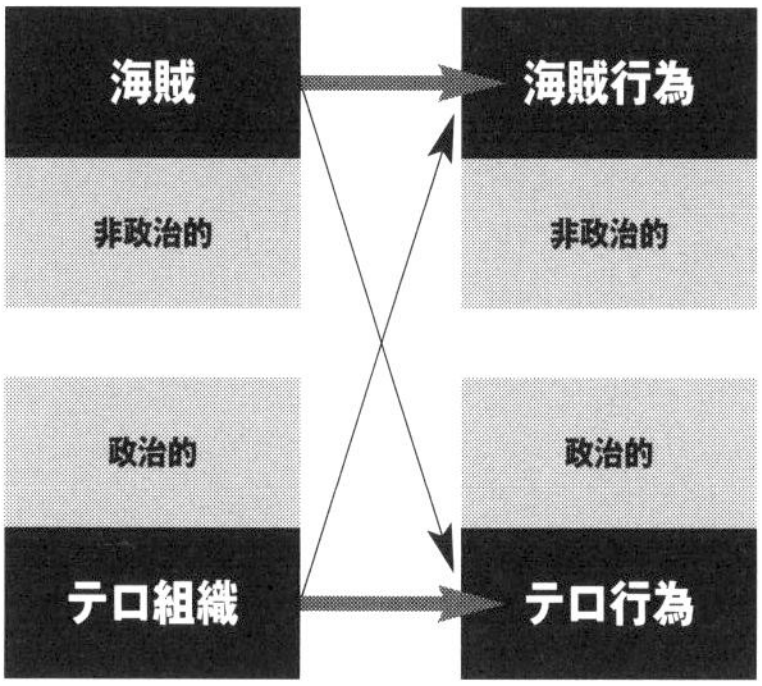

2 日本船への海賊襲撃と国際協力

次に日本の船舶が海賊に襲われるケースを見ていきたい。日本の船とひと言でいっても、船の運航にはさまざまな形態がある。船籍が日本で、日本の船会社が「社船」として所有し、自社の船員を乗せて、日の丸を掲揚している、そのような純粋な日本船はごく少数である。その理由は簡単で長引いた海運不況やコスト高のためである。圧倒的に多いのは便宜地籍船で、税制優遇で有名なパナマやリベリアなどに船籍を置く。そして人件費の相対的に安い東南アジア船員を雇い、船長や機関長あるいは一等航海士のみ日本人ということも少なくない。運航スケジュールを決めて荷主から貨物を預かる運航会社

（オペレーター）が日本の会社であったとしても、船の所有者（オーナー）、船籍、船員などが外国籍の場合が普通でさえある。船内の事件は船籍国（旗国）が原則対処するのだが、ちょっと想像すればわかるように、（世界中自国の船が航海している）パナマやリベリア当局が七つの海の安全を保障し、事あればどこでも迅速に捜査に駆けつけられるはずがない。さりとて、日本の法執行も日本の領海外で事件が発生すれば、容易には及ばない。

　その日本関係船舶の被害も一九九〇年代前半までは一桁であったが、九〇年代後半以降二桁に増えて、多い年では三〇件以上を数えた。近年では、きわめて大掛かりに、多国籍の犯罪グループが襲撃から積荷の売却まで関与する**「シンジケート型」**［＊22］と呼ばれる犯罪も発生しはじめ、日本関係船舶もそれに巻き込まれている。

　一九九八年、兵庫県の桝本《ますもと》汽船所有の「テンユー号」（パナマ船籍）がインドネシアでアルミニウム・インゴット（アルミの鋳塊）を積んで韓国に向かう途中、海賊に襲われて行方不明になり、結局、中国の張家港で船名、船体色が変えられて、しかも乗組員全員（韓国人と中国人は行方不明）までもがインドネシア人船員に入れ替わっている状態で発見された。積荷はミャンマーに入港した際に売却されていたことが判明した。

　これに類似した事件が翌年発生した。愛媛県の井村汽船所有の貨物船「アロンドラ・レインボー号」（パナマ船籍）事件である。このときは東京船舶運航で、船長と機関長が日本人、その他乗組員一五人がフィリピン人という構成であった。やはりインドネシアの港でアルミニウム・インゴットを積み、福岡に向けて出港した途中、マラッカ海峡内で海賊に襲撃され、乗組員一七人は六日間監禁され、その後、救命ボートに移されて大海を一一日間も漂流することになった。全員生存のまま救出され、日本人が二人いたことで日本のマスコミでも大きく取り上げられた。本船は船体を塗り替えられ、少なくとも二度にわたって船名を変えた（いわゆる幽霊船となる）。そして発見拿捕されたときにはインドネシア人一二人が運航しており、積荷は中国人ブローカーによって売却されていた。

　このようなシンジケート型の海賊は、日本関係船以外も襲い――一九九五年の「アンナ・シエラ号」事件（キプロス船籍）、九八年の「ペトロ・レンジャー号」事件（マレーシア船籍）など――、たいていはインドネシア人グループが襲撃にかかわっており、船は中国の港で発見されている。中国は当初、とらえた海賊を起訴せずに本国に送還していた。本船の運航形態や犯罪の国際化によって捜査はいつも難航した。このような事件の続発は、海賊対策の国際協力を促す契機になったといえる。

　海賊件数をＩＭＢの統計（一九九一年から取り始めた）で見ていくと、一九九〇年代前半は一〇〇件前後で推移していたものが、九〇年代後半以降に急増している。二〇〇〇年には四六九件に達し過去最高であった［**図表3-6**］。このうち、インドネシア周辺、シンガポール海峡、マレーシア沖などマラッカ海峡とその周辺が世界最多の海賊発生地であった。だが、後述する国際協力の成果もあって、この海域一帯での海賊行為は減少し始めた。ＩＢＭによると、二〇〇八年には全世界二九三件中、ソマリア・アデン沖が一一一件を数え、最多発海域にとって替わった。

　「アロンドラ・レインボー号」事件後、小渕首相は各国沿岸警備当局による海賊対策会議の開催を提唱し、二〇〇〇年四月に東京で、アジア一六カ国が参加する海賊対策国際会議が初めて開催された。これをきっかけにして、海賊対策の専門家会合が各国持ち回りで行われるようになり、長官級会合、合同訓練も行われてきた。二〇〇二年からは「**アジア海賊対策地域協力協定**」［＊23］作成のための作業が始まり、二〇〇四年一一月に東京で同地域協力協定が採択された（ＡＳＥＡＮ加盟一〇カ国、中国、韓国、インド、バングラディシュ、スリランカ、日本の一六カ国）。同協定によって、シンガポールに「情報共有センター」が設置されることになった。そして同センターを通じた情報共有、協力体制の構築（容疑者、被害者、被害船の発見、逮捕、拿捕など）を目指す。さらに締約国間同士の二国間協力（犯罪人引渡し、相互援助の

図表3- 6◆海賊事件発生件数の推移

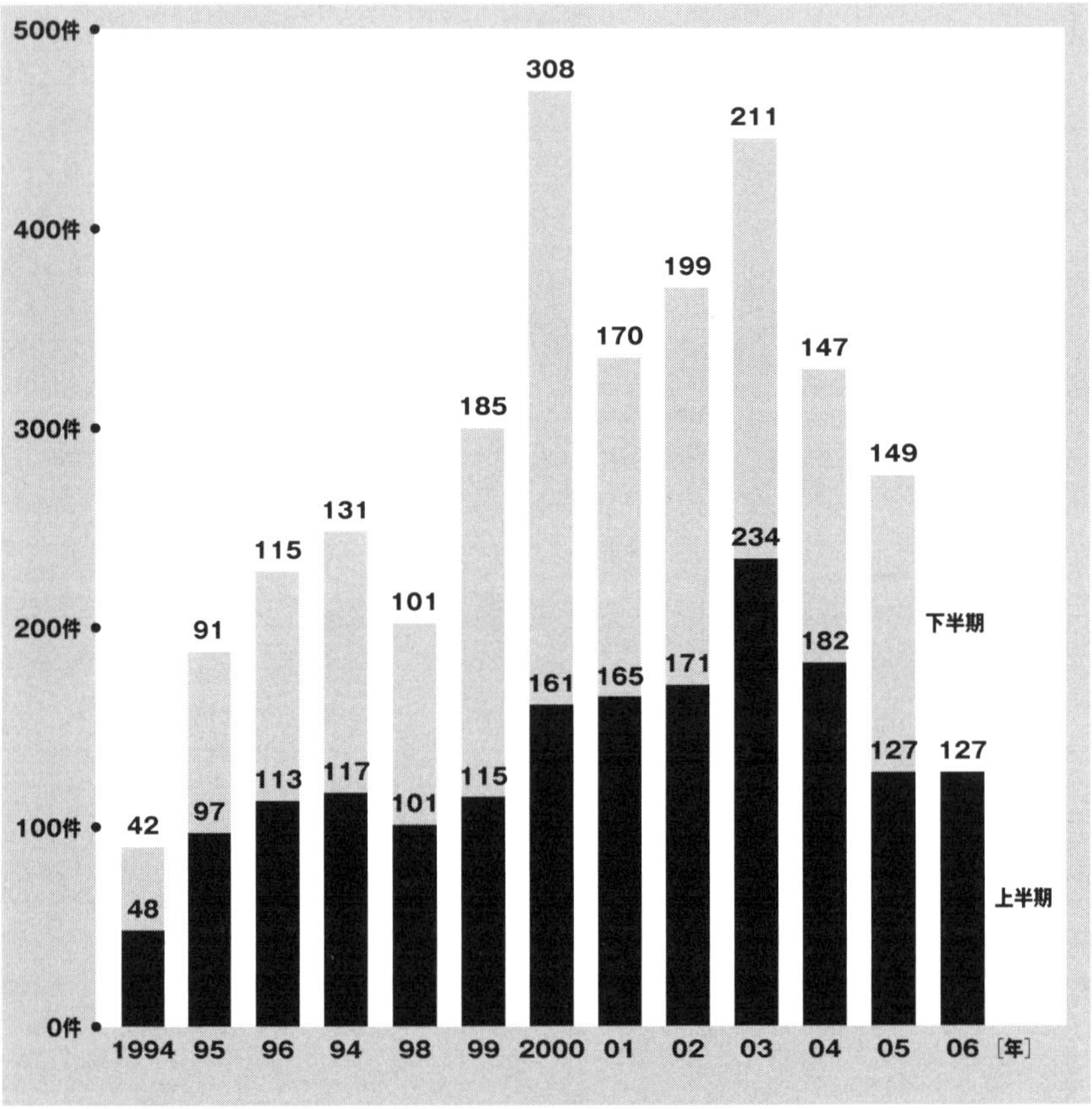

出典:(社)日本船主協会のホームページ[http://www.jsanet.or.jp/pirate/]より。
元データは国際商業会議所・国際海事局[IMB]の2006年海賊報告書。

円滑化）の促進も規定された。日本はこの協定に二〇〇五年四月に署名し、国内手続き完了の通告書寄託を行った。

その後も日本は、ASEAN諸国との間で海事セキュリティ・海賊対策セミナーや、東アジア地域海上犯罪取締り研修、ARFの枠組みでの海上安全保障キャパシティ・ビルディングのワークショップの開催など、国際協力に継続的に取り組んでいる。

3 麻薬がなぜ安全保障問題か

さて、次に海賊以上に深刻な麻薬問題に移ることにしよう。まず国連薬物犯罪事務所によれば、違法薬物の市場規模は末端価格にして約三二二〇億ドル（三二兆円）に達すると推計している（二〇〇三年調査）。世界の三大生産地域というと、「黄金の三日月地帯」（パキスタン、アフガニスタン、イランに至る）と「黄金の三角地帯」（ミャンマー、タイ、ラオス）でのケシ栽培、アマゾン地域（コロンビア、ペルー、ボリビア）でのコカの栽培が有名である［**図表3-7**］。これら生産国に、密売地、消費国（生産国でも消費拡大が見られる）を加えると、麻薬問題は真にグローバルな問題になる。とくに、アジア・太平洋（南北アメリカを含める）の市場規模は全体の六割を越えている。

ケシは高地でも栽培が可能であり付加価値も高い。ケシの実からアヘンがつくられる。アヘンを主成分にするものがモルヒネ（麻酔薬や鎮痛薬で使用される）になる。アフガニスタン・タリバン政権下では、二〇〇〇年に一度ケシ栽培が全面禁止された。だが、国連薬物犯罪事務所によると（二〇〇六年九月発表）、再度ケシ栽培が急増しており、それは、一度政権から掃討されたが最近また再編成され活発にテロを繰り返しているタリバンの資金源と見られている。また、主として南米で栽培されるのがコカの葉であり、そこからコカインが抽出される。コカ葉は先住民が咬む習慣をもち、コカ茶や栄養剤、コカコーラ（製造当初から二〇世紀初頭まではコカインを成分としていた）のような清涼飲料の原料にもされてきた。

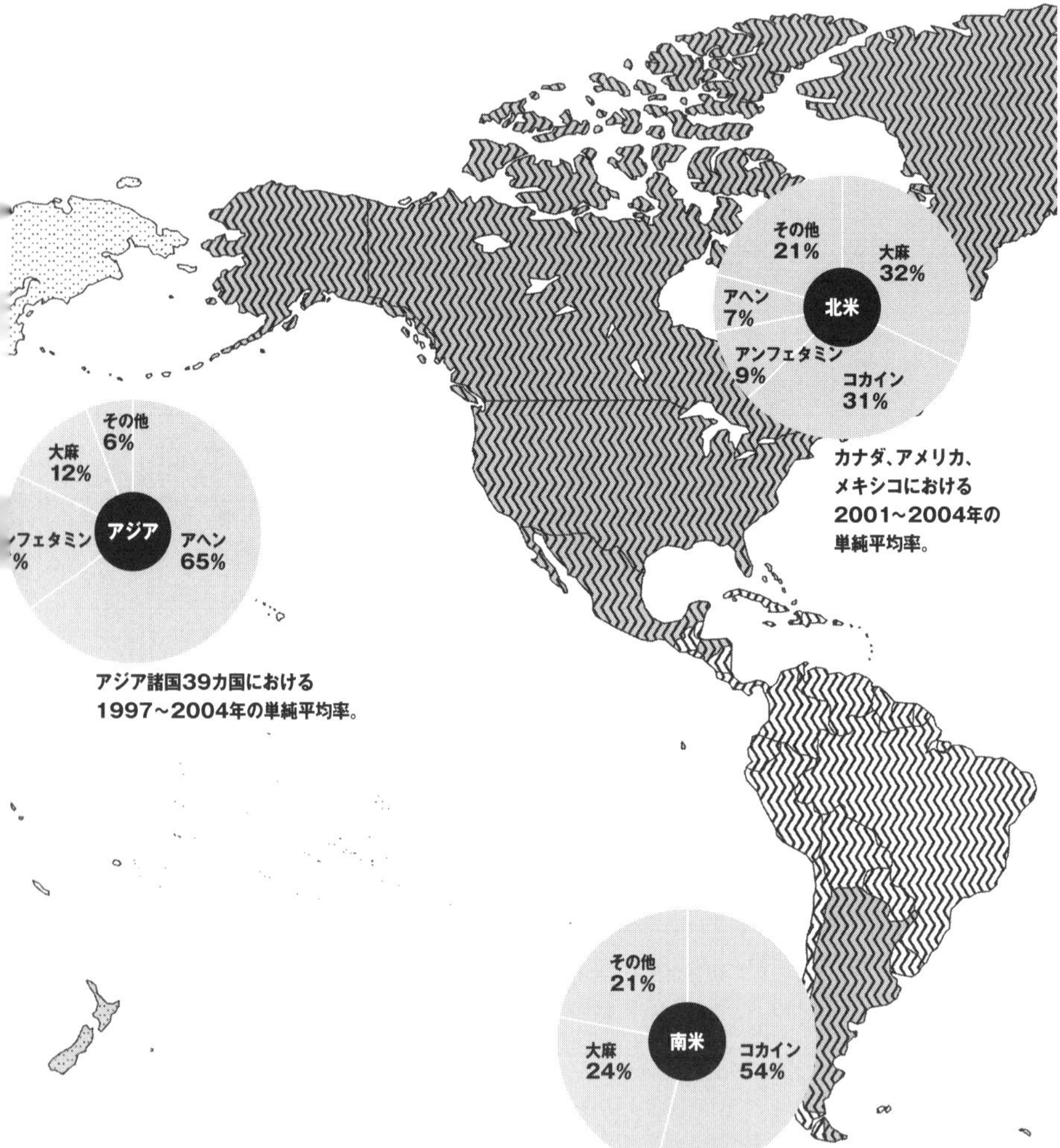

南米、中米、カリブ諸国26カ国における
1998〜2004年の単純平均率。

国連薬物犯罪事務所［UNODC］に加盟国から370万人の治療患者が報告。ただし、実数はそれ以上だと推測されている。

また、UNODCは麻薬依存症を2,500万人と推定している。これは世界人口の0.6%に相当する。

出典：UNODC, *World Drug Report 2005*, p.40をもとに作成。

図表3-7◆主要地域における薬物ごとの乱用患者治療率

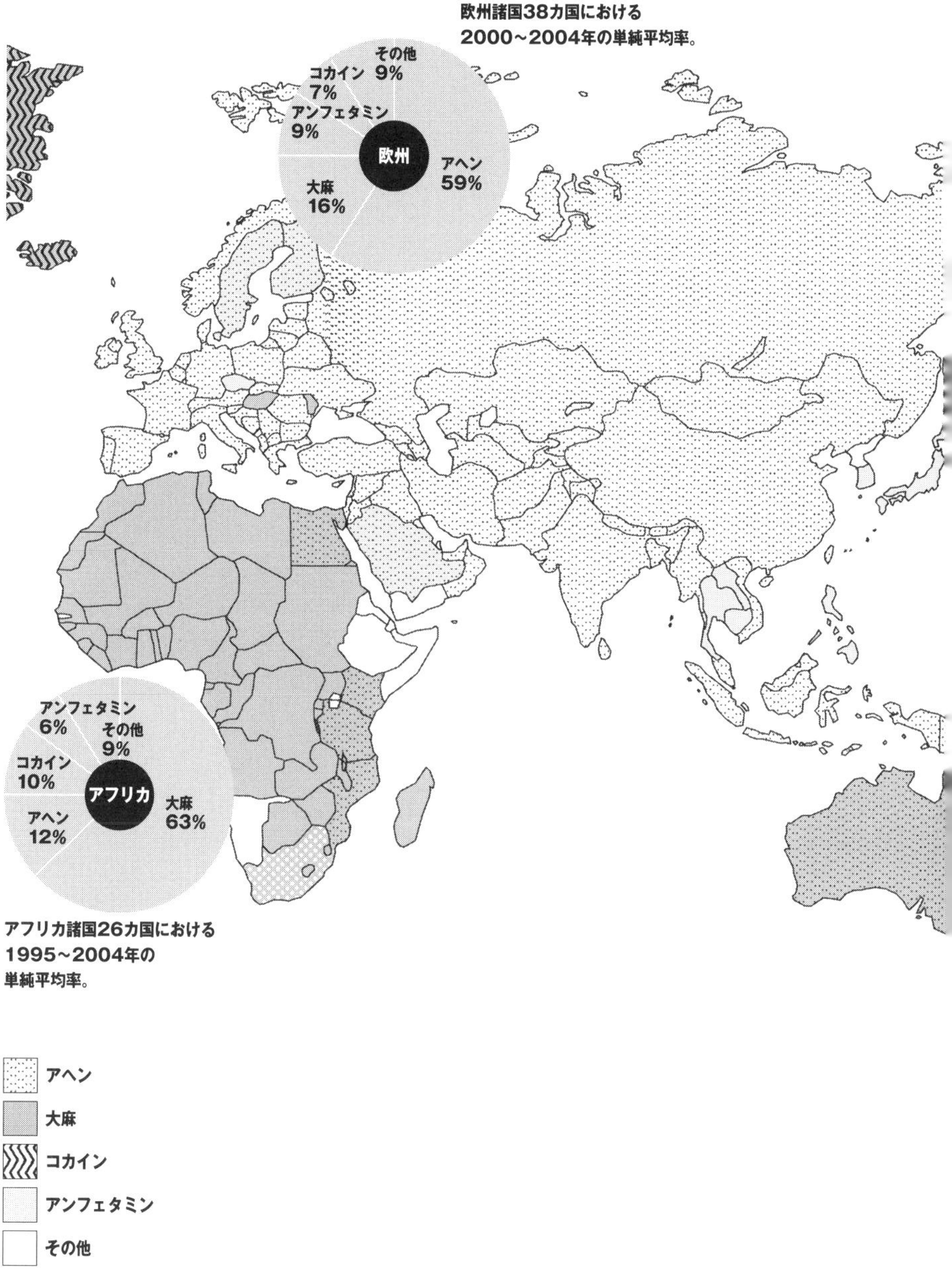

ところで、麻薬がいかにして安全保障問題と見なされるようになったのだろうか。「人間の安全保障」という概念が一九九四年に国連開発計画によって提唱されてから一〇年以上経つ。ここで、人間の安全を脅かすもののひとつとして麻薬が加えられている。麻薬被害の若年層への広がりなどは日本でも深刻な社会問題であり、中毒患者による事件も多い。常習者の健康を脅かすだけならば、危険度こそ減るがタバコも酒もそうであるはずだが、タバコも酒も人間の安全保障問題とは思われていない。麻薬が安全保障問題だというのは、乱用者個人が破滅し、その周囲に迷惑を及ぼし、あるいは社会秩序が乱れたり、しばしば凶悪事件の原因になるからだけではない。需要があっても多数の国で非合法化されており、それゆえにウラ経済として暴利をむさぼれる卸売価格や末端価格が設定され、暴力団だけでなく、テロ組織や国際犯罪組織あるいは紛争国家、腐敗した国家機関などの資金源になりやすいからである。それら組織や国家の活動こそが、われわれの安全を脅かしている。コカインやヘロインは生産者から消費者に渡るまでにその価格は何千倍にもなる。つまりどの段階でも儲けの幅が大きい。

ここで薬物とテロ組織の関係を示す例を挙げておこう。二〇〇二年一月に米国では、麻薬取締局と関税局の合同秘密捜査でメキシコ人のメタフェミン（覚醒剤）密造グループを摘発した。メタフェミンの主要原料はスードエフェドリン（鼻薬に含まれることがある）で、その仕入れ先は中東、特にイエメンであった。それがカナダの犯罪シンジケート経由で米国内に密輸され、いくつかの大規模メタフェミン製造所で作られた。米国での売上げは数十億ドルに上り、その売上金のうち約一〇〇〇万ドルがレバノンを拠点とするテロ組織ヒズボラの口座に振り込まれていた。麻薬で儲けた金のテロ組織への逆流で、これは初めてみられるケースだったという（ダグラス・ファラー『テロ・マネー』日本経済新聞社、二〇〇四年）。

また、そのお国柄もあって、麻薬と切っても切れないのはコロンビアのＦＡＲＣ（コロンビア革命軍）である。この構成員一万人を超える南米最大のテロ組織は一九六四年にコロンビア共産党によって創設されて、反政府武装闘争を開始した。軍や警察、右翼組織との戦闘、革命税の支払い拒否者の殺害、誘拐・身代金の奪取、都市部での爆弾テロやインフラ施設破壊など幅広くテロ犯罪を行ってきた。日本人も何度かその犠牲になった。二度にわたってFARCに誘拐された志村昭郎氏はその体験を自著に綴っている(『私はコロンビア・ゲリラに二度誘拐された』ランダムハウス講談社、二〇〇四年)。彼らの資金源は、一九九〇年代前半は麻薬三割だったが、九〇年代後半に麻薬カルテル(メデジンカルテル、カリカルテル)が没落すると七割近くにまでのぼり、支配地域に独自のコカ栽培地やコカイン精製工場を抱えるようになった。

4 日本の取組み

日本にとって第二次大戦後から今日まで麻薬問題とは、主として覚醒剤の乱用とその取り締まりであって、検挙人数も押収量も他の薬物を大きく上回ってきた(最近では合成麻薬MDMAなども増えている)。ちなみに、日本で覚醒剤とは「覚醒剤取り締まり法」で指定するアンフェタミンと、メタンフェタミンで、別の法律「麻薬及び向精神薬取締法」で挙げられている約九〇種類(アヘンアルカロイド系、コカアルカロイド系、合成麻薬)ではないので、法律的には麻薬とはいえない。アヘンは「あへん法」、大麻は「大麻取締法」で、シンナーは「毒物及び劇物取締法」で規定されており、これらも麻薬ではない。何が麻薬で、何が向精神薬かは、国際条約での分類ではまた少々違ってくるのでややこしい。しかし麻薬を依存性薬物の意味で定義するならば、これらはみな麻薬になるだろう。

その覚醒剤が流れてくる国は、はじめは韓国、台湾から、その後に中国、北朝鮮からと推移している。ではこれら諸国の当局との国際協力はどうだったかというと、長年、日本は国際的な麻薬対策への取組みは弱かった。その理由は、警察と社会の協力によって国内での麻薬対策が比較的有効であったこと、日本警察の国際協力という点での国際化がそもそも遅れていたこと、覚醒剤供給国がアジア近隣諸国であるから警察の進出を躊躇させてきたといわれている（恒川惠市「アジア太平洋地域の非伝統的安全保障――麻薬対策における日米の役割――」山本吉宣編『アジア太平洋の安全保障とアメリカ』彩流社、二〇〇五年）。だが最近は、中国との間で関係機関同士の協議、捜査協力も行われるようになった。国際的な動向をみると、一九八八年に**麻薬新条約**［*24］が策定され、薬物犯罪の経済的側面に焦点があてられ、マネーロンダリング（資金洗浄）の処罰、収益の没収、国外犯処罰（外国で麻薬の製造や譲渡、輸出を行った自国民を処罰する）、麻薬原料物質の規制などが規定された。以後、国際社会では、国連やサミットを中心に麻薬にからんだ**組織犯罪**［*25］との戦いが続けられてきた。当然、日本も国際条約を批准したり国際的な要請に応えるために、薬物関連法を改正したり、組織犯罪処罰法、通信傍受法などを制定してきた。

多国間の取組みとしては、日本は警察庁がODA事業の一環として「アジア太平洋薬物取締会議」（二八カ国、二地域、二国際機関の参加）を毎年開催し、薬物取締りや捜査協力の討議、日本の捜査技術の移転を図るなどしている。また、「薬物乱用防止新五ヵ年計画」（二〇〇三年七月、薬物乱用対策推進本部）では、国内での需要の根絶、国際の供給遮断の両面での目標と対策を掲げている。つまり、第一に若年層への啓発活動を通じて青少年の薬物乱用の根絶、第二に密売組織の摘発と乱用者の取り締まりの徹底、第三に密輸の水際防止、薬物密造地域における対策の支援、第四に薬物依存・中毒者の治療、社会復帰支援である。

最後に、薬物の乱用は社会的背景も影響しているといわれている。たとえば日本の敗戦時には虚無的享楽の手段としての覚醒剤の第一次乱用期にあった。その一方で、生産、供給側は、その要因として自然条件と社会的状況（貧困や内戦、武力紛争など）がある。また、医療に必要な薬物もある。そのように考えていくと、麻薬規制の戦いは長く、総合的なものにならざるを得ない。

第3章

日本の視点
求められる国家的戦略

本章では「非伝統的脅威」と称される問題を五項目に分けて取り上げてきた。「非伝統的脅威」とは、敵対する国の軍事力などではなく、新しい種類の脅威を指す。この言葉はnon-traditional threatの直訳であるが、いまや日本の国際政治や安全保障の専門家の間で違和感なく使われている。

四半世紀以上前、安全保障の専門家と各界の著名人が、首相への答申として『総合安全保障研究グループ報告書』（一九八〇年）を発表した。これは画期的な企図であった。だが、すでに当時、インドシナ難民は日本に押し寄せ、日本人テロリストが国際犯罪を重ね、薬物はさらに以前から国際問題であり国内問題であったにもかかわらず、報告書はこれらにまったく言及していない。「総合安全保障」といっても日本が直面していたイシューすべてに目配りしていたわけではなかったようだ。戦後の長い間、安全保障は軍事とイコールでとらえられ、特に憲法九条の非軍事・平和主義の立場からは安全保障はタブー視されてきた。そのような空気も意識して、「総合安全保障」には食料やエネルギー問題、大地震対策も含めて、軍事色を薄めたのである。時代の風潮に反発する者は、日本人は「水と安全はタダ」だと思い込んでいると揶揄するほどであった。それに加えて、日本は国際政治の場では積極的なプレーヤーでなかったので、ここでも安全を意識しないですんだ。

時代は短期間に大きく変わり、いま国内では、「安全・安心」というキャッチフレーズが溢れかえっている。この名のついた多数の政策研究プロジェクトには、身近な犯罪抑止から、食の安全、テロ、海賊対策までいろいろある。それこそ「人間の安全保障」の国内版のように何でもありの様相だ。一方、対外的には、国連安保理常任理事国入りという悲願もあって国際貢献に積極的である。そのような日本において「非伝統的脅威」への関心が高まるのは不自然なことではない。本章で取り上げた五つの問題は、たとえば国連のアナン事務総長の諮問機関であるハイレベル委員会報告書（二〇〇四年一二月）によって指定された、現代の国際社会が直面する新たな脅威ともほとんど重なる。

五つの問題はいずれも外交、国際問題であるから、まず『外交青書』（二〇〇五年版）を見てみよう。そこでは、日本外交の基本方針が「日米同盟と国際協調を基本として位置づけ、アジア太平洋地域の平和と繁栄を目指すとともに、日本にとって望ましい国際秩序を形成」することだと明記されている。そして、テロ、大量破壊兵器拡散、海賊、破綻国家（紛争への包括的取組）、麻薬（国際組織犯罪）、難民（人道支援）などは「人間の安全保障」推進の一環としても位置づけられている。最も新しく脅威の列に加えられた海賊について、その対策は「アジアにおける海上の安全確保は日本の海上輸送にとり重要であるだけでなく、この地域全体の安定と経済の発展にも極めて重要」と意義づけている。いずれの問題も国際社会が一丸となって取り組むべきだと述べている。

日本外交のひとつの有力な手段はＯＤＡ（政府開発援助）である。二〇〇五年に策定された新しいＯＤＡ中期政策では（ＯＤＡ改革は二〇〇六年度も進行中）、重点課題のなかに、地球的規模の問題への取組みや平和の構築も挙げられており、テロや海賊、麻薬や人身取引を含む国際組織犯罪対策などにＯＤＡが実施されている点にも注目すべきであろう。巡視船の無償供与も実行されている。

同時に、五つの問題は国内問題でもある。たとえば移民・難民問題は、出入国管理の問題として法務省所管になる。日本は、欧米の移民政策とは異なり、戦後の経済成長期に労働需要を補うために移民を積極的に受け入れなかった。非熟練労働者が必要な場合は工場を海外に移すことを奨励した。七〇年代半ば以降のインドシナ難民の流入、そして今日まで続く不法入国者問題などを通じて、外国人受け入れのあり方が問われ続けた。長年、日本は社会の同質性を維持することに重きを置いてきたこともあり、外国人は少ない。登録者数は近年急増しているとはいえ、二〇〇四年末の時点で一九七万人超、総人口比では一・五五％にすぎない。インドシナ難民も、定住を認める決定をした一九七八年以降、一万人超の受け入れにとどまっている。最近の出入国管理は、テロの未然防止措置という側面が新たに加わり、二〇〇六年の法改正によって外国人に対するバイオメトリクス（生体認証）措置――指紋採取と写真撮影――が導入された。こうして国内への流入は抑制し厳しくする一方で、対外的には、UNHCR他の国際人道機関への拠出は重視されているし、難民帰還を含めた「平和の定着」への全般的な支援にも積極的である。

　さて、安全保障政策としてはどうであろうか。日本は「日米安保体制の堅持、適切な防衛力の整備、日本を取り巻く国際環境の安定を確保するための取組み」の三つをその柱にしている（ASEAN地域フォーラム年次安全保障概観日本提出の文書など）。九・一一テロ事件後になると、テロや大量破壊兵器への言及が増えていく。それらの問題を特に重視しているのはわかるが、戦略的な取組みとなるとわかりにくい。これを一つ読めば安全保障戦略全体の概要がわかる、という文書が政府、政権から出てこない。戦略である以上、少なくとも安全保障の目標、国益、目的、諸手段などが明示され、しかも取組みの優先順位も示唆されるようなものがイメージされよう。重要課題をただ並列するだけでは戦略にはならない。テロと大量破壊兵器など相互に関係する側面もある。その関係性を踏まえた総合的な取組みをどのように描いているのかが明瞭ではない。それだけ個々の官庁が所管の独自性を守り、かたや政治家や専門家のビジョン、構想力が弱いということになるのだろうか。

　近年、民間からの提言で重要なものは、「安全保障と防衛力に関する懇談会」がとりまとめた報告書（二〇〇四年一〇月）であろう。ここでは「統合的安全保障戦略」を提言している。その大きな目標が、日本防衛と、国際的安全保障環境の改善による脅威の予防であり、その実現には日本の自助努力、同盟国との協力、国際社会との協力という三つのアプローチの組み合わせからなる。ここでもテロと大量破壊兵器の拡散に繰り返し言及しているが、内戦、海賊、国際組織犯罪なども安全保障環境における脅威として考慮している。

他方、日本には、テロ対策や大量破壊兵器の不拡散そのものに反対する議論もある。それは、テロ対策の名のもとに国家権力が市民の自由や基本的人権を侵害しているという見方や、テロにせよ大量破壊兵器拡散にせよ悪いのは米国の政策であり、日本がそれに追随することに反対するのである。このような意見は、具体的な政策提言にはなりにくいのだが、マスメディアなどでは論争のひとつとして取り上げられている。

KEYWORDS解説

1 国際テロリズム

［＊1］
テロの抑止

相手がテロ行為を実行するのを思いとどまらせること。テロの対象候補施設の厳重な警備や要塞化（拒否的抑止）、テロ行為に厳罰を科す（懲罰的抑止）などがある。ただし、抑止本来の意味からすれば、相手（テロリスト）の存在は認めるとも受け取れる。

［＊2］
テロの未然防止

出入国管理、税関など国境・水際での管理強化、病原体ほかテロに使用される危険な物質の管理強化、テロの準備や計画をしている者を内偵、逮捕したり、抑止の項目で述べたような施設の警備も含まれる。大規模テロが頻発する時代にあって、この重要性が唱えられている。

［＊3］
被害管理

英語consequence managementの訳語（直訳ならば結果管理）。たとえ重大なテロ事件の発生を許しても、現場での迅速な初動対応や、現場と政府中央との円滑な連携が維持されることによって、被害を可能なかぎり最小限に抑えられるという発想のもとに各機関が取り組む措置。

［＊4］
テロの根本原因

テロリズム論のなかでも最大の論争点。学問的には、根本原因について何ら定説はない。むしろ、根本原因論は、政治的に利用されてきた。つまり、ある国が、非難すべき国やその政策を指してテロの根本原因だというのが国連等での各国の発言に長年みられてきた。

［＊5］
陰謀論［陰謀理論］

科学的に証明できないし、常識的にも疑われる事柄について、一部の者が信じ込み、流布される迷信。狂信的なテロリストが思想と行動の支柱とし、たとえば「この世界はすべて○○の陰謀で動いている」として、○○への絶対的な憎悪を高めることで、テロの動機づけとする。

2 大量破壊兵器の拡散

［＊6］
キャッチオール規制

日本では二〇〇二年から導入された安全保障輸出管理。従来からリスト規制

（国際レジームで合意された品目）をとってきたが、その品目以外にもほとんどの輸出品（食料品や木材を除く）が大量破壊兵器・ミサイル開発に使用されるおそれがあり、業者が経済産業省に申請許可をとる。輸出先の禁止対象リストも一六〇にのぼる。

［＊7］
核兵器

射程距離によって戦略核、中距離核、準中距離、戦術核などに分類される。戦略核の運搬手段としてはICBM（大陸間弾道ミサイル）、SLBM（潜水艦発射弾道ミサイル）、戦略爆撃機の三本柱がある。核兵器の種類はSALT・I暫定協定（一九七二年）以降の諸条約に規定されている。

［＊8］
生物兵器

病原体を戦いに使用するのは有史以来みられたが、主要国が兵器として開発、制式化し始めるのは、ワクチンや抗生物質の実用化の時期と重なり一九三〇年代前後からである。後にミサイル弾頭に生物剤を搭載したり、エアロゾルで空中散布、飲食物混入などさまざまな手法がみられる。

［＊9］
化学兵器

第一次世界大戦で大規模に使用されたのが戦史上では有名。弾道ミサイルに搭載するものから、テロリスト用の携帯型の散布措置まで様々な手段がある。毒性化学物質や前駆物質のなかには民生用途のものもあり、化学兵器禁止条約において、その規制は複雑である。

［＊10］
拡散・不拡散

NPT（核不拡散条約）が存在する核兵器の場合と、不拡散ではなく禁止条約で規制している化学兵器、生物兵器の場合では、拡散・不拡散の意味が法的には異なることは本文に記した。また小型武器（本章**3**「破綻国家」参照）についても拡散という表現が用いられ、国際的課題になっている。

3 破綻国家

［＊11］
人道的介入

ある国の政権もしくは武装勢力が、その国の中で敵対する勢力を、もしくは無差別的に人々を、大量に虐殺あるいは弾圧しているような状況において、外国あるいは国際社会がそれをやめさせる、または人々を保護するという人道目的を第一に掲げて強制的に介入すること。

［＊12］
難民

難民条約（一九五一年）に規定された難民の要件に該当する者を「条約難民」と呼んでいる。日本は、一九七五年のベトナム戦争終結後のインドシナ難民の大量流出をきっかけに難民条約・議定書に加入した。難民認定は法務省・入国管理局が行う。七八年以降、定住を認めることになった。

［＊13］
小型武器

国連の専門家会合で規定された小火器（small arms）と軽武器（light weapons）の二つのジャンルを合わせて日本国外務省が「小型武器」と公称し普及した日本だけの呼称。「ミクロ軍縮」の対象として、紛争地における回収や不法移転の規制などが国際的な課題となっている。

［＊14］平和維持・平和構築

平和維持は、紛争当事者間（武装勢力または国家）の停戦実現後に、中立的で非強制的に外国が部隊を駐留させること。その任務は多様である。平和構築も普遍的に固定された任務はないが、紛争後のニーズに基づいて、選挙支援や法制度改革、開発協力などが含まれる。

［＊15］DDR

平和構築の過程において実施される武装解除・動員解除・社会再統合のそれぞれ頭文字をとってDDRと呼称する。複数の武装勢力がそのまま温存されては平和は不安定なものとならざるをえない。唯一つの正統性を有した軍事組織または警察を創設（再建）するためでもある。

4 移民

［＊16］極右勢力

極右の定義に普遍的なものはないが、移民排斥や排外的なナショナリズムを唱える点で共通している。欧州各国では、極右政党が政権入りしたり閣外協力をしたり、選挙での得票率が高い現象がみられる。既存政党に不満をもつ者も極右に投票していると指摘されている。

［＊17］不法滞在

出入国に関連する法令に反して滞在していること（不正入国やオーバーステイ）。日本には、二〇〇六年時点で約一九万人の不法滞在者がいた。最近五年間で不法滞在者を半減する目標を政府が掲げており、実数は減少している。韓国、中国、フィリピン出身者が大きな比重を占めている。

［＊18］多文化主義

一国の中で異なる民族、文化集団の多様性を保持し、特に少数派・エスニシティの表出を認める考え方であり、政策である。たとえば英国では移民が有する価値観を尊重し、平等な権利を認めている。だが、イスラム過激派のテロの時代にあって、各国でこの原則は動揺している。

［＊19］同化主義

多文化主義のように異なる文化集団の多様性を認めることよりも、個人としてその国家のルールや文化に従うことを要求する考え、または政策。移民や少数派が既存の多数派文化に吸収されることが多いが、同化すれば平等に扱われ、同化を拒否すれば差別されるリスクが伴う。

［＊20］ムハンマドの風刺画事件

二〇〇五年九月にデンマークで最も発行部数の多い『ユランス・ポステン』紙に、預言者ムハンマドと爆弾テロを結びつける一二枚の絵が掲載された。これに対してイスラム世界では、抗議行動のみならず、各国大使館襲撃を含む暴動を誘発した。表現の自由もからむ大きな問題となった。

5 海賊と麻薬問題

〔*21〕
国際海事局〔IMB〕

国際商業会議所における一部門。船会社や損保会社が会員となり、安全に関する調整業務や、海賊他犯罪への対応を行う。本部はロンドンにあるが、クアラルンプールにIMBメンバーが海賊レポートセンターを設置し、ここに海賊情報が提供され、メンバーや各機関に配信されている。

〔*22〕
シンジケート型海賊

シンジケートとは、悪い意味で用いるならば、大規模な犯罪組織、犯罪連合体のことである。船舶の襲撃、船名・船籍の変更、積荷の売却まで首尾よく計画的に実行される大掛かりな海賊行為を指す。一九九〇年代にこの種の海賊行為が続発した。

〔*23〕
アジア海賊対策地域協力協定

二〇〇一年にASEAN+3首脳会談で小泉首相が提案し、二〇〇四年に東京で採択された「アジアにおける海賊行為及び船舶に対する武装強盗とのたたかいに関する地域協力協定」の略称。海賊に関する情報共有体制を強化することがその柱となる。日本は二〇〇五年四月に署名した。

〔*24〕
麻薬新条約

「麻薬に関する条約」(一九六一年)、「向精神薬に関する条約」(一九七一年)を強化、補完するために一九八八年に採択された「麻薬及び向精神薬の不正取引の防止に関する国際連合条約」の略称。日本は一九九一年に批准に必要な国内法として「麻薬特例法」を制定した。

〔*25〕
組織犯罪

国際的には、人の密輸、児童ポルノ、マネーロンダリング、ハイテク犯罪などが共通の問題である。日本では、主に暴力団による犯罪、組織的な薬物及び銃器の密輸・密売、来日外国人犯罪組織による犯罪などを指す。警察は暴力団と来日外国人犯罪組織との連携を注視している。

第4章

岩田修一郎
Iwata Shuichiro

何で安全を担保するのか

手段

1 軍事力

KEYWORDS
戦争の民営化
抑止
対処
ジハード

論点▼▼▼▼▼軍事によって安全を確保するメリットとデメリットはなにか

1 軍事力は必要不可欠か

一八世紀後半にプロイセンを強国にして啓蒙専制君主と呼ばれたフリードリヒ大王は、「武力の背景がない外交は、楽器のない音楽のようなものである」と述べた。ソ連の独裁者スターリンは、「ローマ法王の権威は絶大といわれるが、一体ローマ法王は何個師団を持っているというのか」と嘲笑した。毛沢東は「今日の世界で侮られないために、中国はズボンをはかなくても核兵器は持つべきだ」と強調した。このように古今東西、軍事力は国力の最も重要な要素と見なされることが少なくない。

軍事力は国家の安全にとって必要不可欠なものなのか。軍事力の存在価値をどう見るかは、その国の安全保障環境や歴史体験に影響を受ける。北朝鮮は一九九〇年代初めに核開発疑惑が浮上して以来、核能力確保への執着を捨てていない。北朝鮮は冷戦時代に「主体思想」を掲げ、大国に対抗できる強大な軍事力を独自に構築することが国家の生存に不可欠と見なしてきた。今日、北朝鮮は最貧の小国でありながら、一〇〇万人の大規模兵力を保有している。二〇〇七年二月に北京で開催された六者協議（米、北朝鮮、韓、中、ロ、日）において、北朝鮮の核放棄に向けた「共同文書」が採択されたが、一九九四年の米朝枠組み合意以来、北朝鮮は何度も国際間の合意に反して核開発を継続したことを踏まえると、今後の展開は予断を許さない。

人類の歴史は戦争の歴史であるといわれる。外交交渉が失敗して戦争になれば、軍事力が中心的役割を果たすことは、昔も今も変わりない。軍事力は他国に対する侵略（攻撃）の手段にもなれば、他国からの侵略を撃退して自国と自国民を守る手段（防衛）にもなる。人間には自己保存の本能があり、身近に強大な個人や勢力が出現すると、それを脅威と認識する。そのような脅威認識は同一民族の間にも生まれるが、異なる民族や社会から成り立つ外国に対しては、より敏感になる。

軍事力の最大の特徴は、その強大な破壊力である。軍隊は特別に訓練され編成される兵力と、民間の組織では入手し難い高度な装備を保有している【図表4-1】。強力な軍隊は、他国の軍隊や産業基盤を破壊することにより、他国民を強制的に屈服させることができる。このような有無を言わせぬ物理的強制力は、他の安全保障手段にはない。外交交渉では、さまざまな説得や取引が試みられるが、それが成功するかどうかは相手国の判断にかかっている。仮に交渉がまとまったとしても、その合意が守られるかどうかは別の問題である。

経済制裁も、対象国の指導者の思考の変化に依存している点において間接的な効果しか期待できない。それに比べると軍事力行使の効果は直接的である。たとえば、米国はイラク戦争（二〇〇三年）によってフセイン政権を崩壊させ、サダム・フセイン大統領を権力の座から引きずり降ろした。大量の精密誘導兵器による米軍の電撃作戦の効果は絶大で、わずか三週間余りでイラク全土が掌握され、二四年間も続いたフセイン体制は呆気なく幕を下ろした。

このように軍事力には物理的強制力という独特のメリットがあり、国家安全保障政策上、きわめて重要な手段であることは間違いない。だからといって、すべての人が軍事力の保有や使用を肯定的に受け入れているわけではない。軍隊の存在を忌避し、軍事力の行使に反対する考えは歴史的に根が深い。近代帝国主義が成立し、列強が植民地をめぐって争った一九世紀末から二〇世紀初頭には反戦運動が起きている。今日、思想信条や政治的背景に基づく良心的兵役拒否を、基本的人権として認める国もある。

軍隊の存在価値を肯定する人々の間でも、安全保障と他の国家目標とのどちらを優先するかについては意見が異なることが多い。一般論として、国内の福祉を重視する人々は軍事費を国家資源の無駄遣いと考え、軍事費の増大は平和を脅かすと見る傾向がある。これに対して、軍事力を重視する人々は、軍事力は国家の独立と安全のために不可欠であり、福祉を重視することが軍事費削減につながるのではないかと懸念しがちである。福祉重視派と国防重視派の世界観は異なり、国家予算の配分をめぐる競争や対立が起きやすい。

安全保障を重視する人々のなかでも、他国に対する軍事的優位を確保することが安全の確保に必要であると考える軍備増強論者がいる一方、国家間の軍拡競争が激化しないように自国の軍備増強を自制すべきであると考える軍備管理論者がいる。さらに、国防政策の責任者たちや軍のなかの意見も一様ではなく、「どのような軍事力を持つべきか」(たとえば陸上戦力と海上戦力のどちらを重視するか)というような問題をめぐって、常に論争が展開されている。

冷戦の終結後も、大量破壊兵器の拡散や国際テロの多発などの新たな脅威に対処していくうえで、軍事力は重要な安全保障政策の手段であり続けよう。国際社会には平和を確実に保障するシステムができておらず、軍事力の存在意義が低下するとは考えにくい。しかし、その一

図表4-1◆主要国・地域の兵力一覧［概数］

陸上兵士		海上兵士			航空兵士	
国名など	陸上兵力［万人］	国名など	トン数［万トン］	隻数	国名など	作戦機数
中国	160	米国	571.1	1,120	米国	3,560
インド	110	ロシア	211.0	870	中国	3,530
北朝鮮	100	中国	107.5	780	ロシア	2,320
韓国	56	英国	88.0	240	インド	990
パキスタン	55	フランス	39.3	250	シリア	630
米国	49	インド	34.8	150	エジプト	630
ベトナム	41	トルコ	21.1	200	韓国	600
トルコ	40	台湾	20.5	340	北朝鮮	590
ロシア	40	スペイン	20.3	130	トルコ	540
イラン	35	ドイツ	20.0	140	台湾	530
ミャンマー	35	イタリア	18.4	170	イスラエル	440
エジプト	34	インドネシア	18.1	180	パキスタン	430
インドネシア	23	ブラジル	17.9	120	ドイツ	430
シリア	20	オーストラリア	15.2	80	フランス	420
台湾	20	韓国	13.5	180	ウクライナ	380
日本	14.8	日本	42.8	150	日本	440

出典：防衛庁編『日本の防衛』平成18年版。

方で、グローバリゼーションなどの影響もあって、経済、環境、資源など多くの領域で、安全保障上の脅威は複雑多様化している。軍事力では解決不可能な脅威が増えていることは間違いなく、軍事的手段と非軍事的手段を使い分けながら、安全保障を確保していくことが必要になる。

注目すべきは、最近は軍隊の仕事を代行する民間会社が増えていることである。武器の調達から実際の戦闘行為まで手広く請け負う会社が急成長しており、業界の市場収入は年間一〇〇〇億ドルにもなるという。南アフリカ軍のOBたちを中心に作った会社は、戦争部隊を即日編成でき、コンゴやシエラレオネなどで活動してきた。冷戦終結後、世界各国の国防費が削減されていくなかで、多くの軍事関連の作業が「戦争請負会社」に委ねられ、食料・燃料輸送などの後方支援から兵士の訓練まで請け負って、利益を上げている。つまり、国家の戦争を遂行するのは軍隊のみであるという、近代国家の前提が崩れ始めているのである。「**戦争の民営化**」[＊1]というような言葉も、最近は使われている。

2 軍事力行使の効果

軍事力の行使の効果について、第二次大戦後の事例を振り返って考えてみよう。朝鮮戦争（一九五〇〜五三年）は、南北朝鮮のみならず米国と中国の軍事介入を招き、東西の冷戦状況を決定づけた点で重要な歴史的意味を持っている。北朝鮮から奇襲攻撃を受け、韓国の首都ソウルはわずか三日で陥落した。急遽編成された国連軍が救援に駆けつけて反攻に転じ、韓国の国土と独立を回復した。北の奇襲の背景には、軍事バランスにおける韓国側の劣勢や、米国は韓国を是が非でも防衛するという決意を疑わせるような、アチソン米国務長官の発言があり、米韓両国にとって苦い教訓になった。北朝鮮としては、韓国に対する軍事力の行使は、南の傀儡政権を転覆し、祖国を解放するための手段であった。米韓側の軍事力の行使は、北の侵略を撃退し、自由な韓国の独立を守るための手段であった。結果的には双方の軍事力行使によって、朝鮮半島のほぼ全域が戦場と化し、南北朝鮮はともに甚大な損害を被った。

ベトナム戦争は第二次大戦後の最大規模の戦争であり、その期間は約一〇年に及んだ。北ベトナムの共産主義がドミノ倒しのように周辺諸国に広がることを恐れた米国は、南ベトナム政府にテコ入れした。しかし、当時、米国のベトナム介入を指導したマクナマラ米国防長官は、後年になって「米国は何故ベトナムで戦争をしたのか」と著書のなかで自問している。ベトナムで米国の軍事力を行使することの効果とリスクは、必ずしも明確に規定されてはいなかった。派遣された米軍はピーク時には五〇万人の規模に達したが、戦争が泥沼化するなかで莫大な死傷者を出して敗退した。米国は圧倒的な軍事的優勢にありながら、北ベトナムに勝てなかったという事実は、軍事力は安全保障の手段として有効でない場合もあることを意味している。ベトナム戦争の失敗により米国内では反戦気分が広がって国防費が削減されていき、米国の安全保障を損なう結果になった。北ベトナムにとって、この戦争は民族解放闘争であり、南を解放して社会主義の下に分断国家の再統一に成功した。

本格的な戦争までいたらずに、単発的に軍事力が行使される場合もあった。一九八一年、イスラエルはイラクのオシラク原子力発電所を空爆した。イスラエルの軍事攻撃の目的は、イラクの核兵器開発計画を挫折させることであった。イスラエルにはイラクと戦争状態に入る考えはなく、イラク側もそのことを知っていた。この爆撃がイスラエルの安全保障を高めたとは一概には決めつけられない。軍事力行使によってイラクの核計画の進展は妨げられたが、先制攻撃を強行したイスラエルに対して、周辺諸国の敵愾心がさらに増幅したことは、イスラエルの安全にとってマイナスに働く面もある。いずれにせよ、このオシラク空爆は、イスラエルは自国への脅威を除去するためには軍事力行使をためらわないという印象を残した。今日、イランの核開発が注目されており、イスラエルが再び軍事力を行使する可能性が議論されている。

フォークランド戦争（一九八二年）は、冷戦時代の他の戦争と比べて異色である。アルゼンチンが突如侵入した英国領の諸島は、南アメリカ大陸の最南端、英国から一万キロ以上も離れたところにあった。多数の英国人が、存在することさえ忘れかけていたこの諸島を奪還するため、サッチャー英首相は第二次大戦以来の大機動部隊を現地に送り込み、アルゼンチン軍を降伏させた。英国は、面積一万平方キロメートル余、人口三〇〇〇人を守るために軍事力を行使し、自軍に二五〇人の戦死者を出した。当時は第二次冷戦と呼ばれる時期であり、ヨーロッパの中央部（東西ドイツ国境）における東西間の軍事衝突の防止が最も重要と見なされていた。防衛戦略論的に見た場合に、フォークランド諸島の奪還が英国の安全保障に直接寄与したとは考えにくい。当時、英国の体面にこだわったサッチャー首相に対して批判的な見解も見られた。しかし、その一方、英国という国は国際社会の原則（国連安全保障理事会はアルゼンチンの撤退を求める決議を採択した）を守り、自国領土の防衛のためには軍事力を行使することが確認された。このように、経済的な損得計算には合わなくても、毅然として筋を通すことは、国際社会において国家が威信を保つためにはときとして必要ではないだろうか。

一九九〇年八月のイラクのクウェート侵攻は、冷戦終結後の平和到来を期待していた世界の人々を驚かせた。サダム・フセイン大統領は「クウェートは歴史的に見て自国の領土である」と強弁したが、領土や石油資源の確保を目的とした露骨な軍事侵略であった。国連安保理は、イラクの即時無条件撤退を要求する決議を採択し、対イラク経済制裁決議や対イラク武力行使容認決議を相次いで成立させた。しかし、イラクが応じなかったため、欧米および中東諸国からなる多国籍軍が九一年一月からイラク空爆を開始して、湾岸戦争となった。クウェートは速やかに解放され、停戦協定が結ばれた。多国籍軍の空爆開始までの五カ月間、さまざまな外交アプローチが試みられたが、結局は軍事力の行使によって湾岸地域の平和と秩序が回復された。しかし、高精度のハイテク兵器によっても、民間人の犠牲は避けられなかったし、帰還米兵のなかには湾岸戦争症候群と呼ばれる健康障害を訴える人も多数現れた。

イラク戦争は、イラクの大量破壊兵器の脅威を除去することを大義として米英軍によって二〇〇三年三月に開始され、同年五月初めにブッシュ大統領が戦闘終結を宣言した。九・一一テロ事件を受け、米国はイラクの大量破壊兵器がテロリストの手に渡る可能性に過敏になっていたが、そのような事実はなかったことが戦争終結後にわかり、米英は国際的非難を浴びた。仏独の反対で開戦前に国連安保理の明示的な決議を得られないまま、米英の軍事力が行使されたことも批判された。二〇〇四年六月に、イラク暫定政権に主権が移譲されたが、治安が回復されぬ状況下で駐留軍への抵抗活動が続いており、泥沼化の状態になっている。軍事力はサダム独裁政権を崩壊させるうえで決定的な役割を果たしたが、イスラム過激派による反占領武装闘争のなかで多数の犠牲者が出ている。新生イラクに平和と安定が訪れる日がいつ来るのか、いまだに展望は立っていない。

このように軍事力の行使は、守るべき安全保障が何かによって、その効果も意義も変わってくる。軍事侵略を撃退するには軍事力で対抗する以外に方法はないが（軍事力で抵抗しなければ、国土が占領され、政治的独立を奪われる）、軍事力の行使は敵味方の双方に多大な損害をもたらし、それが新たな安全保障の難題を作り出すこともある。軍事力は紛争解決の最後の手段として今後も不可欠であるが、軍事力の行使には慎重な配慮が求められるのである。

3 軍事力の目的［抑止と対処］

軍事力は、戦争の発生の**抑止**(deterrence)［*2］と、戦争が起きたときの**対処**(defense：防衛ともいう)［*3］の二つの目的を合わせ持っている。抑止とは、侵略の意図を持つ敵対国に平時からメッセージを送り、侵略計画を断念させることである。抑止の方法には、敵対国に耐え難い報復攻撃力を背景とする「制裁型の抑止」と、侵略を確実に失敗させる防御力を背景とする「拒否型の抑止」がある。抑止戦略が失敗し、敵対国が実際に軍事攻撃に踏み切った場合は、軍事力で対処する以外になく、その場合は自国の損害を最小限にしながら迅速に戦争に勝利することが目標になる。

冷戦時代の欧米諸国は、ソ連側の軍事攻撃を抑止するため核兵器の威嚇効果に依存した。東西ドイツを挟んで東西両陣営の大規模な軍備が対峙していたが、通常戦力（戦車や火砲など）の規模においては、西側（NATO）が劣勢であった。東側（ワルシャワ条約機構軍）の奇襲攻撃を思いとどまらせるため、NATOは西ドイツをはじめ西ヨーロッパ戦域に大量の核兵器を配備した。さらに米国は、東西ヨーロッパが軍事衝突する場合は、米国本土に配備した戦略核兵器を使用してでも西欧陣営を守ると約束し、ソ連の強大な軍事力に対抗した。

冷戦時代に欧米が採用した核抑止戦略は、核戦争の恐怖と核戦争の非合理性に依存するものであった。核抑止戦略に依存することに対し、安全保障の専門家と一般市民の双方から、強い不安と批判が向けられた。どのような核兵器をどれだけ持てば核抑止が成り立つのか。ソ連は西側の核抑止戦略を受け入れて、西側への軍事攻撃を断念するだろうか。早期警戒網や指揮統制システムの故障などによって、相手側が核攻撃態勢に入ったものと誤って判断し、偶発的に核戦争が起きてしまう可能性はないのか。一般市民を核戦争の危険と恐怖にさらすような戦略は、軍事合理性の有無にかかわらず、道義的に許されないことではないのか。

しかし、高速で飛んでくる多数の核ミサイルを撃ち落とす防御兵器（ミサイル防衛）は、冷戦時代は技術的にほとんど不可能なものと考えられた。また、防御兵器を開発配備すると、それに対抗して相手国が攻撃兵器（核ミサイル）の開発配備を加速し、果てしない軍拡競争が続くのではないかと懸念された。したがって、米ソ両国は弾道迎撃ミサイル（ABM）の開発配備を厳しく制限するABM条約を一九七二年に結んだ。こうして米ソともに防御兵器という手段をとれなくなり、互いに核ミサイルによって相手を牽制する相互抑止態勢をとることになった。東西間に核戦争が起これば、東西両陣営とも確実に破壊されるという「相互確証破壊（Mutually Assured Destruction: MAD）」が、核抑止戦略を支えていた。

冷戦時代、欧米諸国の戦略目標は東西間の抑止の維持に置かれ、戦争が起きたときの対処の問題が突っ込んで議論されることはなかった。東西間に軍事衝突が起きれば、大規模な核戦争にエスカレートする公算が大きく、核戦争に有効に対処することは不可能と考えられていたからである。冷戦後、自由諸国は大規模な核戦争の恐怖から解放され、ソ連を相手に構築された核抑止戦略は、修正を余儀なくされている。ブッシュ政権は、二〇〇一年にABM条約を廃棄し、ミサイル防衛システムの開発配備に取り組んでいる。冷戦時代と異なり、防御兵器（対処）は米国の国防政策の柱の一つとして位置づけられている。

抑止と対処という軍事力の二大目的を、いかなる軍事力で達成するかをめぐり、今日、さまざまな議論が展開されている。ミサイル防衛の研究開発には莫大な費用がかかり、費用の割に技術的信頼度が低いとする批判は今日でも根強い。一方、ミサイル防衛推進派は、大量破壊兵器やミサイルを保有する「ならず者国家」には、冷戦時代の核抑止戦略は通用しないとし、ミサイル攻撃への対処能力を持つべきであると主張する。

現代兵器の破壊力は大きく、一度戦争が起きれば甚大な被害がもたらされる。抑止戦略が成功し、戦争を未然に防止することが最も望ましいが、抑止が成功するかどうかは、敵対国や敵対勢力の考え方にかかっている。「ならず者国家」やテロ勢力の脅威に対しては、抑止よりも対処を重視するほかないと思われる。不幸にして、自国への軍事攻撃が行われた場合、その被害を最小限に食い止める方策を平時から準備する必要がある。

米国では二〇〇三年に米国本土安全保障省という巨大な官庁が新設され、実際に米国が大量破壊兵器やテロリストによる攻撃を受けた際に、米国本土と国民を守る被害限定策が追求されている。本土安全保障省は、米国が攻撃を受けた場合に対処できる国内の緊急管理システムの確立を目指しており、連邦や州の各機関との協力体制を強化している。テロの脅威に対して、このような危機管理の仕組みを作ることは、米国だけでなく世界の国々にとって共通の課題である。

4 戦争と正義

一八世紀の米国の政治家ベンジャミン・フランクリンは、「良い戦争と悪い平和はあったためしがない」という名言を残した。戦争の結果は常に悲惨なものであり、戦争を嫌悪することは正常な人間の自然な感情といえよう。戦争は悪いに決まっていると固く信じ、戦争の正当性を一切認めない人々もいる。太平洋戦争を経験した日本人は、「もう戦争は懲り懲りだ。戦争だけはしてはいけない」という感覚が染み付いた。戦争を一切拒否する絶対平和主義者にとっては、戦争と正義を関連づけることはナンセンスであろう。しかし、欧米では何世紀も前から「正義の戦争はあるか」という議論が真剣に続けられてきた。また、欧州で繰り返された宗教戦争は、自分たちの正義を掲げて、邪悪な敵と戦うものとされていた。

戦争と正義の問題は古くて新しい。冷戦後に起きた紛争では、国家の混乱や国内の対立勢力の暴力によって罪のない人々の安全が脅かされ、国際社会が人道的な観点から介入することが多くなった。一九九二年に起きたボスニア内戦では、支配領域の拡大をねらう三つの勢力（セルビア人、クロアチア人、ムスリム人）の間に血で血を洗う戦闘が三年半以上も続いた。この間、他民族を抹殺する「民族浄化」が相互に行われ、強制収容所での虐殺や集団レイプの発生という凄惨な事件が相次いだ。この状況を救うため、米軍を主力とするNATO軍はセルビア人勢力を空爆した。この軍事力行使は和平協定の調印に結びついたが、空爆によって民間人にも犠牲者が出た。

人道目的があったとしても、軍事力を行使すれば、多数の死者が出ることは避けられない。国内の紛争で苦しんでいる人々のすべてが、人道的介入によって救済されるとは限らない。しかし、それでは非人道的な事態を国際社会は放置してもいいのか。二一世紀の国際社会は、このようなジレンマに直面している。世界にはまだ独裁国家がいくつか存在しており、一般民衆は圧制に苦しめられている。悪い政府の存続を国際社会は見過ごしていいのか。しかし、ある国の政府が悪いか否かを、誰がどのような基準で判定するのか。

国際テロの脅威が増大したことにより、戦争と正義の問題はさらに複雑かつ重要な問題になっている。テロの脅威に怯える人々は、テロリストを倒すまでは安心して暮らせないと考える。平和を実現するための戦争は必要な戦争であり、その戦争は正しいと考えるのである。ブッシュ政権は二〇〇二年に公表した『国家安全保障戦略』のなかで、「自由と正義は全世界の人々にとって共通の原則であり、自由と正義を守ることは米国の使命である」との立場を明らかにした。ブッシュ大統領は、「オープンな米国社会はテロの脅威に対して脆弱であり、テロリストたちを裁きにかけるまでは、米国の脆弱性は持続する」と述べている。イラク戦争に踏み切ったときは「この戦争は正義の戦争である」と訴えた。しかし、このような米国の論理に賛同しない人々も少なくない。オサマ・ビンラディンは米国に対する**ジハード**（聖戦）［＊4］を呼びかけ、それに共鳴する人々も世界にはいるのである。

正義とは何かという問いに関して、倫理学、法哲学、法学、政治哲学などの領域においてさまざまな考究が積み重ねられてきた。しかし、学問的な論争とは別に、人々は自分の直接体験から戦争と正義の問題に各々の答えを出しているかもしれない。ホロコースト体験の著述によりノーベル平和賞を受賞した作家エリ・ウィーゼルは、「暗殺者や拷問者を放置することは、彼らの法に服従し、彼らの共犯者になることを意味している」と述べている。アウシュヴィッツの地獄を知る人にとっては、人道的介入に反対する絶対平和主義者は圧制者の味方と見なされるであろう。しかし、ウィーゼル自身に対しては、「イスラエル寄りでパレスチナ人の苦しみに対して冷淡である」という批判が向けられているのである。

2 外交

KEYWORDS
宥和政策
軍備管理
会議外交
予防外交
強制外交

論点▼▼▼▼▼ 外交による効果と限界とはなにか

外交は取引と妥協の術《アート》である。自国が何かを得る代わりに、相手国に何かを与えなければならない。双方に何らかの妥協がなければ交渉はまとまらないが、妥協の結果、交渉の目的が達成されるかどうかは、個々のケースにより異なる。特に、戦争の危機が迫っているとき、外交によって戦争を回避できるかどうかの境目は微妙で、国家間の計算と思惑が渦巻く。過度に譲歩したり、相手の計算を見誤る場合、外交が戦争の引き金になる場合も

1 外交における取引と妥協

外交は、国家間の対立点を協議や交渉によって平和的に解決しようとするものであり、外交によって解決できなかった場合に、武力による解決策(戦争)がとられることがある。戦争の終了を受けて、新たな国家関係や国際秩序を定めるときの協議や会議も外交のひとつである。

ある。

一九三八年のミュンヘン会談で英国とフランスは、ヒトラーの要求に屈してチェコスロバキアのズデーテン地方をドイツへ割譲することを決めた。会談直後、英仏両国民は戦争の危険が回避されたものと受け止め、チェンバレン英首相は「われわれの時代の平和」を唱えて、英国国民の賞賛を浴びた。しかし、この軟弱な**宥和政策**[*5]はナチズムの拡大を許し、ヨーロッパは第二次世界大戦に突入していったのである。

一九六二年に起きたキューバ危機におけるケネディ大統領の外交は、冷静かつ力強い姿勢でソ連の軍事的圧力に対抗し、人類未曾有の核戦争の危機を終息させたと評価されることが多い。ケネディはテレビで米国民と世界の人々に向けて演説し、ソ連がキューバに持ち込んだ核ミサイルをすべて撤去することをフルシチョフ書記長に毅然として要求した。ケネディは、米ソ二国間の外交チャンネル以外にも、国連緊急安保理事会での交渉や非公式の対ソ接触を通じて、核戦争回避への道筋を探った。軍事衝突のリスクが高まるなかでも怯まずに対決姿勢を貫いたが、一方では彼の部下が主張したキューバ空爆論を諫め、トルコに配置されていた米国のミサイルの撤去や、キューバ不侵攻を約束するなど、ソ連の要求に応じる柔軟性も見せた。

硬軟両用の対応で核戦争の危機を終息させたケネディ外交は、危機対応の成功例として評価されることが多い。しかし、米ソが互いに譲歩しなければ、世界を巻き込む核戦争へとエスカレートする瀬戸際にあったため、両国はともに妥協せざるを得ない立場に置かれていたことも事実である。また、キューバ危機の発生前まで遡れば、ケネディ外交への評価は異なるかもしれない。一九六一年四月、就任早々のケネディ大統領は、CIAが計画したキューバ上陸作戦（「ピッグズ湾侵攻作戦」）を承認したが、この作戦は大失敗に終わった。二カ月後、ケネディとフルシチョフはウィーンで初めて首脳会談を行ったが、フルシチョフはケネディが未熟な若者であるとの印象を持ったという。キューバへのミサイル配備に関するフルシチョフの決断には、これら一連のケネディの行動が影響したものと思われる。

外交交渉が妥結して何らかの成果が生まれたとき、それが安全保障の維持につながるかどうかは、ある程度の期間が過ぎないと判断しにくい。たとえば、クリントン政権は一九九三年~九四年に北朝鮮と二国間交渉を行い、北朝鮮の核開発計画を凍結する合意を成立させたが、その評価は、安全保障専門家の間で分かれている。この米朝間の「合意枠組み」で北朝鮮が過去に行った核開発に曖昧さが残されたことや、北朝鮮に重油提供などの経済的見返りを与える約束をしたことに対して、米国国内から不満と批判が出された。しかし、北朝鮮に相当の見返りを与えなければ、その核開発計画を中止させられなかったとして、クリントン政権の対北朝鮮外交を評価する専門家も少なくない。

外交交渉によって安全保障問題が根本的に解決されることもあれば、合意が成立したにもかかわらず、同じ問題が再浮上することもある。米朝合意にもかかわらず、北朝鮮は核開発計画を断念しなかった。二〇〇二年一〇月にブッシュ政権のケリー国務次官補が訪朝した際、北朝鮮のウラン濃縮問題が取り上げられ、これを契機に北朝鮮の核問題が再びクローズアップされた。北朝鮮は、核開発疑惑に関する米国の強硬な追及に反発し、国際原子力機関（IAEA）の査察官を国外に追放し、核兵器を保有していると宣言した。当初、ブッシュ政権は、クリントン政権は米朝協議で北朝鮮に譲歩しすぎたと批判し、自らは北朝鮮と妥協しないとの強い姿勢で臨んだ。しかし、二〇〇七年二月には米国は、北朝鮮が核放棄への道を進むことを条件に、北朝鮮に対して一〇〇万トン相当の重油の支援を行うことを六者協議のなかで決めた。この北朝鮮に対する取引と妥協が、北朝鮮の核問題の根本的な解決をもたらすか、クリントン政権の対北朝鮮外交の二の舞になるかが注目される。

2 軍備管理交渉の効果と限界

国家間で行われる外交のひとつに、**軍備管理**（arms control）〔＊6〕交渉と呼ばれるものがある。対立関係にある国家間で無制限な軍拡競争が続けば、双方にとって大きな負担になり、競争の激化は戦争のリスクを高める。そのため敵対関係にある国同士が、外交交渉によって相互に軍備の内容や規模を規制することがある。米ソが激しい核兵器の開発配備競争を続けた冷戦時代は、両国間で軍備管理交渉が繰り返され、互いの核戦力を相互規制する軍備管理条約が次々と結ばれた。一九七二年、米ソは大陸間弾道ミサイル（ICBM）や潜水艦発射ミサイル（SLBM）の配備数を規制する暫定協定（SALT）と、弾道弾迎撃ミサイル（ABM）を規制する条約に署名した。戦略攻撃兵器の規制交渉はその後も続けられ、SALT-Ⅱ条約、START-Ⅰ条約、START-Ⅱ条約へと引き継がれた。米ソの核軍拡競争はヨーロッパでも行われ、一九八〇年代初めには東西両陣営の中距離核戦力（INF）を規制するINF交渉が行われた。

冷戦中、米ソ間の核軍備管理交渉は、世界の安全保障にとって非常に重要なものと見なされた。西側諸国は、東側陣営との軍事バランスを維持するうえで、核軍備管理交渉の行方に注目した。米ソ間にABM条約が成立してABMの開発配備競争が中止されたとき、欧米諸国は核戦争の危険が遠のいたと受け止め、一九七〇年代半ばに東西間に緊張緩和（デタントと呼ばれる）が生まれた。しかし、七〇年後半にSALT-Ⅱ交渉が難航したときは、欧米諸国では軍事バランスがソ連側に有利になったとの不安が高まった。一九七九年にソ連がアフガニスタンに侵攻したことを受けて、SALT-Ⅱ条約は米国議会での批准が見送られた。一九八〇年代前半の第二次冷戦と呼ばれる時期には、東西間の軍拡競争が再燃し、軍備管理交渉が行き詰まった。しかし、ソ連のゴルバチョフ書記長が登場してから再び軍備管理交渉に進展が見られた。一九八七年にはINF条約が米ソ間で署名され、冷戦終結の序曲となった。

このように冷戦時代においては、軍備管理外交が東西間の安定を維持するための重要な手段であり、欧米の安全保障専門家たちは、軍備管理の役割を高く評価していた。一部の専門家からは、ソ連は軍備管理交渉を利用して、米国の軍事力を規制しようとしているとする警戒論が出されたが、対ソ交渉を通じてソ連の軍事戦略や軍事情報を米国が入手できたことのメリットは大きかった。

冷戦後も軍備管理が安全保障の重要な手段になるかどうかについては、議論が分かれている。冷戦後、大量破壊兵器を規制する多国間の条約が制度的に強化された面はあるが、一方では、そのような軍備管理条約の限界を指摘する見解もある（軍備管理・軍縮・不拡散体制全般については［**図表4-2**］参照）。一九九五年、核不拡散条約（NPT）の無期限延長が決まり、世界の大多数の国は核兵器を持たないことを条約で約束した。しかし、九八年にはインドとパキスタンが相次いで核実験を実施し、核保有国になった。印パはNPTに最初から加盟しておらず、核不拡散体制はもともと不完全なものである。化学兵器禁止条約（CWC）はすでに発効しているが、条約の運用面で多くの難問を抱えている。生物兵器禁止条約（BWC）は、世界の多数の国が同意していた検証議定書案に米国が反対したため、条約強化の協議が宙に浮いている。

ブッシュ政権は、軍備管理による規制は冷戦後も重要であるとしつつも、軍備管理だけでは大量破壊兵器やテロなどの新たな脅威には有効に対処できないと主張している。ブッシュ大統領は、「米国を守るためには、『ならず者国家』やテロリストに対して単独で先制攻撃を行うこともある」との強硬な姿勢を打ち出したが、国際社会からは、米国の政策は多国間協調の重要性を軽視した単独行動主義であるとの批判が向けられた。軍備管理の役割を重視する人々は、米国の単独行動主義によって、軍備管理体制の強化が妨げられていると懸念している。欧州では、大量破壊兵器の規制条約を維持強化することによって、世界的な安全保障環境を改善することを望む見解が多い。

図表4-2◆軍備管理・軍縮・不拡散体制

区分	大量破壊兵器など				通常兵器
	核兵器	科学兵器	生物兵器	運搬手段［ミサイル］	
軍備管理・軍縮・不拡散関連条約など	核兵器不拡散条約［NPT］ 包括的核実験禁止条約［CTBT］	化学兵器禁止条約［CWC］	生物兵器禁止条約［BWC］	弾道ミサイルの拡散に立ち向かうためのハーグ行動規範［HCOC］	特定通常兵器使用禁止・制限条約［CCW］ 対人地雷禁止条約［オタワ条約］ 小型武器の非合法取引規制 国連軍備登録制度
不拡散のための輸出管理体制	原子力供給国グループ［NSG］	オーストラリア・グループ［AG］		ミサイル技術管理レジーム［MTCR］	ワッセナー・アレンジメント［WA］
大量破壊兵器の不拡散のための国際的な新たな取組み	拡散に対する安全保障構想［PSI］ 国連安保理決議1540				—

出典：防衛庁編『日本の防衛』平成17年版。

3 会議外交の効果と限界

外交の種類は多様であり、多数の国が一堂に会して意見を述べ合う**会議外交**［＊7］も、古くからある外交の一形式である。今日、国際連合には一九〇を超える国家が加盟しており、総会のような正式な討議だけでなく、各国の外交官たちの日常的な接触を通じて、さまざまな意見交換が行われている。総会では、小国にも演説や提案の機会が与えられ、国連の総意として総会決議が出されることもある。しかし、総会の決議は加盟国または安全保障理事会への勧告までしか権限はなく、強制力や拘束力はない。また、各国とも自国の国益に合致する範囲で国連を利用する傾向があり、総会における会議外交は単なるスローガンの域を超えていないといわれることもある。

国連安保理の決定は、国連加盟国が受諾し履行しなければならないため、安保理は総会よりも強い権限を有している。しかし、常任理事国には拒否権があり、冷戦中は拒否権が頻繁に行使されたため、安保理は機能麻痺に陥った。湾岸戦争（一九九一年）の際は、安保理の同意により多国籍軍が形成されたが、イラク戦争（二〇〇三年）の前は安保理のメンバー国の立場が分裂し、米国と英国が単独で武力行使に踏み切った。国連創設時に意図された集団安全保障体制はまだ機能しておらず、国連の場における会議外交の効果には限界がある。

世界の主要八カ国（米、英、仏、独、伊、日、加、露）の首脳が一堂に会する先進国首脳会議（サミット）は、フランスのジスカールデスタン大統領の提唱によって一九七五年に開かれ（当初は六カ国）、その後は年に一度の開催が慣例になった。一九七三年の第一次石油危機がもたらした世界的不況に対して、西側の先進国が打開策を協議することがサミット開始の契機であった。その後、ソ連の軍事的脅威への懸念の高まりを背景に、一九八三年の会議の頃から、安全保障問題も取り上げられるようになった。九七年にはロシアが正規のメンバーとして認められ、G8となった。

G8は、世界政治に大きな影響力を持つ大国が集まる国際会議であり、テロや大量破壊兵器の拡散、ソマリア紛争、カンボジア和平、アフガニスタン内乱、朝鮮半島情勢、東ティモールなど、幅広い安全保障問題がサミットの場で取り上げられてきた。サミットにおける討議の模様はメディアを介して世界中に伝えられ、会議後に出される宣言や声明は、主要八カ国の政策に影響を及ぼす。会議の主役を務める各国首脳にとっては、指導者としての存在感を示す外交の晴れ舞台でもある。

しかし、次々と浮上する安全保障問題を前に、G8は対症療法的な対応しかしていないという批判が向けられている。G8の枠組みと方向を実質的に決めているのは、各国の外務官僚たちであり、一見華やかに見える首脳外交の舞台は、官僚の振り付けに沿ったセレモニーと化している部分がある。また、先進国クラブとしてのG8に対して、反発や敵意を向ける人々も少なくない。二〇〇一年のジェノヴァ会議では、二〇万人もの市民が市街でデモを行い、イタリア治安当局との間で衝突が発生した。

二〇〇五年のグレンイーグルズのサミットでは、会議の開催中にロンドンで同時テロが発生した。このように会議外交は、一見華やかさやで世界的な注目を集める割には、現実の安全保障課題に対して有効な対応策にはなっていない。

4 予防外交の難しさ

冷戦後、カンボジア、アンゴラ、ソマリア、ルワンダ、ボスニア、コソボ、シエラ・レオネ、アフガニスタン、東ティモールなどで、民族や宗教などをめぐる国内の対立が原因で武力紛争が起きている。自国内の紛争を国家が終息させられない場合は、内政不干渉の原則に縛られずに、国際機関などが特定国の紛争に介入することが必要になる。**予防外交**[＊8]は、紛争の原因を事前に摘み取り、紛争が発生した場合にはその拡大を防ぐものである。さらに、紛争の早期終結を促進し、和平合意が成立した場合には社会の安定・復興を通じ、紛争の再発を防止する。予防外交の主体は、国連、国際機関、地域機関、国家であるが、NGO、企業、個人なども紛争予防に参加している。情報や交通の手段が発達した今日では、民間の諸団体などの市民パワーが、政府より機敏かつ効果的に予防外交を実践していることが多い。

国連は冷戦時代から平和維持活動（PKO）を通じて、紛争予防に重要な役割を果たしてきた。冷戦後はガリ事務総長の『平和への課題』（一九九二年）を受けて、さまざまな国内紛争に積極的に介入している。氏族間の抗争によって無政府状態になったソマリアに対し、九二年と九三年に二度にわたる国連ソマリア活動（UNOSOM及びUNOSOMⅡ）が試みられたが、秩序回復の目的を果たせぬまま撤退を余儀なくされた。ボスニア紛争の際には、中立原則に立つ軽武装の国連保護軍（UNPROFOR）が派遣されたが、武装勢力の頑強な抵抗にあい、紛争終結に貢献できなかった。

予防外交の範囲は広く、軍縮・不拡散、人権行動、開発援助など、多様な領域で予防外交活動が展開されている。予防外交は失敗したときには批判され、成功したときには注目されにくいという面がある。国家内の問題への干渉は、その国の不信と反発を買うこともある。通常、国家や国際社会は、すでに発生している諸問題に集中するものであり、将来紛争が起こりそうな国や地域への予防外交は、十分な資源（人やモノ）を確保しがたい面がある。紛争の発生と再発を予防するには、過剰に集積された武器を処理し、難民を元の居住地に帰還させ、帰還した難民が通常の日常生活ができるようにしなければならない。さらに、対立する民族・部族間の和解を進め、複数民族からなる共同体を構築し、その国の政治制度を強化する必要がある。これらは非常に困難な課題である。

欧州は冷戦中から予防外交を実践している。一九七五年に発足した全欧安保協力会議（CSCE）は、東西陣営間の緊張緩和と対話の促進に役割を果たした。九五年には欧州安全保障協力機構（OSCE）に改称され、冷戦後の紛争予防に取り組んでいる。しかし、OSCEの努力にもかかわらず、冷戦後の欧州では紛争が起きた。セルビア共和国南部の、コソボ自治州の独立を目指すアルバニア系住民と、それを認めないセルビア当局の間で武力衝突が発生した。OSCEは停戦合意に基づいて、ユーゴ軍・セルビア治安当局とアルバニア系武装組織コソボ解放軍の停戦監視に非武装であたる「コソボ停戦合意監視団」（KVM）を派遣した。しかし、加盟各国の要員派遣が遅れるうちに情勢が悪化し、結局はNATOによる軍事介入となった。予防外交と紛争防止に貢献すべき専門機関としてのOSCEの限界が露呈した。OSCEのような機関の予防外交が成功するかどうかは、紛争当事国が外部からの関与を受け入れるかどうかにかかっている。

予防外交の背景にあるのは、参加国の平等やコンセンサスを重視し、軍事力という強制的な手段に訴えない協調的安全保障の考え方である。OSCEは安全保障の対話と協力のための機構であり、軍事能力を欠いている。欧州連合（EU）も、地域紛争に効果的に対処する能力は十分ではない。冷戦後に実際に欧州で起きた武力紛争を終息させるうえで切り札になったのは、やはりNATOの軍事力であった。

このように欧州の現実と照らすと、予防外交は十分な成果を上げていないが、将来的に見れば、OSCEが行ってきた選挙監視などの地味な活動は、欧州の平和と安定にとって重要な貢献になると思われる。二〇〇四年にチェチェンで行われた大統領選挙ではOSCEは特使を派遣し、選挙を監視した。二〇〇六年に行われたベラルーシの大統領選挙では、独裁者と呼ばれるルカシェンコ大統領が圧倒的多数で当選したとされたが、OSCEの選挙監視団は監視団員へのビザ発給の拒否や野党系選挙運動員らの逮捕など、重大な違反行為があったことを世界に伝えた。

アジアでは、冷戦後にASEAN地域フォーラム（ARF）が設立され、予防外交を模索する動きが見られる。ARFは、アジア太平洋諸国が参加する多国間の安全保障を協議する場である。ARFでは当事者間の信頼醸成を土台にして、調停や軍備の登録、選挙支援や開発援助などの多様な手段を尽くして、武力衝突や戦争の発生を未然に防止することが課題になっている。この地域における安全保障の多国間枠組みは、冷戦が終わってから初めて発足したものであり、ARFが今後どのような紛争予防の機能を果たすかが注目されている。二〇〇〇年には北朝鮮も加盟し、地域の主要国がすべて参加して、広範な安全保障課題を協議している。

ARFの閣僚会合は毎年夏に開かれる。第一三回目の会合は二〇〇六年七月にマレーシアのクアラルンプールで開催された。この会合では、テロの脅威、海上の安全保障、朝鮮半島情勢、インドネシアの津波被害、ミャンマー情勢（国内の政治対立と民主化の課題）、軍備管理・軍縮・不拡散など、多様な安全保障問題が討議された。会議後の議長声明では、ARFの参加国は「予防外交に向けたARFの進展を歓迎し、予防外交に関する具体的な措置を整備することに期待を示した」と報告された。

ARFでは、紛争予防の次の段階として紛争解決が将来図として展望されている。このようなARFの将来の発展への期待は大きいが、アジア太平洋地域の安全保障に果たすARFの役割に過大な期待を持つべきではないとする見解も聞かれる。ARFの会合はすでに十三回も積み重ねられたが、ARF自体はいまだに拘束力の弱いゆるやかな協議体にとどまっている。予防外交を本当に実践していけるのか、単なる努力目標として先送りされるのではないかと懐疑的に見る安全保障専門家は少なくない。信頼醸成の手段として国防白書の開示などが進められてきたが、この地域で最大の軍事力を保有する中国の不透明性が今日でも問題視されている。ASEAN諸国のなかには国内政治の不安定や人権問題を抱える国もある。内政不干渉を原則としてきたASEAN諸国が真の意味での予防外交を実践していくには、さまざまな困難が横たわっている。東南アジアには、中国、ベトナム、フィリピンなどが領有権を主張する南沙諸島問題のような紛争の火種もある。域内の先進国と後発国の経済的格差も縮まっていない。

アジア太平洋地域においても突出した影響力を持つ米国は、ARFやその予防外交の努力を評価しつつも、米国が同地域に長年維持してきた二国間同盟こそが、安全保障の要であるという立場を変えていない。一方、その同盟関係も九・一一テロ事件後、再調整が進められており、この地域の安全保障秩序は流動的な状況にある。

5 強制外交の難しさ

安全保障を確保するための外交は、理性的な説得や紳士的な協議だけでは成功しない場合もある。軍事力の威嚇あるいは軍事力の限定的使用が、外交の手段として効果を発揮することもある。ある国の敵対的行動によって危機的状況が生まれたり、武力紛争が現に起きているとき、軍事力行使の圧力をかけて敵対国を強制的に説得することを、米国スタンフォード大学のアレクサンダー・ジョージ教授は**強制外交**[＊9]と名づけた。軍事力の威嚇を受けて相手が妥協すれば、軍事力を実際には使わずに安全を確保できる。相手が妥協しない場合は実際に軍事力を使用することもあるが、その目的は外交上の決着をもたらすことにあり、目的を超えた損害を相手に与えぬように配慮される。

強制外交は、冷戦後のユーゴスラビア解体のときに実践された。一九九二年にボスニア・ヘルツェゴビナが独立宣言をすると、ボスニアのセルビア人勢力がセルビア人共和国樹立を宣言したためユーゴは混乱状態になった。セルビア人、モスレム人、クロアチア人の三勢力が入り乱れ、血で血を洗う内戦状態に入った。カーター元大統領の調停により一度は停戦が実現したが、九五年には戦闘が再発し、武力で勝るセルビア人勢力が支配地を拡大していった。その間、凄惨な「民族浄化」（支配地からの他民族の追放や抹殺）や、強制収容所における集団レイプなどの悲惨な事件が相次いだ。ボスニアに派遣された国連保護軍（UNPROFOR）は、人道支援物資輸送の保護に従事したが、モスレム人住民の保護を目的とした国連「安全地域」をセルビア人勢力の攻勢から守り切れなかった。

一九九五年八月末、クリントン政権がセルビア人勢力に向けて和平調停に乗り出すとともに、米軍を主体とするNATO軍がセルビア人勢力に激しい空爆を開始した。この空爆によって、セルビア人勢力の戦闘遂行能力は大きな打撃を受けた。NATO軍は、ボスニアの首都サラエボ周辺からの重火器撤去を要求し、セルビア人勢力の対応に合わせて空爆の一時中断と再開を繰り返した。追い詰められたセルビア人勢力が譲歩の姿勢を見せたことを受け、米国の調停による三勢力の代表が参加する和平協議がオハイオ州デイトンで一一月初めから始まった。三週間にわたる熾烈な外交交渉を経て、ボスニア領土をモスレム人勢力とクロアチア人勢力で構成するボスニア連邦と、セルビア人共和国に二分する形で包括的な合意がまとまった。

三年半余の血みどろのボスニア紛争を終息させた米国の行動と、その背景にあったNATOの空爆を、強制外交の成功例と評価する安全保障専門家は多い。確かにボスニアの三勢力の民族主義と戦闘意欲は強烈で、強力な軍事力を背景にして米国が割って入らなければ、紛争はいたずらに長期化し、さらに多くの血が流れたものと思われる。

しかし、強制外交に対する批判も少なくない。NATOはセルビア人勢力に軍事攻撃を加え、モスレム人勢力とクロアチア人勢力に一方的に肩入れした。このような強制的な和平の押しつけは、公平さを欠いている面がある。セルビア人による民族浄化が国際的に喧伝され、やり玉に挙げられたが、同様の非人道的行為を行った他の二勢力の責任はどうなるのか。支配地を強引に拡大したセルビア人の行動は、少数民族ゆえの不安に起因しており、欧米諸国がボスニアの独立をいち早く承認したことが、セルビア人の不安を高めた側面もあった。紛争終結という外交目的のためだったとはいえ、軍事力の行使によってボスニアの人々と国土は甚大な損失を被った。

強制外交のもう一つの例としては、冷戦後にハイチの独裁政権を崩壊させたクリントン政権の対応を挙げることができる。西インド諸島中部の小国ハイチは、一九九〇年に国際選挙監視団の下で行われた選挙でアリスティド神父が大統領に選出されたが、軍部はクーデターで政権を奪い、強圧的な政治体制を敷いた。民主化を拒み続けるハイチの軍事政権に対して国際社会の批判が高まり、国連安保理決議に基づく経済制裁が実施された。それでもハイチ政権は聞き入れず、市民に対する弾圧が続いた。国内治安の悪化と経済困窮から、ハイチから米国へ逃げ込むボートピープルが急増し、米国としても放置できない政治問題になった。

米国は多国籍軍を形成し、武力行使の圧力を加えながら軍の退陣を繰り返し要求した。しかし、ハイチ政権はクリントン政権には本気で軍事介入する考えはないと判断し、米国の要求に頑強に抵抗した。クリントン政権は外交交渉による説得と圧力の効果はないと判断し、武力行使を決断した。米空挺部隊が一時間後に航空機に乗り込むことを知るや、ハイチ政権は直ちに退陣した。

クリントン政権の対応は強制外交の成功例と見られている。しかし、ハイチ国民の苦しみを救うために、米国はもっと早く効果的な強制外交を実施すべきであったという批判もある。武力行使の意志を言葉で知らせるだけでは、相手は「実際に武力が行使されるまでにはまだ時間がある」と受け止め、直前まで妥協を拒むことが多い。圧倒的な軍事力を保持するだけでは効果的な圧力にはならず、その軍事力を本気で使用することを相手に的確にわからせる術が、強制外交には必要なのである。

強制外交を実践する国は、相手国に比べて圧倒的に優勢な軍事力を保有していなければならない。その軍事力を実際に行使されたら、ひとたまりもなく負けてしまうことが明白な小国が相手でなければ、強制外交は成功しないであろう。このような圧倒的な能力を保有しているのは米軍あるいは米軍を中心にして構成される多国籍軍だけである。

3 経済的手段

KEYWORDS
経済制裁
輸出管理
経済援助
ODA

論点▼▼▼▼経済制裁や経済援助はどこまで有効か

1 経済制裁

経済制裁［*10］は、国際法に違反したり、国際社会の安全を損なう国などに対し、経済的なダメージを与えることによって、外交・安全保障政策上の目標を達成しようというものである。国連が非軍事的強制措置として行うこともあれば、ある国が他の国に対して個別に実施する場合もある。制裁の方法としては、輸出入の部分的または全面的停止、在外資産の凍結、為替規制または為替交換停止、信用供与や経済協力の停止、通商条約など経済関係条約の停止などがある。

軍事力の行使に比べ、相手国に政策変更の機会を与える経済制裁は穏健な手段であり、国際法の違反国や安全保障上の懸念国にペナルティーを課すうえで、重要な手段になっている。核開発を続ける北朝鮮に対して米国は経済制裁を実施し、それに対して北朝鮮は激しく反発してきた。北朝鮮が米国との関係を特別に重視する理由は、米国が強大な軍事力を保有していることもあるが、経済的な締め付けによって北朝鮮に強いプレッシャーをかけているからである。しかし、北朝鮮の核計画を断念させるという目的に対して、経済制裁がどのくらい有効かについては、識者によって見方は異なる。中国などから経済支援を受けている北朝鮮には、経済制裁の効果は期待できないと見る論者は多い。国内経済の停滞や危機的な食糧事情にもかかわらず、金正日政権は持続しており、経済社会的な苦境が北朝鮮の核政策に影響を与えているようにはみえない。

論者のなかには、経済制裁によって経済状況がさらに悪化した場合、北朝鮮はかえって核開発への執着を強め、北朝鮮の暴発を引き起こしかねないと懸念する人もいる。もし、そのような事態になれば、経済制裁は結果的に国際安全保障を危うくすることになる。一九九三〜九四年の核危機の際、北朝鮮は、国連安保理が経済制裁に踏み切った場合は、それを戦争行為と見なすとの立場を表明したため、朝鮮半島の緊張が高まった。二〇〇二年のケリー米国務次官補の訪朝を契機に起きた第二次核危機の際も、北朝鮮は国連安保理の経済制裁の発動は北朝鮮への宣戦布告であると警告した。このように経済制裁は、その対象国の受け止め方いかんによっては、軍事の領域と重なり合うことがあり、経済的手段に限定していても、戦争のリスクを高めるときもある。

過去の経済制裁の例を振り返ると、経済制裁がその目的を達成した例は少ないと思われる。一九九〇年に起きたイラクのクウェート侵略の際には、ブッシュ（父）政権は米国の管理下に置かれていたクウェートの資産を凍結し、イラクに対して経済制裁を課した。国連安保理もイラクに対する経済制裁を決議し、イラク軍の撤退とクウェートの主権回復を求めた。しかし、フセイン大統領はこのような国際社会の要求に応じなかった。経済制裁によってイラク国民の経済生活は困窮したが、独裁者フセインはイラク国民の苦しみを意に介するような人間ではなかった。九一年一月に入り、多国籍軍の軍事攻撃が開始されたことによって、イラク軍はようやくクウェートから撤退したのである。

湾岸戦争が終わって国際秩序は一応回復されたが、戦後の国連調査団によって、イラクが以前から大量破壊兵器を開発していたことが明らかになった。フセイン大統領は、大量破壊兵器の開発保有状況を把握しようとする国連査察団への協力を拒んだため、湾岸戦争後もイラクに対する経済制裁が続けられた。経済制裁の長期化によってイラクの経済活動と工業生産は落ち込み、食料や医薬品の輸入の差し止めによってイラク市民の生活に深刻な影響が出ているとして、経済制裁に批判的な国際世論が高まった。

こうしてイラクへの経済制裁は一九九六年末には一部解除され、イラクは石油の取引を限定的に認められ、食料や薬を輸入することが許された。フセイン大統領は、大量破壊兵器廃棄特別委員会（UNSCOM）と国際原子力機関（IAEA）の査察活動への非協力的姿勢を続けていたにもかかわらず、国際社会ではイラク市民の窮状に対する同情が高まり、人道的な観点から経済制裁の緩和が余儀なくされたのであった。このように、対象国の指導者が政策を変更する前に、対象国の市民に対する人道的配慮から、徹底的な制裁措置を継続できないところに経済制裁の限界がある。査察と経済制裁をめぐるイラクと国連安保理との駆け引きはその後も続いたが、イラクは新たに設置された国連監視検証査察委員会（UNMOVIC）の受け入れも拒否した。イラクの大量破壊兵器が国際テロリストに渡ることを極度に警戒していたブッシュ政権は、二〇〇三年三月に至って、ついにイラクに対する武力行使を決断したのである。

経済制裁が一定の効果をもたらした例としては、中国の不拡散政策の変化を挙げることができる。途上国にミサイルとミサイル技術を輸出する中国に対して、ブッシュ（父）政権とクリントン政権は、経済制裁を示唆して牽制した。その後、中国がパキスタンに対するミサイル輸出の停止に同意したため、クリントン政権は中国に対する経済制裁を中止した。クリントン政権は、中国が行っていたパキスタン向けの核技術輸出に対しても経済制裁を示唆して圧力をかけ、中国の妥協を引き出した。近年の中国は、国際的な不拡散体制に積極的に参加する姿勢を示しており、核不拡散条約（NPT）、化学兵器禁止条約（CWC）、包括的核実験禁止条約（CTBT）のような大量破壊兵器の規制条約に前向きに取り組むようになった。中国がグローバルな軍備管理体制を尊重する姿勢を示すようになったことは、国際安全保障にとってプラスに働くであろう。

このように経済制裁がどのような効果を収めるかは、個々のケースによって異なる。一般論としては、独裁者は経済制裁によって自国の市民の生活が苦しくなったからといって、国際社会の要求に応じることは稀である。しかし、経済制裁を課すことに意味がないとはいえない。湾岸戦争に関していえば、もし経済制裁を迅速に実施していなかったら、クウェートの海外資産や石油資源がフセイン大統領に利用され、それがイラクの軍事力強化に結びついた可能性がある。イラクのクウェート侵略の直後、米国は軍事力の行使を検討したが、効果的な戦争を遂行するための準備期間が必要であった。当時、国連の場を通じて世界の大多数の国がイラクへの経済制裁に賛成したことは、国際社会全体の意思を形成するうえで重要な意味があった。イラクをクウェートから撤退させるためには軍事力行使以外にはないと、国際社会が判断して団結したのは、経済制裁や外交努力をフセイン大統領がことごとく拒否したからであった。軍事力の行使にいきなり突き進むのではなく、最初は経済制裁のような手段を試みながら、相手国の出方を探り、段階的に強硬な手段へと向かうほうが、国際社会からの理解と強力を得やすいと思われる。

2 輸出管理

敵対国への兵器や兵器技術の国際移転を防止する**輸出管理**［＊11］は、幅広い意味で経済手段のひとつと考えることができよう。冷戦時代、西側諸国は共産圏諸国に対する戦略物資の輸出を規制するために対共産圏輸出統制委員会（COCOM）という協議機関を設立した。COCOMは輸出規制対象品目のリストを作成して、加盟国に対し共産圏諸国および共産圏周辺地域（アフガニスタン、ミャンマー、カンボジアなど）に対する戦略物資の輸出の基準を提示し、各参加国はこの基準に基づいて各国の制度の枠内で輸出管理を実施した。

冷戦の終結を受けて、COCOMは一九九四年に解散し、九六年に通常兵器および機微な関連汎用品・技術の移転に関する透明性を増大させ、責任ある輸出管理を実現するためのワッセナー・アレンジメント（WA）が設立された。COCOMの対象地域は、対共産圏に限定されていたが、WAには旧COCOM参加国、ロシア、東欧諸国なども加盟しており、特定の対象国・地域に限定せずに、すべての国家・地域とテロリストが対象とされている。一部の「ならず者国家」を除き、輸出管理は大多数の国の共通利益であるが、WAは法的拘束力を有する国際約束に基づく国際的な体制ではない。通常兵器および機微な関連汎用品・技術の供給能力を有し、かつ不拡散のために努力する意志を有する参加国による紳士的な申し合わせとして存在している。

核兵器と核兵器技術の移転を阻止するための輸出管理体制としては、一九七〇年に設立されたザンガー委員会がある。核兵器の製造に必要な原料物資、機器などの輸出管理を徹底させるために「ザンガー・リスト」が作られ、これに基づいて原子力関連の物資及び機器の非核兵器国への国際移転が規制されてきた。また、一九七四年のインドの核実験を契機として、原子力供給国グループ（NSG）が設立され、「ロンドン・ガイドライン」という国際的な輸出管理基準を設けて、核拡散を防止するための国際協力を推進している。

生物・化学兵器に関しては、一九八五年に設立されたオーストラリア・グループ（AG）があり、三九カ国が参加している。AGは、一九八四年のイラン・イラク戦争の際に化学兵器が用いられていたことが契機になっているが、冷戦後は生物・化学兵器を使用するテロの脅威が高まっており、AGの役割はますます重要になっている。生物兵器と化学兵器を規制する条約（BWCおよびCWC）と連動して、これらの兵器の拡散防止に寄与することが期待されている。

ミサイルに関しては、一九八七年に設立されたミサイル技術管理レジーム（MTCR）があり、三四ヵ国が参加している。設立当初は、核兵器の運搬手段となるミサイルおよび関連汎用品・技術を対象にしていたが、冷戦後は核兵器のみならず、生物・化学兵器を含む大量破壊兵器を運搬可能なミサイルおよび関連汎用品・技術も規制対象とされることになった。

このように冷戦時代から今日にかけて、兵器の拡散にブレーキをかける種々の輸出管理体制が構築されており、先進国の間には輸出管理体制の重要性に対する共通の認識がある。しかし、輸出管理は兵器の拡散防止に決定的な効果をもたらしているとはいえない。たとえば、MTCRを通じて先進国はミサイルの拡散阻止に国際協力を続けてきたにもかかわらず、冷戦後の途上国のミサイルの開発は続いており、量的にも質的にも増強されている。MTCRは、フォーマルな国際条約ではなく、参加国の自発的な協力によって運営されている。MTCRのガイドラインは、MTCR各国が独自に進めている宇宙開発に関しては規制できないが、宇宙ロケットの技術は弾道ミサイルの技術と共通している。多国間の協力による輸出管理は、兵器の移転を妨害する効果はあるが、抜け穴も多いのである。

超大国の米国は、多国間の輸出管理とは別に、単独で不拡散政策を実践している。一九九〇年代前半、クリントン政権は、インドにロケット・エンジンを輸出しようとしていたロシアに外交圧力をかけ、そのときのロシアは米国の説得に応じた。一九九四年には米ロ首脳の間で、「大量破壊兵器とミサイルの不拡散に関する覚書」が調印され、翌年にロシアはMTCRの参加国になった。しかし、輸出管理の分野における米国の不拡散政策が常に目に見える成果に結びつくわけではない。近年、その核開発が国際的懸念を集めているイランに対して、ロシアはミサイルを輸出している。二〇〇六年末、国連安全保障理事会は、ウラン濃縮活動などの核開発計画を進めるイランに対して経済制裁を発動する決議を採択したが、ロシアは「イランへの軍事協力は国際法の枠内であり、制裁決議には違反しない」との立場を表明した。

輸出管理という手段が成功するためには、この政策を実施する国家だけでなく、その国家で活動する民間企業の理解と自制が必要になる。一九八七年、日本の代表的な大型工作機械メーカーである東芝機械がソ連に輸出した工作機械が、COCOM規制に違反するとされ、日米間の大きな問題になった。当時の米国は、半導体や工作機械などのハイテク製品の分野で日本に激しく追い上げられていたこともあって、日本に対する批判と警戒が高まった。この問題が契機になって、日本は輸出貿易管理令の大改正を行った。

輸出管理は、輸出促進という国際通商上の利益を確保しながら、安全保障を脅かす機微な技術や物資の輸出をいかに厳重に規制するかという困難な課題を抱えている。国家が国内の輸出管理制度の強化に真剣に取り組んだとしても、商業利益のために外国に自社の製品・技術を売ろうとする企業があれば、兵器・技術の移転のリスクはゼロにはならない。したがって、サプライ・サイドの完璧な規制は難しい。国際社会には自由貿易という一般的なルールがあり、安全保障という目的のために、貿易という経済活動をどこまで規制できるかという、非常に厄介な問題が横たわっている。

世界の国々のなかには、外貨獲得のためには、国際的非難を浴びながらも拡散懸念国への兵器輸出を続ける国もある。輸出管理は、兵器と技術の供給能力のある国々(サプライ・サイド)が行う規制である。兵器と技術を求める国々(デマンド・サイド)は、規制の網の目を潜り抜けたり、第三国を経由する迂回ルートを使ってでも、必要な兵器・技術を確保しようとする。

核実験を実施して核保有国になったパキスタンは、世界の多数の核関連企業に秘密裡にアプローチした。その中心人物がカーン博士であり、外国企業の技術者に巧みに取り入り、核関連技術を秘密裡に入手した。彼の闇取引はパキスタンに核兵器をもたらしただけでなく、北朝鮮、イラン、リビアの核開発に協力することにより核拡散を促進させたといわれる。パキスタン政府は、「核の闇取引はカーン博士個人によるもので、政府や軍は関与していない」と説明している。

大量破壊兵器の脅威増大に対応して、近年、米国を中心に兵器およびその関連物資の移転や輸送を阻止する措置が多国間で実施されるようになった。二〇〇三年にブッシュ政権が提唱した拡散阻止構想（PSI）は、国際法と各国の国内法の枠内で参加国が共同してとりうる措置を検討する取組みである。PSIで実施される海上臨検のような手法は、経済的手段とはいえないと思われるが、PSIは輸出管理と相まって、兵器の拡散防止に寄与することが期待される。PSIの成功例としては、ウラン濃縮装置の部品をリビアに運んでいた貨物船をドイツとイタリアが二〇〇三年一〇月に連携して摘発したことが挙げられる。この輸送にかかわっていたパキスタンのカーン博士の秘密ネットワークが、北朝鮮やイランにも核関連物資を売り渡していたことも判明した。日本もPSIに積極的に参加してきており、二〇〇四年には、相模湾沖合および横須賀港内にて海上阻止訓練（「チーム・サムライ〇四」）を主催した。

PSIは、国際法上の正当性を世界にいかにして広めていくかという課題を抱えている。PSIに正式に参加している国に属する船舶に対する海上での臨検は、さほど問題にはならないが、PSIに参加していない国に所属する船舶への臨検には検討すべき課題が残っている。米国の呼びかけに応じて、PSIに参加する国は増えてきているが、拡散防止の効果を高めるためにはさらに多くの国の参加が必要になる。

3 経済援助

途上国に対する**経済援助**〔＊13〕の目的や理念は、時代によって異なる。一般的には援助が行われる背景には、貧困国に対する人道的配慮が働いていると考えられることが多いが、国家の安全保障を目的とする援助もある。冷戦時代は東西両陣営のイデオロギー対立を背景に、外交・安全保障政策の一環として実施される援助が少なくなかった。米国が第二次大戦後に実施したマーシャル・プランは、戦争で疲弊した欧州を早く復興させ、共産主義の拡大を防ぐことを目的としていた。一方、ソ連と東ヨーロッパの共産圏諸国は経済相互援助会議（COMECON）を設立して、西側陣営に対抗した。米ソという二つの超大国による援助は、東西の各陣営諸国の国力を増大させ、自分の陣営内に同盟国と友好国を確保していくための手段でもあった。

援助の意味や効果は国によって異なり、援助国と被援助国の関係も多様である。イスラエルのように敵対国に囲まれている資源小国にとっては、米国からの巨額の経済援助と軍事援助は国家安全保障のために死活的に重要である。米国のイスラエルに対する影響力の大きさは、最大の援助国であることに支えられている。イスラエル軍の戦争遂行能力は非常に高いと評価されているが、米国からの巨額の軍事援助と米国製の装備がなければ、イスラエルの国防は成り立たない。

イランのように、イスラム革命（一九七九年）を契機に米国との関係が一八〇度転換した国もある。第二次大戦後のイランは、パーレビ国王（シャー）の政権の下で、米国を中心とする西側諸国からの経済援助を背景に国内の近代化を推し進め、軍備を増強した。しかし、革命後のイランは米国との対決姿勢を鮮明に打ち出し、米国大使館占拠事件を起こして米国を苛立たせた。イランと米国との関係は決定的に悪化し、米国はイランに経済制裁を発動した。このように国家の体制が変われば、援助を通じて構築された親密な関係は脆くも崩れ去るのである。

冷戦時代の北朝鮮は、中国とソ連からの多大な経済援助に支えられながら、大規模な軍事力を構築していった。冷戦後、ロシアからの経済援助を期待できなくなり、北朝鮮は中国の経済援助に大きく依存している。経済の長期低迷や食糧不足などの国家危機に直面しながら、金正日政権が維持されてきたのは、中国の支援によるところが大きい。このため中国が北朝鮮を説得し、北に核開発を断念させることを期待する人は多いが、中国にどの程度の影響力があるかは定かではない。中国が事前に憂慮を表明していたにもかかわらず、北朝鮮は二〇〇六年七月にミサイルの発射実験を実施し、一〇月にはやはり北朝鮮のペースで核実験を強行した。中国が望まぬ行動を北朝鮮が相次いでとったことは、中国の安全保障政策にとって、北朝鮮への援助は効果的に機能していないことを示しているのではないか。

安全保障の手段として援助を活用すべきとする援助有用論と、援助の効果は乏しいと見る援助無用論は、多額の援助を行う国では常に議論されるテーマである。しかし、援助を受ける国の計算は一様ではなく、支援国の期待どおりに対応する保証はどこにもないため、効果の有無は個々のケースで判断するほかない。一九六〇〜七〇年代にかけて、米国は自由主義陣営に属する南ベトナム政府を大規模な軍事援助と経済援助で支えようとした。しかし、汚職と腐敗にまみれたサイゴン政権には指導力はなく、軍の士気が上がらぬまま、南ベトナム解放戦線のゲリラ攻撃の前に後退していった。米国の大規模な援助は、「サイゴン政権は米国の傀儡政権である」という共産主義側の宣伝に利用された面もあった。

同じく共産主義の脅威に直面していた韓国に対する米国の援助は、韓国の国防力の強化と経済発展に多く寄与した。しかし、冷戦期の米国の対韓援助は、米国への過度の依存状態を嫌う韓国国民のナショナリズムを刺激し、反米感情や反米行動の原因にもなった。米国は韓国の他にも、共産主義の脅威を受けていた東アジアの途上国を多額の援助で支えた。共産主義と戦う政権を存続させる過程で、米国は独裁政治や人権問題などに目をつぶることがしばしばあった。冷戦が長期化するなかで、米国国民のなかには援助資金の大半は腐敗政権に流れ、援助機構も非効率で無駄が多いという認識が広がった。それでも冷戦が続いている間は、途上国への援助は米国の国防政策の手段のひとつとして必要なものであると受け止められていたが、冷戦が終わって平和の配当への米国民の関心が高まると、米国の援助予算は削減された。

国際テロの脅威が先進国の深刻な懸念になっている今日、経済援助の役割に改めて関心が向けられている［図表4-3］。欧米の先進国諸国に敵意を抱くテロリストが生まれる原因は一様ではないが、世界各地の貧困がテロの温床になっているとの見方は多い。イスラム社会では多くの人々が深刻な貧困に苦しんでおり、貧困がもたらす差別感や抑圧感がイスラム過激派の思想と行動に影響を与えている面はあるだろう。北の富裕な先進工業国と南の貧困な開発途上国との経済的格差を放置することは、人道面だけでなく、安全保障の観点からも望ましくない。二〇〇五年に英国のグレンイーグルズで開催された主要国首脳会議（G8サミット）では、アフリカの貧困に代表される南北問題が中心議題のひとつとして取り上げられ、テロ対策の一環として貧困撲滅に取り組む姿勢が表明された。貧困対策として一八の最貧国に国際機関向け債務の帳消しが決まり、二〇一〇年までにアフリカ支援額を年二五〇億ドル増加することが約束された。

先進国は貧困問題を緩和するために経済援助に取り組んできたが、この問題を解決するためにどの国が、どれだけの負担を引き受けるかという問題に直面すると、先進国の事情と思惑は異なり、足並みがそろわないことが多い。冷戦中に開かれたサミットでも、アフリカの貧困はたびたび主要議題となったが、アフリカの貧困層の比率は下がるどころか、むしろ上昇している。国連開発計画（UNDP）の駐在事務所はアフリカのほとんどの国に置かれているが、アフリカ諸国は複雑な社会的問題を抱えており、貧困から抜け出せないでいる。

アフリカへ支援への各国の取組みは、その国の援助政策の方針や財政状況などに左右される。日本はかつてUNDPの通常予算の最大拠出国であったが、二〇〇五年には拠出額の規模で世界第五位まで下がった。これに対して欧米諸国は九・一一テロ事件を契機に世界的な貧困防止を掲げ、ODAを大幅に増額させている。米国のア

図表4-3◆DAC諸国の政府開発援助実績［2003年、支出純額ベース］

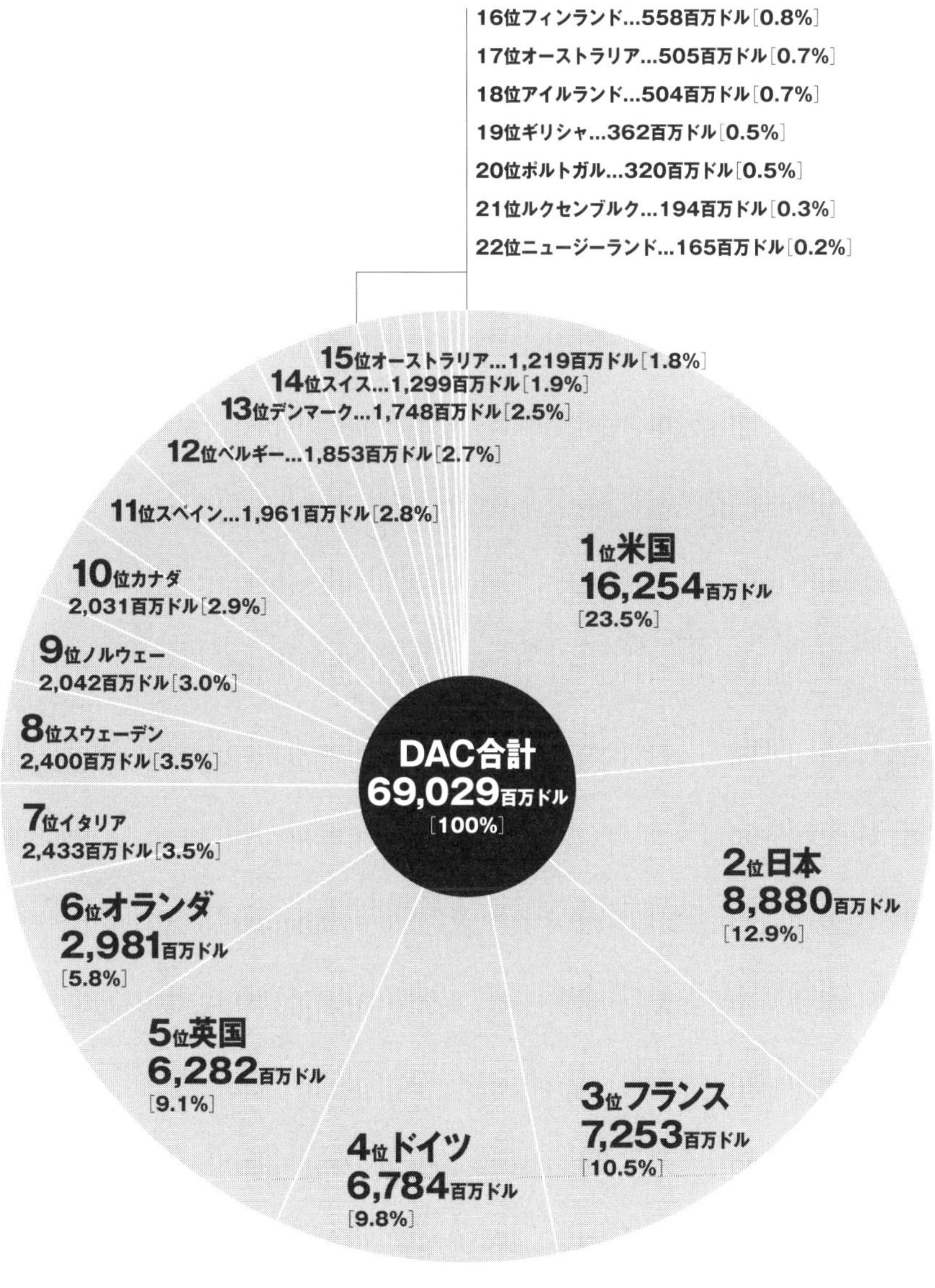

注1＊DAC：開発援助委員会［Development Assistance Committee］
注2＊東欧および卒業国向け実績は含まない。
出典：2004年DAC議長報告。外務省編『外交青書2005』。

フリカ向けの政府開発援助（**ODA**［＊14］）は二〇〇〇年から三年間で四倍以上に増えている。テロ対策の一環としての経済援助は、今後も続くと思われるが、資金を注ぎ込めば貧困がなくなるわけではない。貧困は、政治・経済・社会の諸制度が未整備なことにも原因があり、多くの課題を抱えている。

貧困に苦しむ国や地域では、民族対立や宗教紛争の火種がくすぶっていることが多い。スリランカやフィリピンでは、反政府ゲリラと政府軍との戦闘が激化している。インドネシアやミャンマーでも、民族対立や宗教紛争の火種が残っている。このような国内紛争では、戦闘が終わっても集団間の対立と憎悪が残り、集団が再び武装することも多い。多額の経済援助によって社会的安定と経済的豊かさをもたらそうとしても、内戦が再発すれば、社会と経済の基盤が壊されてしまう。紛争の解決と結びつかなければ、経済援助は期待された効果をもたらさないのである。

4 情報と技術

KEYWORDS
偵察衛星
SIGINT
HUMINT
RMA
情報戦

論点▼▼▼▼▼情報と技術の優位はどこまで人々の安全を担保できるのか

1 軍事情報の重要性と落とし穴

戦略の大家である中国の孫子は、その兵法書で「彼を知り己を知らば、百戦して危うからず」（敵を知り、己を知れ。そうすれば百度戦っても危険に陥ることはないであろう）と説いた。今日でも安全保障の専門家は「情報は力なり」と強調する。敵対国の軍事力や軍事戦略に関して正確な情報を得ることの重要性に、異論を唱える人はいない。しかし、軍事情報は重要であると同時に、軍事情報の収集・分析・利用にはさまざまな落とし穴があることを忘れてはならない。

各国の情報機関は、敵対国に関する軍事情報の収集と分析を行っているが、その組織や活動の内容は秘密にされている。軍事情報の収集は、情報機関のエージェント（スパイ）の活動、航空機や衛星による偵察、通信の傍受などの特殊な手段が使われる。特殊な手段で収集した情報のなかには、国家の安全に重大な影響を及ぼすものも含まれている。一九六二年、ケネディ大統領は米国のU-2偵察機がキューバ上空で撮影した写真を見て、ソ連がキューバに中距離核ミサイルの基地を建設していることを知った。

核ミサイルの建設のような機微な軍事情報の収集と分析は、特殊な手段に依存するが、基本的な情勢判断に必要な情報の多くは公開情報のなかに含まれているといわれている。特殊手段による情報に過度に依存したり、公開情報の分析を軽視すれば、正しい情勢判断はできなくなる。また、軍事的脅威に関する情報は、軍や情報機関のみが独占して国民にまったく知らせないと、国防政策に対する国民の理解が得られない。

今日、技術情報手段は目覚ましく進歩しており、米国は**偵察衛星**(情報収集衛星)[*14]や通信傍受(**SIGINT**[*15])によって、世界各国の機微な軍事情報を大量に収集している。ブッシュ大統領は一般教書演説(二〇〇六年)で、九・一一テロ事件の発生後にハイジャック犯二人が海外のアルカイダ工作員に電話をかけた事実を米国情報当局がつかんでいると述べ、アルカイダ関係者と米国との国際的な通信を傍受する監視計画を承認した。偵察衛星や通信傍受のような技術情報手段を使えば、スパイのような生身の人間が行う情報収集と異なり、客観的で正確なデータを敵に知られずに入手できる。

米国が保有している技術情報手段は、他国の追随を許さぬほどに高度で大規模なものである。にもかかわらず、米国は九・一一テロ事件を阻止できなかった。ケニアとタンザニアの米大使館同時爆破事件(一九九八年)の経験を経て、米国の情報機関はイスラム過激派がアメリカ人をテロの標的にする可能性を懸念し、テロリストの動向把握に精力的に取り組んでいた。しかし、結果的には九・一一テロ事件の実行犯二人は要警戒リストに載せられずに米国への入国を果たした。

米国政府と情報機関は九・一一テロ事件を事前に阻止できなかったことを批判され、深刻な反省を求められた。

技術情報手段への依存度が高まっていたことが反省され、人材を活用した地道な情報の収集と分析の重要性が改めて強調された。情報機関の問題点を調査した独立調査委員会は、テロ発生後に連邦捜査局（FBI）と中央情報局（CIA）の間で機微な情報が共有されなかったことなどの組織上の欠陥があったことを報告し、テロ脅威の深刻さに対する想像力に欠けていたと米国の情報機関を厳しく批判した。この調査委員会の提言を受け、二〇〇四年に国家情報長官のポストが新設された。

超大国の米国ですら、必ずしも必要な軍事情報を十分に入手しておらず、収集した情報の分析評価を誤るリスクを抱えていることは、イラク戦争においても明らかになった。ブッシュ大統領は、イラク戦争の必要性について、イラクが国内に秘匿している大量破壊兵器が米国などの自由諸国の安全に重大な脅威になると説明した。開戦前、パウエル米国務長官は国連安保理で偵察衛星や通信傍受で収集した情報を披露しながら、イラクの生物・化学兵器の脅威が深刻であることを世界に向けてアピールした。イラク戦争後、大量破壊兵器の存在は確認されず、米政府調査団も、大量破壊兵器は存在していなかったと報告した。

このように九・一一テロ事件とイラク戦争は、正確な軍事情報の入手と分析は非常に難しく、情報に関する判断ミスは重大な結果をもたらすことを教えている。技術情報がいかに発達しても、その情報を判断するのは人間である。したがって、人間を介した情報（HUMINT）[＊16]の重要性は、どの時代でもなくならないであろう。しかし、人間である以上、個々人の能力には差があり、同じ情報でも分析する人の主観によって異なる評価が生まれることも少なくない。また、人間は、自分が一度下した判断を途中で再検討しないことが多い。イラクが大量破壊兵器を保有していることを決定的に証明する証拠はなかったのに、過去のフセイン大統領の言動から、ブッシュ政権はイラクが大量破壊兵器を保有していることを疑わなかった。そして、世界の多数の安全保障専門家たちも、同政権と同様の判断を下していたのである。

安全保障の手段としての情報は、このような問題点を抱えているが、軍事情報を入手する技術手段において、米国が独占的な地位にあることは疑いない。特に、偵察衛星と通信傍受は米国の独壇場になっている。軍事力と情報力の両方において、米国の能力は突出している。このようなパワーの一極集中状況の出現は、人類の歴史のなかで稀であり、今後の国際安全保障に及ぼす影響が注目される。米国は同盟国や友好国に軍事情報の一部を提供するが、同盟国と友好国の軍事情勢判断は、米国の情報に左右されることになり、米国の責任は大きい。

2 軍事技術の重要性とジレンマ

人類の歴史は戦争の歴史であるといわれるが、戦争の歴史は兵器の開発競争の歴史でもある。兵器の性能を決めるのは軍事技術であり、軍事技術で優位に立つ側が戦争で勝利する公算が高い。どの国の国防組織も対立国の兵器技術の開発状況には敏感であり、少しでも優位に立とうとする傾向がある。このため、対立する国家の間では、軍備の拡張競争が起こりやすい。しかし、特定の兵器技術で一時的に優位に立っても、対立する国が対抗して軍備を増強すれば、技術的優位は相殺されてしまう。このようにして世界の国々は果てしない兵器開発競争を続けてきた。

軍事技術が世界政治に決定的な影響を及ぼした例として、米国の核兵器開発を挙げることができる。太平洋戦争の末期、激しい抵抗を続けた日本に無条件降伏を決断させたのは、広島と長崎への原爆投下とその惨状であった。桁違いの破壊力を持つ核兵器は、太平洋戦争を終わらせただけでなく、新たに始まった冷戦の展開にも大きな影を落とした。軍事技術で優位に立つことは、戦時のみならず平時の外交上の発言力を増大させる。

多額の費用を投じて新たな兵器を保有しても、それをある国が独占することは難しい。米国の核兵器の開発と製造は、ニューメキシコ州の砂漠に新設されたロスアラモス研究所で極秘裏に行われたが、そのわずか四年後にはソ連も核兵器の開発に成功した。ソ連は非合法手段を使って米国の核技術者の協力を得ることにより、米国の核技術の独占を崩した。ソ連に続いて、英国、フランス、中国も核兵器を開発保有し、一九六〇年代後半になると世界的な核拡散が懸念されるようになった。

冷戦時代を通じ、米ソは激しい核軍拡競争を続けた。米ソは、大陸間弾道ミサイル（ICBM）、潜水艦発射弾道ミサイル（SLBM）、戦略爆撃機のような相手国に届く長射程の戦略核兵器を保有した。米ソは、欧州地域にも中距離の核戦力（INF）を配備した。地球を壊滅させるに十分な破壊力を相互に持ち合った後でも、米ソは相手が自国より優位に立つことを懸念して技術開発を継続した。核軍拡競争が続けば、いずれは核戦争が起きるのではないかと世界に不安が広がり、世界各地で反核運動が起きた。

軍事技術の信奉者たちは、新たな技術開発によって、敵対国の兵器に対抗できると主張する。ソ連が米国を追いかけて核ミサイルを増強した一九六〇年代、米国は弾道弾迎撃ミサイル（ABM）を開発した。「高速で飛んでくる弾丸を別の弾丸で撃ち落す」兵器が技術的に可能なのか、また、そのような兵器は米ソの抑止体制にとってプラスなのかという論争が米国で起きた。米国に対抗してソ連もABM開発に着手したため、核兵器（攻撃兵器）とABM（防御兵器）の双方で軍拡競争が起きそうになった。果てしない軍拡競争を続くことに不安を感じた米ソは、軍備管理交渉を行ない、ABMの開発と配備を制限するABM条約を成立させた。

最終的にABMによる防御を諦めるのであれば、米ソは最初からこのような兵器の開発に着手すべきではなかったという考え方もあろう。米ソがもっと早く交渉を開始していれば、ABMの開発に巨額の資金を投じなくても済んだという見方もあろう。しかし、ABMという特定の兵器の開発が中止されても、この兵器に関連する技術の開発は継続される。ABM条約の成立後、宇宙関連の兵器技術に大きな進展があり、一九八〇年代に入ると、米国ではABMよりも大規模な戦略防衛構想（SDI）

が提唱されたのである。

軍事技術による解決を疑問視する人々は、ソ連の核ミサイルを無力化するためにSDI計画を推進すれば、ソ連の核ミサイル増強をさらに加速させ、核軍拡競争を激化すると批判した。多額の研究費を投じ、結果的に核戦争のリスクを高めるSDI計画は愚かであると彼らは主張した。これに対してSDI推進論者たちは、米国の技術をもってすれば有効なミサイル防衛システムは実現可能であり、ソ連の核ミサイルに怯えている状況から脱却すべきであると反論した。

冷戦が終わり、ソ連の核ミサイルの脅威は遠ざかったが、ソ連（ロシア）以外の国の弾道ミサイルの開発と配備が進んでおり、米国は新たな安全保障環境のなかで、ミサイル防衛計画を推進している。弾道ミサイルの拡散は北東アジア（北朝鮮）、南アジア（インド、パキスタン）、中東（イラン）など、世界規模で起きている。冷戦期のソ連に比べれば、これらの国の弾道ミサイルは射程や精度の面で劣っているが、高速で飛翔する弾道ミサイルの迎撃は今日でも技術的に困難な課題である。

冷戦後、米国は唯一の軍事超大国となり、IT革命に牽引される形で軍事技術革命（**RMA**［＊17］と呼ばれる）が起きている。無人偵察機や偵察衛星を利用した多様なセンサー情報を総合することにより、戦場に関する情報（敵の兵力、装備や展開状況など）を把握する能力が格段に向上している。RMAは、兵器技術、軍隊運用法、軍事組織に大きな変化をもたらし、戦争の形態や性格までも変える可能性がある（日本のミサイル防衛構想については［**図表4-4**］参照）。

九・一一テロ事件後、米国はアフガニスタンのタリバン勢力に軍事攻撃を加えたが、遠隔地の戦況を同時進行で掌握した米軍の能力に、世界の軍事専門家は衝撃を受けた。イラク戦争でも米軍はこの情報ネットワーク能力を駆使し、わずか三週間でイラク全土を制圧した。使われた精密誘導兵器の威力、輸送力や機動力など、あらゆる領域でそれまでの戦争の常識が覆され、一〇年前の湾岸戦争における米軍のパフォーマンスは、早くも時代遅

図表4-4◆BMD［弾道ミサイル防衛］整備・運用構想

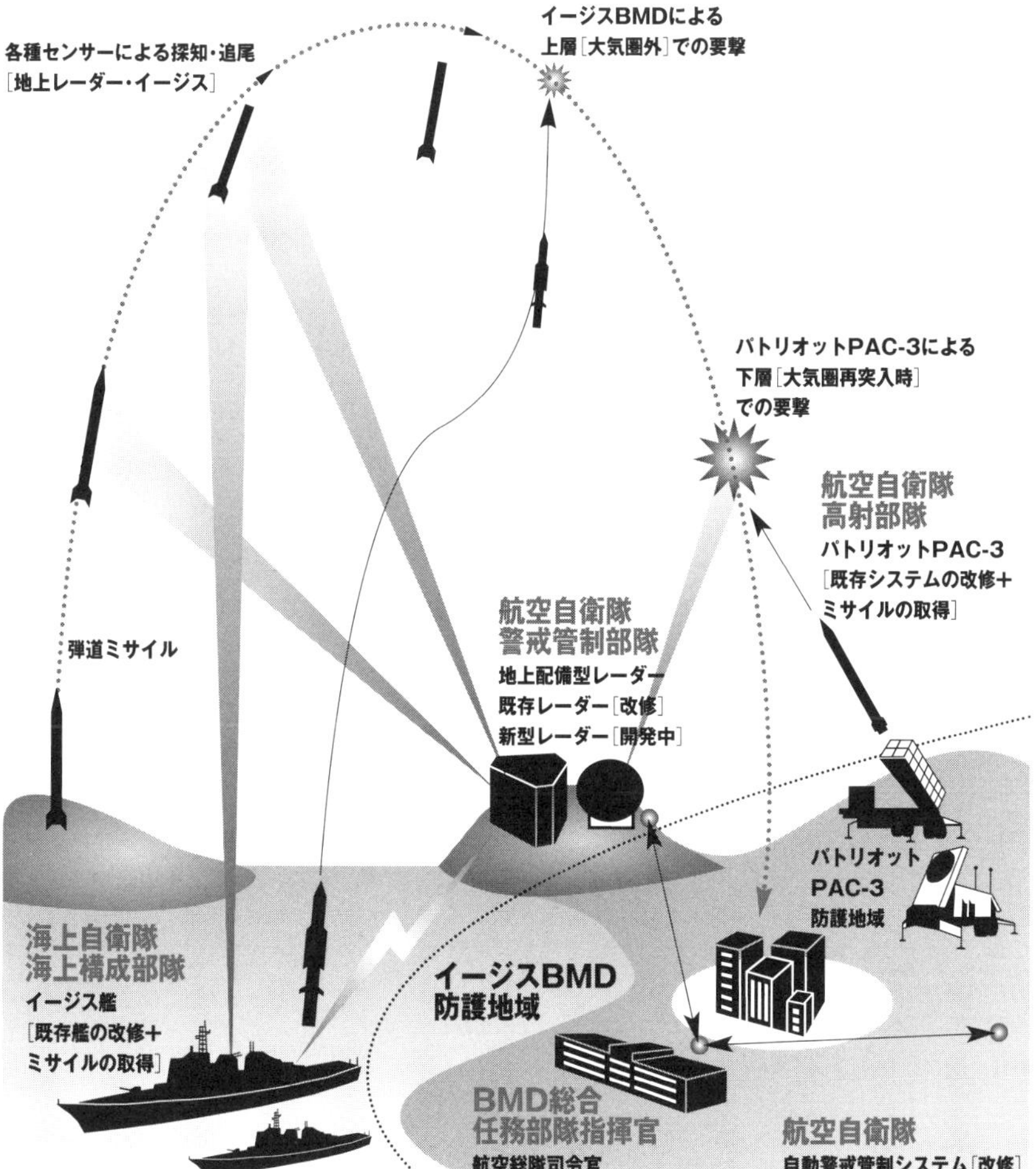

出典：防衛庁編『日本の防衛』平成17年版、149頁より作成。

れになった感がある。近い将来、米軍と正面から通常戦を戦える国が現れるとは考えられず、軍事技術の領域において米国の一極支配が確立したといえる。

米国が世界の保安官として行動すれば、国際平和と秩序は確保されるであろうか。軍事技術の格差がここまで開いてしまえば、米国に挑戦する国は現れなくなると見る人もいる。しかし、まともな戦闘では勝ち目のない国やテロリストたちは、大量破壊兵器やテロなどの「非対称的手段」を選ぶであろう。また、一度戦争になれば、革命的な軍事技術によっても、誤爆などによる死傷者をゼロにすることは難しい。市街戦になれば、民間人の犠牲は避けられない。米軍はイラクで迅速な勝利を実現したが、新生イラクでは治安が確保されず、占領中の米軍兵が襲われて多数の死傷者が出ている。軍事技術という手段だけで、安全を確保することはできないと思われる。

3 情報と技術をめぐる民主国家の課題

安全保障の重要手段として情報と技術を活用していくうえで、民主国家は強さと弱さを併せ持っている。民主国家は開放的な政治社会体制を敷き、市場経済の下での自由競争を通じて個人と国家の発展を目指す。開放体制は政治的自由と経済発展には有利だが、閉鎖体制を敷く独裁国や世界各地に潜むテロリストから安全を守るうえでは弱点を抱えている。

冷戦時代は、閉鎖体制を敷く東側陣営は自国民への情報を制限し、西側への情報流出を厳重に統制した。そのため東側陣営のなかで何が起きているか、西側にはわからなかった。西側陣営は情報の公開や報道の自由が認められていたため、東側は公開情報を通じて西側の重要情報を容易に収集できた。両陣営ともに相手側の国にスパイを送り込んだが、東側の国々では国家の秘密警察が一般市民の日常生活を細かく監視する体制をとっていたため、西側諸国のほうが不利な状況にあった。

国内世論の影響という点に関しても、東側に有利な面があった。冷戦中は米ソ間の核軍備管理交渉が重要な安全保障政策になっていたことはすでに述べたが、米国側は自国内の世論に神経を使いながら、ソ連と交渉せざるを得なかった。交渉結果に対する世論の評価はさまざまで、そのときの政権に対する評価にも影響が及んだ。ニクソン政権がまとめたSALT-I協定（一九七二年）は米国民に高く評価されたが、カーター政権がまとめたSALT-II条約は米国内で厳しく批判され、カーター大統領は上院における批准を途中で諦めた。一九八〇年代初めの中距離核戦力（INF）をめぐる交渉では、INFの配備が予定されていた西ヨーロッパ諸国で一般市民による反核運動が起こり、INF交渉に取り組んでいた米国にとって大きな負担になった。国内の監視体制が厳重なソ連や東欧諸国では、そのような市民運動や国内世論の影響を受けないばかりか、種々のプロパガンダによって西側諸国の反核運動を煽った。**情報戦**[*18]においてはソ連側に有利な状況があった。

一方、東側陣営にも弱点はあった。社会主義政策を採用する独裁体制は年を重ねるなかで次第に硬直化していき、経済成長は停滞した。東側の研究者や技術たちは、国家の厳格な指令の下に生活と研究環境において特別に優遇されたが、彼らの活動は特定の国家目的に結びつけられ、一定期間内に成果を出すことが求められた。西側では民間の自由な競争や個人の独創的なアイデアが尊重され、市場経済原理に基づく経済発展が西側の技術開発を後押しした。結果的には情報の質と技術の水準において、東側は西側に遅れをとることになった。冷戦後も閉鎖体制をとる国々は技術的に遅れており、技術水準の低さは情報力の低下につながっている。

冷戦期から今日までの流れを振り返ると、今後も情報と技術をめぐる競争において、開放体制をとる民主国家が有利なことは間違いないと思われる。しかし、開放体制は情報と技術の管理に関しては、困難な課題を抱えている。人、金、モノの自由な移動を前提とする民主国家では、「ならず者国家」のスパイやテロリストの活動は容易である。民主国家にも、スパイやテロリストの活動を監視する機関は存在しているが、閉鎖体制を敷く独裁国家と異なり、基本的人権に配慮することが求められるため、その活動には一定の制約がある。

テロの脅威が増大しているため、近年、世界の多数の国が情報機関の拡大や情報活動の強化に向けて取り組んでいる。一般市民のなかに紛れ込むテロリストを探し出すためには、国民生活全体に対する国家の管理体制を強化する必要があるが、市民の自由や人権を重視する人々からは、対テロ対策の強化が国家による管理体制の強化に結びつくことを警戒する見解が出されている。英国では二〇〇五年のロンドンでのテロの後に反テロ法が制定されたが、人権上の問題があるという批判が国内で浮上した。米国には個人のプライバシーを尊重する伝統があるが、イスラム過激派によるテロの再発を恐れるあまり、米国内のイスラム教徒の日常活動に対する警戒心が高まっている。もしテロ対策の名のもとに人権を軽んじた捜査や取り調べが行われるようなことがあれば、穏健で善良なイスラム教徒を敵に回しかねない。

5 ソフトパワー

KEYWORDS
ハードパワー
ネオコン
国際世論
ポップカルチャー
文明の衝突

論点▼▼▼▼▼ソフトパワーは、真に外交政策の有効な手段となりうるか

1 ハードパワーとソフトパワー

ソフトパワーとは米国の国際政治学者ジョセフ・ナイが作った言葉であり、ある国家が、その魅力によって自国が望む結果を他国から得る能力である。物理的強制力で敵を屈服させる軍事力（**ハードパワー**［*19］）とは異なり、援助のような物質的見返りで相手を動かす経済力とも異なる第三のパワーである。冷戦中に「鉄のカーテン」（社会主義陣営）の向こう側の若者が、自由ヨーロッパ放送で米国のニュースや音楽を聞いているうちに、自由世界に次第に親近感を抱くようになったのは、米国のソフトパワーを示す例である。軍事手段や経済手段に訴えなくても、米国の魅力や価値観を他国に浸透させていけば、米国に対する好意感が高まり、米国のみならず世界の安全保障にとってプラスの効果があると、ナイに代表

されるソフトパワー論者は主張している。

ソフトパワー懐疑論者は、国家のパワーとは、軍事力や経済力のように数値で表わせる実体のあるものによって支えられていると考えている。彼らは、魅力というようなつかみどころのないものを、安全保障の手段のひとつとすることを嫌う。ある国家のソフトパワーがどの程度の大きさかを測定することは難しい。先進国のマスメディアやギャラップ社のような世論調査を専門とする機関が行なう調査では、ある国に対する高感度や嫌悪度が数値で示されるが、質問の仕方や時期によって世論調査の結果は大きく異なるものである。ソフトパワーというパワーの重要性を認めながらも、ソフトパワーは安全保障の有効な手段にはならないと考える人は少なくない。

米国のいわゆる「**ネオコン**」[＊20]と呼ばれる人々は、唯一の超大国である米国は、世界の安全保障秩序を維持していくために、その卓越した軍事力を効果的に活用すべきであると主張する。彼らは、民主主義を世界中に拡大していくことが世界の安全保障をもたらす道であり、米国単独でもそのような政策を追求すべきであると論ずる。ネオコンたちは、民主化の拡大過程で米国に反発を感じる国や勢力がいたとしても、将来的には米国の政策の正しさが理解されるものと考えている。「問題のある国々に対して米国は強硬な政策をとる必要がある。その結果、米国が帝国であるといわれるのであれば、それでもいい」と主張する人もいる。

ソフトパワー論者は、このような単独行動主義は米国の傲慢さを示すものと世界から受け止められ、米国の国益にとってマイナスであると考えている。ソフトパワー論者は、イラク戦争を契機にして、外国から見た米国の魅力が大幅に低下したことを重大視している【**図表4-5**】。イラク戦争と前後して、多くの欧州諸国では米国に対する支持が大きく低下した。イスラム諸国では、米国への支持はさらに少なく、反米感情が高まっている。ソフトパワー論者は、米国は**国際世論**[＊21]の動きを謙虚に受け止めるべきであり、米国が独善的に振る舞えば、米国は世界の諸国の支持を失うことになると警告している。

図表4-5◆イラク戦争を世界諸国はどう見たか

［単位：%］

		オーストラリア	カナダ	英国	フランス	ドイツ	インド	マレーシア	ロシア	米国	日本
イラク戦争が世界に与えた影響は?	世界はより平和になった	34	29	22	9	23	23	31	16	48	15
	世界はより危険になった	49	58	55	82	72	72	53	77	36	72
	わからない・回答なし	17	13	23	9	5	6	16	7	16	13
イラクへの武力行使をどう見るか?	武力行使は正しかった	62	46	54	27	28	29	8	18	68	36
	武力行使は正しくなかった	31	41	31	65	68	69	68	73	20	49
	わからない・回答なし	7	12	15	8	4	2	24	8	13	15
テロの脅威は小さくなったか?	脅威は小さくなった	24	26	20	12	15	32	23	16	44	13
	脅威は大きくなった	69	67	71	82	81	65	54	81	47	79
	わからない・回答なし	7	7	9	6	4	3	23	3	10	8
欧米間の亀裂は修復されるか?	修復は容易だと思う	50	46	38	43	37	47	20	42	45	32
	修復は困難と思う	45	45	51	47	58	43	40	44	44	64
	わからない・回答なし	5	9	11	10	5	10	40	14	11	4
イラク戦争後の対米認識は?	対米認識は良くなった	18	18	16	9	8	23	6	5	42	8
	対米認識は悪くなった	31	35	28	52	61	67	57	57	14	50
	変化なし	48	40	50	36	29	8	15	35	37	40
	わからない・回答なし	3	7	6	3	2	2	22	3	7	2

出典：Gallup International, *Post War Iraq 2003 Poll*より。

ソフトパワーの効果を懐疑的に考える人々は、ソフトパワー論者が米国の人気の高低を重視することは間違っていると考える。米国が超大国である以上、米国を嫌悪する国や勢力が存在することは避けられず、反米感情の緩和によって米国の安全保障を高めることはできないと考えている。これに対してソフトパワー論者は、超大国という地位にあっても、米国が適切な政策をとれば、広がりつつある反米感情を和らげ、新米勢力を増やすことは可能であると主張する。第二次大戦が終わった直後、多くの国が戦争で疲弊して困窮状態にあったときに、米国のみが豊かな超大国として存在したが、多くの自由諸国は世界政治における米国のイニシアティブを歓迎し、米国の政策を支持した。

ソフトパワー論者は、九・一一テロ事件後の世界でソフトパワーは決定的に重要になると述べている。テロとの戦いが続くなかで、米国一国では対処できない問題が増えていく。彼らは、強大な軍事力を背景にして米国が意のままに戦争を繰り返していけば、諸外国は米国から離れていくと危惧する。テロとの戦いを効果的に進めるためには、米国は諸外国からさまざまな協力を得る必要があり、多国間の協力を促進していかなければならない。米国が世界から嫌われ、不信感を抱かれていては、このような国際間の協力は不可能になる。ソフトパワー論者は、情報革命によって軍事的脅威が国境を潜り抜けて拡散していることを重視し、テロとの戦いに勝つためには、ソフトパワーとハードパワーの両方を効果的に活用することが必要であると主張する。彼らは、狂信的なテロリストには軍事力で対処し、ソフトパワーを駆使して米国は味方を増やすべきであると考えている。

ソフトパワーという言葉が頻繁に使われるようになったのは、冷戦が終わってからであるが、人を動かすパワーの重要な源泉のひとつに人間の魅力があることは、人類の歴史を振り返れば容易に確認できる。人を動かし、人を支配するにはどのような手段が効果的かという問いは、古今東西の国家の支配者や指導者たちが必ず直面する問題であり、政治の世界における永遠の課題でもある。

紀元前一世紀、エジプトの女王クレオパトラは美貌を武器に支配力を高めて君臨した。魅力によって人が動かされることがあることは事実であるが、強制的なパワーが最も重要だと考える人が多いことも間違いない。一六世紀、ルネサンスの政治思想家マキャベリはイタリア諸侯に対して、「君主は、愛されるよりも恐れられるほうが重要である」と説いた。九・一一テロ事件の首謀者とされるオサマ・ビン・ラディンは「人々は弱い馬より、強い馬が好きなのだ」と述べたと伝えられる。

2 文化のパワー

ソフトパワー論者は、ソフトパワーを生み出す力として教育や文化の魅力を重視する。外国に留学する学生は、留学先の大学や高校で教育を受ける過程でその国の政治制度や社会の慣習に慣れ、友人を作る。世界中から多くの留学生が集まる米国は、世界最大のソフトパワー大国としての資源を持っている。米国の一流大学に留学する人々は、本国に戻ってからさまざまな分野でその国の指導的立場に立つことが多い。彼らが米国のよき理解者としてその国をリードし、米国との友好関係を築いていけば、米国の国益のみならず世界の平和と安定にも大きなプラスになるとソフトパワー論者は期待する。

特定の科学研究や技術習得のための留学であっても、ある程度の期間にわたって生活すれば、その国の優れたところやよい点を自然に学ぶのが普通である。一般的には科学技術が発達した先進国に留学するケースが多いが、途上国の社会や文化に魅力を感じて留学する研究者や若者もいる。今日、さまざまな国や地域の間で異文化交流が広がっており、国籍や民族の違いにとらわれず、世界的な視野と行動力を有する人が増えている。そのようなコスモポリタンが増えていけば、国家や文化の相違による摩擦は少なくなり、世界の紛争要因が緩和されるかもしれない。

しかし、ある国に留学し、その国の文化を学ぶことによって、ソフトパワー論者が期待する効果が常に現れるとは限らない。韓国の初代大統領になった李承晩は、ハーバード大学に学び、プリンストン大学から博士号を受けた俊才であったが、米国政府の意向に逆らって韓国の憲法を私物化し、独裁体制を永続させようとした。憧れと期待を抱いて米国に留学してくる学生のなかには、米国の生活に馴染めず、次第に米国に反感や嫌悪を抱く人々も少なくない。また、最初から反米的でありながら、世界最先端の科学技術を習得するために、米国の大学や研究所に留学する人々もいる。米国で学んだ技術や知識をもとにして、本国に戻ってから大量破壊兵器の開発などに取り組むようなことがあれば、その留学生の受け入れは米国の安全保障にとってマイナスに働く。

ポップカルチャー(大衆娯楽文化)[＊22]も、若者を中心にした国際的な伝播力の点で有力なソフトパワーになり得る。今日、映画やアニメなどは、国境を超えて世界市場に出回っている。米国の映画やポップミュージックはイスラム諸国にも普及しており、文明を超えて浸透している。ミッキーマウスのようなキャラクターは、世界の子供たちの共有財産になっている。日本のアニメも人気が高く、日本を訪れたことがなくても、ポケモン、ドラゴンボールZ、ピカチュウのファンは世界中にいる。

ソフトパワー論者は、ポップカルチャーの拡大は、その国の文化に対する親近感を高め、安全保障を含む対外政策に、プラスの効果をもたらすと考えている。ポップカルチャーは民間人の手によって作り出され、政府の介入を経ずに世界に伝わる。自国の映画やアニメに国際的な人気が高まり、親近感が高まれば、諸外国との交流がスムーズになる面はあるだろう。しかし、それが安全保障にどのような影響を与えるかは個別に判断されるべきであると思われる。たとえば、北朝鮮の金正日総書記は米国映画を好んで観ていると伝えられるが、それが北朝鮮の核開発政策に影響を与えるとは考えられない。ルワンダの内戦では、米国のロゴの入ったTシャツを愛用していた民兵たちが大虐殺を行った。近年のイランでは、欧米のポップカルチャーに親近感を持つ若者が増えているが、そのことが厳粛な聖職者の反米感情を刺激している面もある。

米国の著名な国際政治学者サミュエル・ハンチントンは、冷戦後は異なる文明の間に衝突が起きやすいと論じた「**文明の衝突**」[＊23]。文化が原因となって、国家間や民族間の摩擦が高まる可能性は否定できず、特に強大国が異文化を押しつけてきたと受け止められた場合は、それだけで紛争の種にもなる。オサマ・ビンラディンは、米国からやってきた異教徒の軍隊が、イスラムの聖地が存在するサウジアラビアに駐留していることに対して、激しい敵意を抱いたという。

自国に対する警戒や敵対意識を緩和するうえで、文化の伝達は確かに一定の役割を果たしている。しかし、そのようなソフトパワーを、外交政策の効果的な手段として使えるかどうかが問題である。ある国の文化に対する好感を個人が抱いていても、その国との間に深刻な対立が生まれれば、国家全体としては敵対的行動をとることになるだろう。

文化には人を動かすパワーがあることは確かであるが、そのようなパワーを政府が管理したり、操作することは本質的に難しいと思われる。広報外交にもっと力を入れれば、ソフトパワーの効果を高められると考える人もいる。ブッシュ政権は広報外交用の予算を増大させ、中東各国でアラビア語のFM放送を流したり、若者向け雑誌を発行するなどして、イスラム世界に高まった反米感情を緩和しようと努力している。だが、政府が海外向け放送の強化やインターネットの効果的活用にどんなに努力しても、その文化をどう受け止めるかは、受け手である外国の人々の主観にかかっているのである。

3 欧州のソフトパワー

ソフトパワーは米国だけの専売特許ではない。世界各国の文化にはそれぞれ独自の魅力がある。特に欧州諸国は早くから近代政治制度を確立し、豊かな歴史と文化が残る諸都市は世界の人々の関心を集める。欧州の美術、文学、音楽、デザイン、ファッション、料理に憧れを抱く人は多い。欧州には陸続きで多数の国があり、個々の国は単独では米国に対抗できないが、地域全体の市場規模は米国に匹敵する。ソフトパワーの競争において、欧州は米国のライバルになる素地がある。

冷戦中の欧州大陸は東西両陣営に二分されていたが、冷戦後はイデオロギー対立が解消し、民主主義体制のもとで経済発展を続けている。欧州の経済統合は加速されており、欧州連合（EU）は二〇〇七年には二七カ国に拡大した。単一通貨ユーロ、共通パスポート、域内留学など、人・モノ・サービスのすべてにおいて国家間の障壁がなくなろうとしている。

英国のブレア政権は、国策としてソフトパワーの強化に乗り出している。ブレア政権は、国家文化機関や国際交流機関などの広報機関を通じて、英国の対外イメージの向上に意欲的に取り組んでいる。英国政府は文化人や財界人と連携し、英語、デザイン、アートなど、英国が世界に誇る文化を大々的に宣伝し、留学生の誘致、通商使節団の派遣、イベントの開催などの諸活動を活発に展開している。

ソフトパワー論者は、共通の政治制度や価値観がソフトパワーの源泉になると考えている。今日のEUの発展の背景には、欧州の統合と再生という長年の夢と目標があった。冷戦後、旧東欧諸国が相次いでEUに加盟し、欧州統合が加速されたことにより、欧州地域の安全保障環境は大きく改善された。陸続きで多数の国が隣接しており、個々の国家と市民の利害は必ずしも一致していないが、社会と経済が統合された欧州で本格的な軍事紛争が起こることは考えにくい。

冷戦後、欧州諸国の国防費と兵力は大幅に削減されており、欧州のハードパワーは決して強くない。米国の国防専門家たちは、欧米間の軍事力に大きな格差があることを問題視しているが、力まかせの単独行動に走りやすい米国とは異なり、欧州諸国の人々は、国際連合などの国際機関を通じた協議や説得という手法を活用して、国際平和を達成しようと努力している。欧州諸国がそのソフトパワーを発揮し、現在の国際秩序に対する一部の国や勢力の不満を和らげることができれば、世界の安全保障にとって大きなプラスになるだろう。

しかし、欧州のソフトパワーはどこまで効果を発揮するだろうか。湾岸戦争後、米国とイラクの対立が続くなかで、欧州諸国は独自にフセイン政権に働きかけた。経済制裁によるイラク国民の窮状が国際問題化した一九九〇年代半ば、フランスは国連に働きかけ、食糧や医薬品の購入という目的に限定してイラクの石油輸出を再開させた。フランスの働きかけによって、フランスに対するイラクの人々の高感度は一時的に高まったかもしれない。しかし、経済制裁が緩和された後も、フセイン大統領の反欧米的な姿勢は基本的に改まらなかった。そもそも、イラクの人々がフランスの文化や制度にどこまで魅力や親近感を感じているかは分からない。

イラクの大量破壊兵器の脅威を理由に、ブッシュ政権が武力行使の必要性を唱えたとき、多数の欧州諸国は国連監視検証委員会（UNMOVIC）が査察を継続することを主張した。UNMOVICのブリクス委員長（元スウェーデン外相）は、大量破壊兵器が確認されていない段階で軍事力を行使することは時期尚早であると述べ、ブッシュ政権との立場の違いを表明した。しかし、このような欧州諸国の対応によっても、国際査察に非協力的なイラクの姿勢が変わることはなかった。

国際危機や国際紛争を解決するうえで、欧州のソフトパワーが大きな力を発揮するとは思えない。欧州諸国にとってソフトパワーが重要な意味を持つのは、国内の移民との関係においてではないか。欧州諸国には、イスラム諸国から多数の移民が住んでおり、彼らがそれぞれの国や社会で良き市民として定住するかどうかは、重要な安全保障の課題である。米国のイラク戦争突入にフランスとドイツが反対した理由のひとつは、国内にいるイスラム系市民への配慮であった。

イスラム系移民が欧州の政治制度や文化の受け入れを拒否し、彼ら独自の生活空間を作っていくようになれば、欧州諸国は国内に不安定要素を抱え込むことになる。もし彼らが欧州の文化や価値観を嫌悪し、テロリストの仲間入りをするようなことがあれば、欧州統合によって高まると期待される安全感は消し飛ばされてしまうだろう。経済が悪化し、失業率が高まるときは、雇用の競争をめぐって移民問題は深刻化する。当初は欧州の生活に憧れて移り住んできた人でも、文化的な相違に直面したり、社会から差別的待遇を受ければ、反社会的な人間になることがある。

第4章 日本の視点
日本の安全保障の手段——可能性と限界

太平洋戦争の体験を経て、日本は新たに平和国家として再出発した。日本国憲法第九条一項では、「武力による威嚇または武力の行使は、国際紛争を解決する手段としては、永久にこれを放棄する」と記された。憲法に掲げられた平和主義は戦後の日本に根づき、軍事力（防衛力）の役割を極力小さくすることが望ましいという考え方が国民全体に広がった。

冷戦中の日本は米国との同盟に大きく依存しつつ、ソ連の軍事的脅威に対応した。核兵器の脅威に対して日本は米国の核抑止力に依存し、日米安保体制の枠組みのなかで防衛力（通常戦力）の整備計画が進められた。自衛隊の役割は外国からの侵略の抑止と対処に限定され、自衛隊が日本の周辺諸国の脅威にならないよう、専守防衛の体制が維持された。

冷戦後の日米安保共同宣言（一九九六年）では、アジア太平洋の平和と安定が日米同盟の課題として提示された、九・一一テロ事件後はテロとの戦いに向けて、同盟関係が強化されている。自衛隊の役割に対する日本人の認識は、湾岸戦争（一九九一年）の経験を通じて変化した。日本は大規模な資金を投入したが、国際的にはほとんど評価されなかった。その反省に基づいて、国連平和維持活動（PKO）などを通じた国際貢献論が浮上し、自衛隊の海外派遣が行われるようになった。カンボジア、モザンビークなどのPKOには自衛隊の部隊が参加した。また、大規模災害の際に、自衛隊が派遣されることも多くなり、内外の安全保障に関与する自衛隊の役割は多岐に及んでいる。

北朝鮮の核兵器とミサイルの開発を受けて、日本は米国とミサイル防衛技術の共同研究を行い、二〇〇〇年末にミサイル防衛システムの導入を決定した。ミサイル防衛の技術的有効性については、米国と同様に日本でもさまざまな見方がある。

経済発展と平和主義を目標にした戦後の日本は、経済外交、国連中心外交、軍縮外交を推進した。日本は、アジア諸国を中心に世界の途上国に経済援助を行い、西側陣営の経済社会基盤の強化に貢献した。日本は先進国首脳会議（サミット）のメンバーとして、国際経済の発展に貢献した。日本は多額の国連分担金を負担し、米国とともに財政面で国連を支えてきた。冷戦が終わる頃にバブルが崩壊し、日本の資金力は下がったが、それでも日本の経済力は大きい。国連分担率で第二位という実績を背景にして、日本は常任理事国入りを目指しているが、世界から必要な支持をまだ得ておらず、常任理事国入りの展望は開けていない。

冷戦期の日本では、安全保障のために非軍事的手段を活用するという考え方が強かった。大平内閣のときに提示された総合安全保障戦略では、経済・教育・文化等のさまざまな分野で内政の充実を図るとともに、経済協力、文化外交などの外交努力を強化して、総合的に日本の安全を図ることが目指された。諸外国に対する日本のODA供与は、対象国の社会資本（道路や発電など）の整備を主眼としていた。それらは途上国の社会基盤の強化に寄与したが、安全保障への貢献は間接的であった。

冷戦後の日本は、安全保障対話や予防外交などの、新しい課題に取り組んでいる。日本はASEAN地域フォーラム（ARF）の発足当初から、アジア太平洋諸国間の安全保障対話の活発化に向けて外交的支援をしてきた。日本政府は予防外交に取り組む姿勢を見せており、民間でも「日本紛争予防センター」のような非政府組織（NGO）が設立されている。

世界の多数の国と同様に、冷戦後の日本は大量破壊兵器とミサイルの拡散が重要な国防政策課題である。北朝鮮に対しては、拉致問題が未解決のまま残されていることの影響もあって、日本の世論が厳しくなっている。北朝鮮に対して経済制裁を実施すべきであるとの議論が沸き上がっているが、経済制裁の効果や適切性に関する議論はさまざまである。制裁の効果に期待する人々は多いが、効果がないとする見方もある。制裁は北朝鮮の姿勢を硬化させ、暴発のリスクを高めるとする警戒論もある。

日本の情報と技術は、やはり敗戦体験から影響を受けている。戦後の日本では情報機関は予算とマンパワーが小規模に抑えられており、インテリジェンスによる軍事情報の収集力はあまり高くはない。日本は、スパイ防止のためのカウンター・インテリジェンスの面でも多くの問題を抱えており、機密情報の管理体制の強化が課題とされている。

日本の情報収集は米国に頼る部分が多いが、二〇〇三年に日本初の情報収集衛星が打ち上げられ、情報能力の強化が目指されている。きっかけとなったのは一九九八年の北朝鮮のテポドンの発射で、日本独自の衛星による情報収集能力の必要性が認識された。

欧米では、軍事技術と民生技術の間に双方向性があり、軍事技術から民生技術への転用（スピンオフ）も珍しくないが、日本では先端技術の開発は民間の企業や技術者たちが中心になって進められてきた。日本の技術開発は、冷戦中は「武器輸出三原則」という制約があったが、冷戦後はミサイル防衛に関する米国との共同開発計画が契機になって、「武器輸出三原則」の緩和が議論されている。日米安保体制を防衛政策の柱としている日本は、米国の軍事技術の発達に歩調を合わせることが求められ、米国で進行中の軍事革命（ＲＭＡ）に対応していく必要がある。

冷戦後、世界の国々でソフトパワーの重要性に注目が集まっており、日本でも「日本のソフトパワーを活かそう」という提言や議論が活発に行われている。日本の大学に留学する人の数は、フランスやドイツと比べてはるかに少ないが、留学生たちが日本の社会や文化に好感を抱いて帰国するか否かは、その国々との日本と将来の関係にとって重要である。

日本のポップカルチャーは世界的に人気が高く、日本のイメージ向上に役立つことを期待する人は多い。軍事的手段や外交的圧力を利用するよりも、日本の文化への親近感の高まりが、敵対国や敵対勢力の減少につながることを願う議論が多い。一般的に日本人は外国人に対して自分の思想や行動を説明することが不得手であり、表現力の不足によって誤解されることも少なくない。日本の人気アニメなどを通じて、日本の社会や日本人の考え方が世界の人々に理解されれば、日本の外交政策にとってプラスに働く部分はあるだろう。しかし、ソフトパワー大国である米国でさえも、ソフトパワーを安全保障に効果的に結びつけることは容易ではなく、日本がそのソフトパワーを安全保障に活かせるかどうかは定かではない。

KEYWORDS解説

1 軍事力

［＊1］
戦争の民営化

従来、国家の軍隊が担当してきた任務を民間企業が代行すること。冷戦後の紛争では、多数の民間会社が食料・燃料輸送などの後方支援、兵士の訓練、実際の戦闘に従事している。企業の数と活動範囲は拡大しているが、国際法上の地位は曖昧で問題が多い。

［＊2］
抑止

攻撃意図を持つ敵に対して、耐え難い報復攻撃を行うと威嚇したり、攻撃は成功しないと伝えて、攻撃の開始を断念させること。抑止の失敗は戦争を意味する。冷戦中は、核戦争の抑止が国際安全保障の最大目標であった。

［＊3］
対処

抑止が失敗して敵国が攻撃を開始した際、自国や同盟国の攻撃戦力と防御戦力によって敵に反撃すること。抑止とともに軍事力の基本的な役割の一つ。自国の国土と国民への被害を最小限にし、迅速な戦勝を達成することが目標とされる。

［＊4］
ジハード

一般には、イスラムの防衛と拡大のための戦いを意味し、聖戦とも呼ばれる。戦争が許されるのは、イスラムの信仰が脅かされたときとされるが、アルカイダを率いたオサマ・ビンラディンは、対米テロ攻撃をジハードとして正当化しようとした。

2 政治・外交手段

［＊5］
宥和政策

外交交渉における敵対国への譲歩は、戦争の回避に結びつくこともあれば、敵対国を増長させて戦争への道を加速することもある。外交交渉の妥結に妥協は欠かせないが、理不尽な要求への寛大な妥協は宥和政策と呼ばれ非難される。

［＊6］
軍備管理

兵器の開発配備競争が激化して戦争へエスカレートしないように、敵対国間やライバル国間で協議による規制を行うこと。冷戦中の米ソは、戦略核兵器や中距離核戦力の規制交渉を行い、東西間の核戦争勃発を阻止しようと試みた。

［＊7］
会議外交

国家の最高指導者、閣僚、外交官らが、会議の場で行う外交の一形態。その目的は、戦争の回避や講和条件のような国家の岐路を決めるものから、友好国間の協力推進まで幅広い。近年はNGOなどが国際会議に参加する例も増えている。

［＊8］
予防外交

国家間や国内で紛争が起きる前に、紛争要因を除去ないし緩和して、平和を維持しようとする外交。冷戦後の国連の新たな役割として提示され、早期警報、予防展開、非武装地帯設置などの措置が予防外交の手段とされている。

［＊9］
強制外交

説得や取引による外交とは異なり、武力の威嚇や武力の行使によって対象国に妥協を強制する外交の一形態。外交接触を継続しながら、対象国に武力行使を限定的かつ段階的に行い、目的達成とともに武力行使を終える。

3 経済的手段

［＊10］
経済制裁

国際法に違反したり、国際社会の安全を脅かす国に対して、経済的手段を使って圧力を加え、その国の政策を変更させる試み。輸出入の停止、在外資産の凍結、経済協力の停止などが制裁手段として使われる。軍事手段の代替策として試みられることが多い。

［＊11］
輸出管理

ハイテク兵器やその関連資機材・技術が、国際秩序の破壊国に入手されぬように自国の輸出を厳重に規制すること。大量破壊兵器やミサイルの拡散を阻止するための輸出管理が、先進国間の協力によって実施されている。

［＊12］
経済援助

途上国の経済基盤整備や貧困救済のために、先進国や国際機関が行う資金・物品の援助。冷戦中、東西両陣営は競い合って途上国に経済援助を続けた。冷戦後は内乱などで国内秩序が破綻した国への援助が国際安全保障上、重視されている

［＊13］
ODA

経済援助の中心となる政府開発援助のことで、有償・無償の資金協力がその内容。途上国の経済開発と貧困救済として始められたが、テロ対策の一つとして、安全保障の観点から途上国の経済社会基盤の整備が重視されている。

4 情報と技術

［＊14］
偵察衛星

敵対国の上空から、写真撮影などによって軍事情報の収集を目的とする衛星。敵対国や懸念国の軍事状況を判断する最重要手段の一つである。軍備管理条約の検証や、大規模災害時の状況把握においても重要な役割を果たす。

［＊15］
SIGINT

信号情報のことで、通信システムの信号源から情報を得る通信情報（COMINT）と、通信システム以外の電子的放射を収集・分析する電子情報（ELINT）からなる。テロリストの動向把握の重要手段であるが、一般市民のプライバシー保護という課題もある。

［＊16］
HUMINT

偵察衛星のような技術手段ではなく、情報機関の人間の活動と判断に依存する情報収集のこと。情報機関のスパイは、敵対国家や敵対勢力の内部に入り込んで情報を集収・分析する。スパイの歴史は古代までさかのぼるが、今日も重要な役割を果たしている。

［＊17］
RMA

米国で進行中の軍事革命のこと。情報、通信、宇宙の分野における技術進歩によって、指揮統制、精密誘導、大量データの蓄積・処理・伝送などの能力が飛躍的に向上しており、これまでの戦争の常識を覆すような変化が起きている。

［＊18］
情報戦

危機時や戦時に行われる心理・宣伝戦。敵対国の状況を不利に、自国の状況を有利にするため、意図的な情報の流布や規制が行われることがある。特定の考え方や判断を植えつけるために行う情報操作は、プロパガンダと呼ばれる。

5 ソフトパワー

［＊19］
ハードパワー

物理的強制力を持つ軍事力や、資金援助などを可能にする経済力のこと。ソフト・パワーと対置されて議論されることが多い。国家や文化の魅力のような感性的なものと異なり、実態的なもの（兵器数や援助額）に裏づけられたパワー。

［＊20］
ネオコン

米国の価値観や制度（自由、民主主義、人権）を世界中に広めるため、諸外国に対する米国の積極的関与を主張する人々。ブッシュ政権の要職を占め、イラク戦争開始の推進力になった。単独行動主義の傾向が強いとの批判が向けられている

［＊21］
国際世論

民主国家では選挙が政権の基盤にあり、国内世論が安全保障政策に大きな影響を及ぼす。国際世論の影響はより曖昧かつ複雑で、国際世論に逆らって国益を追求される場合も少なくない。独裁国家は国内外の世論を軽視する傾向が強い。

［＊22］
ポップカルチャー

高い芸術性が評価される古典文学や巨匠の音楽・美術作品などと異なり、一般庶民が日常生活のなかで気軽に楽しむ現代音楽や映画などの娯楽文化。日本で起きた「韓流ブーム」は、韓国のドラマや映画への人気がもたらした。

［*23］

文明の衝突

冷戦後の国際社会の紛争は、イデオロギーや国家間の対立ではなく、異なる文明間の対立により引き起こされるとする議論。米国の政治学者ハンチントンが提唱し、西洋文明はイスラム文明から重大な挑戦を受けている警告した。

武田康裕
Takeda Yasuhiro

第5章

どのように安全を担保するのか

方法

1 勢力均衡と同盟

KEYWORDS
勢力均衡
見捨てられ・巻き込まれ
集団防衛
集団安全保障
バンドワゴン

論点▼▼▼▼▼共通の脅威が消失しても同盟が存続・拡大するのはなぜか

国民一人ひとりの生命と財産を守る責任と能力を持つのは政府である。しかし、主権国家で構成される国際社会では、国家の安全を保障してくれる世界政府は存在しない。そこで、国家は自助努力によって自国の安全を確保するしかない。とはいえ、卓越した力を誇る米国ですら九・一一テロ事件を防止できなかったように、あらゆる脅威や危険から単独で安全を保障できる能力を備えた国家はほとんど存在しない。したがって、多くの国家は他国と協力して安全を追求せざるを得ない。本章では、さまざまな形態の安全保障協力のメカニズムや有効性をめぐる問題を考えてみたい。

1 同盟の論理と現実の乖離

さまざまな安全保障協力のなかで、特定の外的脅威に対して軍事力を行使（または不行使）するための国家間の公式な取り決めを狭義の同盟と呼ぶ。同盟は、敵対国家に攻撃のリスクとコストを高めることで侵略を抑止し、仮に抑止が失敗した場合も共同防衛によって、国家に安全を提供する伝統的な協力方法の一つである。また、**勢力均衡**［*1］の観点から、優越した勢力に対抗して他の諸勢力が公式・非公式に連携することを広義の「同盟」と呼ぶ。

ところで、同盟によって安全を確保する代償として、国家は一定の範囲で行動の自由を犠牲にせざるを得ない。なぜなら、一般的に協力とは相手の行動や政策に自らのそれをすり合わせることであり、そうした調整には当然ながらある程度の自己抑制が求められるからである。事実、同盟（alliance）という言葉は、束縛を意味するラテン語が語源である。相手に支援を求める以上、こちらも相手が困ったときには多少の無理をしてでも相応の支援を提供せねばならないということである。

ただし、仮に共通の脅威を共有する場合でも、同盟を構成する国の力、敵対国との地理的距離や歴史が異なる以上、同一の対象に対して同盟関係にある国家が感じる脅威の程度は必ずしも同じではない。そこで、より強く脅威を感じる側は、いざというときに相手の支援が得られないのではないかとの「**見捨てられる**」不安を、より弱い脅威しか感じない側は、相手への支援によって不本意な紛争に「**巻き込まれる**」［*2］不安を感じることになる。一方で、見捨てられる不安を払拭して安全を確保しようとすれば、同盟への依存をより深めねばならない。他方で、巻き込まれる危険を軽減して自立性を確保しようとすれば、安全を犠牲にせざるを得ない。こうした二つの不安を同時に解消するのは難しく、ここに同盟が抱える深刻なジレンマがある。

それでも単独では対処できない脅威が存在する限り、国家は行動の自由をある程度犠牲にしてでも同盟の維持を優先せざるを得ない。その際、同盟を構成する国の数は、対抗する同盟の形成を喚起しないよう、脅威を封じ込めるのに必要最小限にとどめるのが望ましい。また、安全と自立性をバランスよく実現するには、最低限の勢力均衡を確保した上で、より強い国家ではなくより弱い国家と同盟を組む方が望ましい。なぜなら、同盟相手が自国より強ければ強いほど相手への依存が深まり、自国の自立性が損なわれるからである。また、共通の脅威が消失すれば、一刻も早く同盟を解消して自立性を回復するのが国家にとっては合理的な行動ということになる。

東西冷戦の時代、共産主義の脅威を共有する自由主義諸国は、東側陣営に対抗して西側陣営の盟主である米国との多国間および二国間の同盟を結成した［**図表5-1**］。欧州では、一九四八年のベルリン危機を契機に北大西洋条約機構（NATO）が創設され、ワルシャワ条約機構（WTO）と対峙した。アジアでは、一九五〇年の朝鮮戦争を機に、米国と日本、フィリピン、韓国、台湾、タイ、フィリピンとの間に、「ハブ・アンド・スポーク」とも呼ばれる二国間の同盟網が構築された。

冷戦が終結し、ソ連の脅威が大幅に軽減すると、同盟を維持する必要性は低下し、同盟は早晩解消に向かうものと思われた。実際、ソ連の崩壊とともに欧州ではWTOが解体し、アジアでもソ連と北朝鮮、モンゴル、ベトナムとの東側同盟は相次いで姿を消した。しかし、東南アジア条約機構（SEATO）の解体と、オーストラリア、ニュージーランド、米国が一九五一年に結成したアンザス同盟からのニュージーランドの離脱を別にすれば、大方の予想に反して冷戦時代に形成された西側同盟のほとんどは冷戦後も生き残った。特に、冷戦後の日米同盟は、解消されるどころかますますその機能を拡大させている。

一九九六年四月の日米安全保障共同宣言に基づき、日米同盟の目的は「アジア太平洋地域の平和と安定の維持」へと変更され、「日米防衛協力の指針」の改訂（新ガイドライン）によって日米協力の範囲が「極東有事」から「周辺事態」へと拡大された。九・一一テロ事件以降、日本は米国主導の有志連合の一員として、インド洋やイラクへ自衛隊を派遣した。そして、二〇〇五年二月の日米安全保障協議委員会（2プラス2）で、地域および世界における日米共通の戦略目標が確認され、日米同盟は

図表5-1◆アジア太平洋地域における米国の2国間同盟

	根拠法［締結時期］	駐留米軍 使用面積［エーカー］	駐留米軍 施設価値［100万ドル］	駐留米軍 人員［人］
日米同盟	日米安全保障条約［1951年～］	127,696	44,248	76,122
米韓同盟	米韓相互防衛条約［1953年～］	59,976	12,597	62,732
米比同盟	米比相互防衛条約［1951年～］	―	―	―
	基地協定破棄［1991年］	―	―	―
	米比訪問軍隊協定［1999年～］	―	―	―
米タイ同盟	東南アジア集団防衛条約［1954～1977年］	―	―	―
	タナット＝ラスク共同声明［1962年～］	―	―	―
米台同盟	米華相互防衛条約［1954～1979年］	―	―	―
	米国台湾関係法［1979年～］	―	―	―
米豪同盟	太平洋安全保障条約［アンザス］［1951年～］	18,099	323	51

出典：US Department of Defense, *Base Structure Report 2005*. Washington D.C., 2005.

世界的規模にその役割を拡大することを確認した。二〇〇三年のイラク戦争を機に、NATOにおける米国と欧州加盟諸国との亀裂が顕在化し、米韓同盟が戦時作戦統制権の返還や駐留米軍の規模縮小などで動揺を見せはじめたのとは大きな違いである。同盟の論理にしたがえば、冷戦後解体されるはずの日米同盟が、こうして現実には存続し、機能を拡大させているのはなぜなのだろうか。また、日米同盟の機能拡大は、安全保障協力の枠組みとしての同盟の強化を意味するのであろうか。

2 同盟の目的

上記の疑問に対する最も簡明な第一の回答は、ソ連というグローバルな軍事的脅威に代わり、冷戦終結後は北朝鮮のミサイルおよび核兵器開発や中国の軍事的台頭といった地域的な不安定要因が、日米の戦略的結束を促したというものである。脅威の具体的対象は変わっても共通の利益が共有される限り、日米同盟は環境の変化に柔軟に適応する弾力性を備えていることになる。そして、こうした現実的な利益の共有に加え、自由と民主主義という価値の共有が冷戦後の日米同盟を強化していると説明される。

事実、日米安全保障共同宣言は、共通の脅威への共同対処という目標を失った同盟関係を、「共有する価値と利益」の追求に主眼を置いた同盟に再構築すると謳いあげた。たしかに、アジアには冷戦期の緊張関係がいまだ根強く残っており、日米安全保障宣言や新ガイドライン策定の背景には、一連の危機が相前後して発生していた。一九九三年三月、北朝鮮は国際原子力機関の特別査察を拒否し、核不拡散体制からの脱退を宣言した。同年五月には西日本を射程内に収める中距離ミサイル「ノドン」を発射した。こうして一九九四年前半は朝鮮半島の有事が真剣に懸念された。また、一九九五年に二回の核実験を実施した中国は、同年七月から初の台湾総統直接選挙が予定された九六年三月にかけて、台湾近海で大規模な軍事演習とミサイル発射を行い、台湾海峡の緊張が著しく高まった。

冷戦期のように敵と味方を明確に峻別できる状況においては、同盟は特定の仮想敵国に対して向けられた。しかし、経済的な相互依存関係の深まりに加え、不透明・不確実な冷戦後の国際環境の下で、敵味方の区別は困難になった。中国の台頭は軍事的には脅威であるが、経済的にはチャンスであるという見方がそれを端的に物語っている。また、北朝鮮の核・ミサイル開発に関しても、真っ先に大都市や在日米軍基地が攻撃対象となる日本と本土攻撃を受ける可能性が低い米国との間には、微妙な脅威認識のずれが存在する。

要は、日本と米国が、特定の脅威ではなく、地域の勢力均衡を不安定化させる多様な撹乱要因に対処することになったといえる。言い換えれば、日米同盟は**集団防衛**(collective defense)[＊3]というよりも、いかなる潜在的脅威にも対抗する**集団安全保障**(collective security)[＊4]に似た機能を果たす普遍的な同盟に姿を変えたことになる。この点で、朝鮮半島の統一を優先する盧武鉉政権の発足以来、米韓同盟が、普遍的な同盟に脱皮できないまま、北朝鮮に対する米韓双方の脅威認識の違いから動揺しはじめたのとは対照的である。

しかし、次節で詳しく述べるように、集団安全保障と集団防衛の論理には決定的な相違がある。日米同盟は、集団安全保障のように、同盟のいかなるメンバーへの攻撃も他のメンバーへの攻撃と見なすような道義的・法的な義務を伴って自動的に機能するものではない。事実、日米安保条約は「自国の憲法上の規定及び手続きに従って共通の危機に対処するように行動することを宣言する」と緩やかな共同防衛を謳っており、事前協議制度を設けて自動的に戦争に巻き込まれない仕組みが盛り込まれている。つまり、日米同盟は、それぞれが独自の国益を基礎に、それぞれの国の政治的要件に応じて機能するものであり、その核心は依然として集団防衛にある。

特定の脅威への共同対処という限定的な目的と比べて、地域の安定化という一般的な目的を掲げる同盟は、長続きせず有効に機能しにくいといわれる。それは、共通利益の前提となる脅威認識のずれが手段の調整を困難にし、巻き込まれと見捨てられのジレンマを深刻化させるからである。そうであれば、冷戦後の日米同盟は、特定の脅威を前提としない普遍的な同盟に変容することで延命したものの、安全保障協力の枠組みとしての信頼性は低下し、運営が困難になったともいえる。

3 同盟の型

ここまでは、同盟を脅威への対抗や勢力均衡という視点で論じてきたが、同盟形成の動機はそれだけではない。特に、勢力均衡という観点からの同盟の形成は、複数の大国が並存する多極システムを前提に、突出した国家の出現を阻止する論理として展開されてきた。しかし、すでに覇権システムが存在する場合、覇権国に対抗する同盟を新たに形成するよりも、覇権国と同盟を組むことで覇権国に安全を保障してもらうという選択肢が浮上する。そこで、冷戦後の日米同盟が存続・拡大した第二の説明は、そもそも冷戦期の日米同盟が、日本にとっては脅威に対抗するための連携というよりも、自国の脆弱性を補い、利益と安全を低コストで確保するための保険であったというものである。つまり、米国が、勢力均衡の論理に従って、ソ連を封じ込めるために日本という脆弱な勢力との連携を求めたのに対し、日本は西側の覇権国たる米国への**バンドワゴン**（勝ち馬に乗る）［＊5］を指向した。そうであるがゆえに、ソ連という共通の脅威の消失が、日米同盟を直ちに解体させる契機にはならなかった。しかも、冷戦終結で米ソ全面戦争の危機が大幅に低減した結果、日本は巻き込まれの不安を抱くことなく冷戦後唯一の超大国となった米国の力にますます依存していったのである。

ハンス・モーゲンソーが指摘したように、「同盟は勢力均衡の関数」といわれる。このバランス型の同盟は、大国や脅威に対抗するための、より小さな勢力や脅威との連携を指す。つまり、力の均衡あるいは脅威の均衡を作り出すための安全保障協力である。しかし、必要最小限の安全と最大限の自立性を求める国家が力の結合によるバランス型の同盟を形成するのに対し、必要最小限の自立性と最大限の安全を求める国家は、より大きな勢力や脅威の側の懐に飛び込んで、その力の恩恵を享受し、生存を確保するための同盟を形成することもある。これをバンドワゴン型の同盟という。

同盟を形成する国家間の思惑にずれがあることは何ら珍しいことではない。特に、均衡を回復するだけの力を持たない弱小国が大国と同盟を形成する場合、バンドワゴン型の同盟を指向する傾向が強い。また、最低限の生存さえ確保されれば、弱小国は脅威の側と同盟を組むことだって厭わないだろう。

実際、バランス指向の米国とバンドワゴン指向の日本による連携という見方は、日米同盟形成期の実態と冷戦期の展開をかなり正確に反映している。一九五一年の旧安保条約は、占領国と被占領国という絶対的な優劣関係の中で締結されたものであり、米国の力はソ連のそれを遥かに凌駕していた。しかし、自らの領土拡張を求めない米国の卓越した軍事力は、日本の独立と安全に対する脅威というよりは、同盟の実効性を担保するものであった。日本が米軍に基地を提供し、米軍が対日防衛を支援する「物と人との協力」という基本構造は、バランスとバンドワゴンで構成される日米同盟の非対称性を端的に示している。そして、日本は安全保障のみならず、米国主導の自由貿易体制の下で経済復興の機会を手に入れ、高度経済成長を実現させた。八〇年代に入り、日本が米国に次ぐ経済大国になると、経済力に見合った負担の分担を求める米国から「安保ただ乗り」の批判にさらされたことも、日米同盟がバランス・バンドワゴン型同盟であった事実と符合する。

冷戦終結は、米ソの世界戦争に日本が巻き込まれる懸念を解消する一方で、対ソ抑止機能が不要となった日米同盟を非対称なままで維持する米国の動機を弱めた。特に、一九九〇~九一年の湾岸危機における日本の消極的な協力は、米国を失望させた。平和の配当を求める米国内の圧力から在韓米軍の削減を開始したことも加わり、日本には見捨てられる不安が高まった。日本にとっては直接的脅威となる北朝鮮問題の発生で、東アジアにおける米軍のプレゼンスは維持されることとなったが、米軍への依存が高まることで日本側に見捨てられの不安を増幅させた。

しかし、一九九五年一一月に決定された新防衛計画の大綱で、日米安保条約の重心は、第五条事態（日本への直接攻撃）から第六条事態（極東有事）へとシフトした。そして新ガイドラインは、概念的・地理的に六条事態よりも大きな周辺事態に日米協力の場を広げた。日米同盟が日本にとってバンドワゴン型の同盟であれば、第五条から第六条へと重心が移ることは、日本にとって同盟を維持する魅力は低下したはずであった。他方、米国にとって、第五条の負担軽減と第六条中心の日米同盟を維持する利益は増大したはずである。つまり、バランスとバンドワゴンという視点は、冷戦期の日米同盟の形成と維持を説明するものではあったが、冷戦後の日米同盟の機能拡大を十分に説明できていないことになる。

4 同盟の制度化

第三の説明は、冷戦後の日米同盟は、長期にわたる協力の積み重ねの結果、脅威の存在や利益の共有を前提とする便宜的な連携ではなく、相互協力を持続的に可能にする枠組みに制度化されたというものである。そして、日米同盟は、外的脅威への共同行動だけでなく、同盟内の外交関係を調整するための制度に進化したとする。つまり、日米同盟は、一定の規範とルールに基づく相互拘束（co-binding）の国際レジームに変容したことになる。

こうした見方は、同盟形成時の国際環境が変化しても、共通の規範が共有される限り制度としての同盟は存続し、ルール変更に伴って性格が変容するとする点に特徴がある。したがって、冷戦の終結を生き延びた日米同盟は、仮に台湾問題や朝鮮半島問題が解決してもなお継続が期待される。そして、冷戦後の日米同盟の機能拡大は、国際環境に対応した単なる脅威や利益の調整の結果ではなく、制度化による協力の成果ということになる。日米双方があえて制度化による相互拘束を受け入れる根拠は、米国にとって、同盟の制度化は、仮に力が低下しても自国の能力を超えた有利な協力関係を確保することができる。他方で、日本にとって、米国に支配されあるいは見捨てられる不安を和らげるものとして、同盟という制度が安心感を与えるからである。

西側同盟が存続した共通の原因に、半世紀近く続いた冷戦下での同盟の制度化や慣性が働いたとの説明は一定の説得力を持つ。しかし、西側同盟のなかで、日米同盟における軍事面での協力の制度化は最も遅れた。日米両国は一貫して自由と民主主義という規範・原則を共有してきたが、日米安保条約では、いかなる事態にどのような共同行動をとるべきかに関するルールは曖昧であった。特に冷戦期は、日本側の巻き込まれに対する強い不安と憲法上の制約が、「物と人との協力」を超えた日米同盟の制度化を拒んでいた。日米間の安全保障協力は、依然として、日本が米軍に供与する自由基地使用権および駐留経費負担と、米軍が提供する核の傘と本土防衛との交換の上に成り立っていた。

一九七八年のガイドラインを契機に、日米両国は日本有事の際の自衛隊と米軍の役割分担を決め、防衛担当者間で共同作戦研究が開始された。一〇〇〇カイリのシーレーン防衛をはじめ、日米共同演習、軍事技術の移転や共同開発などを通じて、軍事的な相互運用性は着実に向上した。こうした新冷戦下で着手された制度化が、冷戦終結直後の日米同盟の漂流を何とか食い止めたと見ることは可能かもしれない。

しかし、高度に制度化・組織化されたNATOや米韓同盟などと比べれば、日米同盟の制度化は不十分である。いまだ統一指揮の下で連合作戦を実施できる状況にはなく、日米双方が有するC3I（指揮・統制・通信および情報）システムが連結されているわけでもない。共同訓練、平和維持活動、国際救援活動など平時に限定した物品役務相互提供協定（ACSA）が締結されたのも一九九六年のことである。

しかも、日米同盟よりも制度化と組織化が進んでいたNATOや米韓同盟の協力にきしみが生じている現実を考えると、所詮は国益に基づいて構築された同盟という制度の相互拘束力には限界があるといえる。こうした力や利益といった物質的基盤を超越した同盟の強化を、共通のアイデンティティに求める説も存在する。つまり、同盟の維持が力の不足を補うからとか、同盟を維持するほうが得だからという合理的計算の結果ではなく、価値や規範の共有を通じた一体感の存在が同盟関係を支えるというのである。しかし仮にそうであれば、米軍再編に伴う日米間の役割と任務について、交渉による調整を重ねなくとも円滑な調和が実現しているはずだが、現実にはそうはなっていない。

2 国連と集団安全保障

KEYWORDS
多国籍軍
国連軍
国連平和維持活動
フリーライダー
欧州協調

論点▼▼▼▼▼集団安全保障は理想論か、有効な安全保障協力か

1 集団安全保障の挫折と復活

冷戦の終結により、同盟や集団防衛はもはや時代遅れであるとの主張が声高に論じられる一方で、国際連合の集団安全保障体制に対する期待と関心がにわかに高まった。一九九〇年八月にクウェートを侵攻したイラクに対し、国連安全保障理事会（安保理）の決議に基づいて発動された**多国籍軍**［＊6］が制裁措置を実施した。同様の多国籍軍は、九二年にソマリア、九四年にはハイチとルワンダへも相次いで派遣された。それらは、国連憲章が当初予定していた**国連軍**［＊7］方式ではなかった。しかし、一九五〇年の朝鮮戦争以来、一度も発動されなかったある種の集団安全保障の復活を意味した。そして、冷戦期には停戦監視のような中立・非強制を原則とする**平和維持活動**（PKO）［＊8］に終始した国連は、正義を体現する

軍事的な強制機能を取り戻すかに見えた。

しかし、ソマリア（一九九三年）やボスニア（一九九五年）において、武力行使の権限を付与された新世代のPKOが相次いで失敗に終わると、国連への期待感は急速に衰えていった。九・一一テロ事件後の対アフガニスタン攻撃は、国連決議を経ることなく米国を中心とする「反テロ国家連合」によって実施された。二〇〇三年のイラク戦争に際しては、「反テロ国家連合」に不協和音が生じ、米国主導の有志連合が新たに結成された。イラクの大量破壊兵器開発疑惑をめぐり国連安保理は一致した見解を打ち出すことができず、国連の集団安全保障は機能しなかった。

歴史を振り返ると、集団安全保障は、大戦争の直後に平和を維持・回復する理想の装置として熱狂的に支持され、やがて国家間対立の激化とともに紛争処理装置としての有効性が全面的に否定されるという具合に、その評価は極端にシフトする傾向が見られる。国連の集団安全保障体制をめぐる冷戦後の現実と評価も、こうしたパターンを踏襲することになった。

集団安全保障否定論は、現実の国際環境の下で集団安全保障の理念が実践される可能性がほとんどない以上、集団安全保障を実効性の伴わない理想論として切り捨てる。他方、肯定論によれば、集団安全保障は、その論理に忠実に機能する制度が作られるのであれば、依然として有効な安全保障協力であるとの主張を展開し続けている。

冷戦の終焉とともに、大戦争は起こりそうになくなった反面、地域紛争や国内紛争は増加する傾向にある。領土への武力侵攻という伝統的な脅威に加え、国際テロリズムや大量破壊兵器の拡散といった脱国家的な脅威に直面する二一世紀の世界において、はたして集団安全保障に活躍の余地はあるのだろうか。

2 集団安全保障の論理

不当に武力を行使する集団内の一国に対し、他のすべての諸国が力を結集して平和を維持・回復するための強制措置を集団安全保障という。集団安全保障の本質は、平和破壊行為の集団的な自己規制にあり、「一人は皆のために、皆は一人のために」の標語で端的に表現される。

諸国家の協力によって侵略を抑止し、抑止が失敗すれば武力行使をも辞さないという点で、集団安全保障は集団防衛と相通じるところがある。しかし、以下の点で両者の論理構成には重要な相違がある。第一に、集団防衛がほぼ均等な力の均衡によって相互に攻撃できない状態を作ることで安全を確保するのに対し、集団安全保障は圧倒的な力の優位によって平和破壊行為の抑止と制裁を行うものである［**図表5-2**］。

ほぼ均等な力よりも圧倒的な力で対抗する方が、潜在的侵略者により大きなリスクとコストを認識させることができる以上、集団安全保障の方が集団防衛よりも平和破壊行為を効果的に抑止できる、と集団安全保障肯定論は主張する。しかし、否定論は、集団安全保障に自国の安全を委ねることができるとなれば、各国は自国防衛の

図表5-2◆集団安全保障と集団防衛の相違

		集団安全保障	集団防衛
抑止と制裁の力学		力の優位	力の均衡
脅威の所在		体制内	体制外
脅威の性質		不特定	特定
脅威の内容		侵略的意図	増強する能力
評価	長所	安全保障のジレンマを緩和	高い実効性
	短所	低い実効性	安全保障のジレンマを助長
制度的枠組		国際連合、国際連盟 米州機構、アフリカ連合	北大西洋条約機構 日米同盟、米韓同盟

ための軍備に最小限の人的、財政的資源しか投入しようとしないため、結果的に圧倒的な力の優位は確保されなくなると反論する。

第二に、集団防衛が、体制外の特定の仮想敵国に向けられた外向きの協力であるのに対し、集団安全保障は体制内の不特定の構成国に向けられた内向きの協力である。つまり、集団防衛の焦点は国家の能力に向けられるのに対して、集団安全保障の焦点は国家の攻撃的政策や意図にある。どの国が侵略国になるのかがわからない以上、集団安全保障では集団防衛のように事前に同盟を組むことはないが、ひとたび平和侵略行為が発生すればすべての国がそれに制裁を行うことが想定されている。

集団安全保障肯定論は、集団防衛が対立と緊張を助長するのに対し、集団安全保障は協調的関係を促進することが可能であると指摘する。特に、安全保障のジレンマを緩和するのに優れているという。自国の安全強化が他国の不安を招き、他国もその不安から安全を強化する結果、双方の安全強化努力が両国関係を不安定にする悪循環を安全保障のジレンマという。こうして悪意のない国家同士が意図せざる紛争に巻き込まれていく悲劇的事態の主要な原因は、相手の意図を誤認させたり、相互不信を助長する国際環境の不確実性にある。武力行使の結果が予測しやすい集団安全保障は、勢力均衡に基づく集団防衛と比べて、安全保障のジレンマを引き起こす不確実性を低減することが可能になる。また、集団安全保障体制が提供する透明性が他国の意図や能力に対する誤認の防止に貢献すると考えられるからである。

他方で、否定論は、自国民の安全に主たる責任を負う主権国家にとって、自己規制の強い内向きの安全保障協力を継続することは困難であると主張する。集団防衛においても相互拘束という内向きの協力は発生するが、それはあくまで外向きの協力の副産物であり、共通の脅威が消失すれば外向きの協力と共に解消されるのが常である。同様に、体制内に顕在的脅威を想定しない集団安全保障は体制の持続が困難であり、逆に顕在的脅威を抱える場合には集団安全保障体制は成立しないと論じる。また、集団安全保障では、一方で不特定の脅威に共通の利益を共有するのが困難であり、他方で非協力のコストが小さいため**フリーライダー**［＊9］の出現が不可避となる。したがって、集団防衛と比べて集団安全保障の実効性は低いと指摘する。

なかでも否定論が指摘する最大の問題は、国際社会の現状の下で、集団安全保障が実現する可能性はそもそもきわめて低いことである。仮に実現する条件が整った場合、集団安全保障はそれが最も必要とされない状況でしか機能しない存在にすぎないと指摘する。

一般に、集団安全保障が有効に機能するには、以下の三条件が必要である。

❶いかなる侵略国をも圧倒できるだけの力を常に糾合できること。

❷力を結集する諸国家は、彼らが支持する安全保障について同じ考え方を共有すること。

❸これらの諸国は、相対立する政治利害を全構成国の集団的な安全という共通利益に従属させること。

しかし、これらの条件がすべて満たされる可能性はきわめて低い。第一に、一九九一年の湾岸戦争のように、単一の国家が明白な侵略者の立場に立つことは稀である。仮に複数の国家が集団安全保障によって守ろうとする秩序に対抗し、さらにその他の諸国がそれに同調すれば、圧倒的な力の結集は不可能となる。また、単一の侵略国が大国の場合には、他の諸国が連合して侵略を抑止することは難しい。つまり、諸国家間の力の格差が著しい国際社会において、制裁を行う側だけが圧倒的な力の優位を確保することは困難であり、集団安全保障は小国による侵略行為にしか実効性を持たないことになる。

第二に、諸国家間で安全保障に関する意見が一致することは稀である。集団安全保障によって守ろうとする秩序は現状の秩序であって、権力闘争という国際政治の現実が変わらないかぎり、常に現状に反対する勢力の台頭によって、何が現状を侵害する行為なのかについて意見の一致は得られなくなる運命にある。集団安全保障において平和とは現状維持を意味し、戦争はその平和な現状を打破する悪玉の仕業であるとする考え方が底流に横たわっている。主権国家の上に立つ権威を欠いた国際社会では、善悪の基準が一致する保証はなく、善玉・悪玉論にまかせて国際社会の平和と安定を図る論理はむしろ危険でさえある。

第三に、自国の利益に反して戦争のリスクを冒してでも、他国の安全を守ろうとする国家はいない。しかも、国家の個別利益を集団の全体利益に従属させる道義的・社会的圧力はいまだ脆弱である。この第三の条件が整わなければ、あらゆる侵略への力の結集は不可能となり、集団安全保障は機能しない。

たしかに、集団安全保障を平和を脅かすすべての国に対抗する体制と解釈する限り、否定論が指摘するようにこの体制が有効に機能する見込みは乏しいといえよう。同時に、実現可能性を棚上げした肯定論がかえって危険であることもいうまでもない。しかし、完全無欠の集団安全保障体制を実現する可能性が低いからといって、集団安全保障を単なる理想論として一蹴すべきではない。多様な脅威から安全を担保するため、国家は集団安全保障という単一の枠組だけに頼るわけではない。多様な安全保障協力を状況に応じて組み合わせて運用するのが安全保障政策の現実であるとすれば、集団安全保障の機能を部分的にせよ実現させるには、どのような制度設計が適切なのかを実証的に検討する必要があろう。

3 歴史の教訓

集団安全保障の理念は、古代ギリシャの近隣都市国家が結成した協力組織「アムフィクティオ（Amphictyony）」にまで遡る。その後、サン・ピエール、カント、ベンサムらによって提唱された集団安全保障は、一九世紀の**欧州協調**（Concert of Europe）［＊10］を経て、一九一九年に結成された国際連盟および一九四五年に発足した国際連合において地球規模で実践されることになった。

国際連盟は、悲惨な第一次大戦を引き起こした同盟および勢力均衡政策への反省のうえに設立された。国際連盟規約の第一六条は、連盟の手続きを無視した不当な戦争を、すべての加盟国に対する戦争行為と見なして制裁の対象とする集団安全保障を明示的に謳った。ただし、全加盟国に経済制裁への参加を義務づけたものの、軍事制裁への参加は任意とされた。また、フランスが提唱した国際軍の常設化は英米の反対で葬られ、国際連盟において軍事制裁は副次的なものでしかなかった。何よりも、制裁の是非や内容を決定するには全加盟国の同意が必要とされた点で、きわめて実効性の弱いものであった。

こうして、国際連盟において集団安全保障の理念は不徹底な形で採用されたため、その戦争防止機能は著しく制約されることになった。その結果、国際連盟は、ギリシャ・ブルガリア間のような小国間の紛争処理と軍縮には貢献したが、一九三〇年代に発生した日本、イタリア、ドイツ、ソ連などによる大きな侵略の処理には無力であった。実際に集団安全保障が発動されたのは、一九三五年のイタリア・エチオピア戦争に際しての対イタリア経済制裁が唯一のケースで、軍事制裁は一度も実施されなかった。

国際連盟の失敗を踏まえ、第二次大戦に勝利した連合国が戦時協力体制を維持するための新しい平和機構として設立したのが国際連合であった。国連憲章は、自衛もしくは集団防衛や集団安全保障に関与する以外のいかなる武力の威嚇や行使も違法と宣言したうえで、第一条で「平和に対する脅威の防止及び除去と侵略行為その他の平和の破壊の鎮圧のための有効な集団的措置をとる」と規定した。国際連盟では不十分だった軍事制裁機能を強化するため、国連憲章は国連軍を創設し、安保理の制裁発動決議に基づく強制措置に各加盟国が従う義務を明記した。

しかし、常任理事国の全会一致を前提とする安保理は、冷戦を背景とした五大国（米、英、仏、ソ、中）の対立によって決議の採択が不可能となり、国連軍の編成も実現しなかった。その他の加盟国も、制裁措置への参加によって受ける犠牲や負担の大きさを懸念して、集団安全保障に消極的な態度をとった。国連が発動した唯一の集団安全保障措置であった朝鮮戦争でも、一部の加盟国のみが軍事行動に参加しただけで、多くの国は傍観的態度をとった。こうした集団安全保障の行き詰まりは、国連に予防外交とＰＫＯという本来国連憲章に規定のない新境地を開拓させた。国連が中立的立場で停戦を監視し、交戦国間の引き離しや紛争の凍結を行うＰＫＯは、侵略国を認定し懲罰するという集団安全保障本来の機能とは異なるものだった。

国際連盟と国際連合における安全保障協力の挫折は、集団安全保障の有効性をめぐる否定論と肯定論が共有する歴史的事実である。しかし、双方が引き出した歴史の教訓は異なる。否定論は、いかに集団安全保障の論理が優れていようとも、現実の国際環境の下でそれを実現する可能性はほとんど存在しないとして、国際連盟と国際連合の挫折を集団安全保障という理念の有効性の欠如に直結させた。

他方で、肯定論は、国際連合や国際連盟の失敗は、集団安全保障の理念の問題ではなく、それを制度として運用する際の環境がたまたま整わなかったにすぎないとする。たとえば、国際連盟の侵略国への対応の遅れは、英仏を中心とする大国の意思や能力の弱さや米国の孤立主義に原因があった。冷戦期の国際連合の機能不全は、米ソ両超大国の利害と安全保障秩序観が対立したことに原因があったとする。つまり、集団安全保障は常に機能するわけではないが、まったく機能し得ないものではないと見ている。

たしかに、集団安全保障を運用する制度設計には多様な形態がありえる。国際連盟や国際連合のように全世界を対象とする普遍的な国際機構でなくてはならない必然性はない。事実、米州機構（ＯＡＳ）やアフリカ統一機構（ＯＡＵ）といった地域レベルの集団安全保障体制が存在してきた。また、機能や構成国が限定された不完全な集団安全保障は、国際連盟や国際連合以外にも過去に存在してきた。たとえば、勢力均衡と大国間の協調とが混在した一九世紀前半の欧州協調には、集団安全保障の可能性と限界の両面を垣間見ることができる。

ナポレオン戦争直後に開催された一八一五年のウィーン会議から一八五三年のクリミア戦争までの間、イギリス、フランス、オーストリア、プロシア、ロシアの五大国による協調体制は欧州に大国間戦争のない平和な時代を提供した。ただし、欧州協調は、集団安全保障が想定するように、不特定の侵略国に対する軍事的な強制行動を保証するメカニズムを包摂したものではなかった点に限界があった。

しかし、限定された大国間同士の協調的関係を、各国の自主性を尊重しながらも、非公式なルールや規範に従って維持しようとしたものであった。具体的には、頻繁に会議外交を重ね、一方的な行為によって相手の死活的利益を侵すことのないよう慎重な政策調整を図ることで、結果的に敵対行動を相互に抑制しあうことに成功した。それは集団安全保障の共同行動に発展していくための前提条件、つまり、国益と安全保障秩序観を調整するための処方箋を示唆している。欧州協調に関する限り、成功の鍵は、メンバーシップの限定と非公式かつ柔軟な政策調整であった。

集団安全保障の限界に立脚した安全保障協力は、次節で詳しく述べるように、抑止による平和と安全という発想から脱却した「協調的安全保障」という概念に収斂していくことになる。他方、冷戦後世界において、集団安全保障にはどのような可能性が残されているのだろうか。

4 冷戦後世界における集団安全保障の可能性

集団安全保障という論理に内在する制約と歴史の教訓からいえることは、普遍的な国際機関による完全な集団安全保障体制が実現するまで、機能とメンバーを限定した集団安全保障の実績を積み重ねることが現実的な道ということになる。

今後見通し得る将来、国連軍方式の集団安全保障が有効に機能するとは考えにくい。そこで、国連の集団安全保障機能を補完するものとして、第一に、国連が公認する多国籍軍による強制行動がある。安保理決議を経ない有志連合が、集団的自衛権の行使として集団防衛機能を果たすのに対して、安保理決議に基づく多国籍軍は、軍事的強制措置の実効性と国連の正統性とを兼ね備えた集団安全保障機能を担うものである。ただし、その適用範囲は、一九九一年湾岸戦争のように、明白な国際法違反が発生して常任理事国の全会一致が可能な場合と、多国籍軍の中核となる米国、英国、フランスの利害に直接関係する地域紛争の処理に限定される。二〇〇三年三月のイラク侵攻は、軍事制裁の是非をめぐり常任理事国が対立した結果、有志連合という集団防衛型の協力によって主導された。その反面、意思決定さえ可能であれば、国際紛争であれ国内紛争であれ、実効性の高い制裁措置が多国籍軍には期待できる。

　第二に、国連の直接指揮下で実施される平和執行部隊（ＰＫＦ）や拡大ＰＫＯがある。停戦監視や兵力引き離し型の第一世代のＰＫＯは、冷戦後、選挙監視、人権監視、難民帰還、行政管理後の民生分野における第二世代のＰＫＯ、そして自衛を超えた強制的な武力行使を認める平和執行型の第三世代のＰＫＯへと発展を遂げた。紛争の平和的処理を定めた国連憲章第六章と強制的処理を定めた第七章の中間に位置する第一・第二世代から、憲章第七章下の第三世代のＰＫＯは、拡大ＰＫＯと呼ばれる。人道的悲劇を「平和への脅威」と認定したソマリアでの拡大ＰＫＯは、国際紛争に限定してきた国連の集団安全保障の機能を国内問題にも広げた点で画期的試みではあった。その挫折は、一転して第一・第二世代のＰＫＯへ逆戻りさせる契機となってしまったが、拡大ＰＫＯには多国籍軍が発動されない場合の補完的役割は残されている。

　第三に、地域的機関による集団安全保障がある。そもそも国連憲章第八章は、国際の平和と安全の維持に関する役割を国連と地域的機関とが分担することを想定している。ここには、地域的機関が、上記の多国籍軍や拡大ＰＫＯに協力する場合と、域内の紛争に対して独自に集団安全保障を展開する場合とが考えられる。

前者は、一九九二年に事務総長に就任したブトロス・ガリが『平和のための課題』のなかで提唱した国連との提携強化路線に沿ったもので、あくまで国際主義の補完と位置づけられる。北大西洋条約機構（NATO）は、九三年からボスニアに展開した国連防護軍（UNPROFOR）に要員を派遣する一方で、九五年には安保理決議に基づいてセルビア人勢力へ空爆を実施した。これは、地域的機関が拡大PKOに協力した後、憲章第七章の軍事的強制措置を代執行した事例である。本件は、報復の標的となったUNPROFO要員三〇〇名が拘束され、強制行動を伴う拡大PKOの挫折とその後の後退のきっかけとなってしまった。

後者は、文字どおりの地域的集団安全保障で、地域主義による国際主義の部分的代替と位置づけることができる。普遍的国際機構と比べて、地理的に近接した限定されたメンバーで構成される地域的安全保障体制は、安全保障観の共有と利害調整の可能性が大きいと思われがちであるが、実際には集団安全保障を有効に機能させる三条件の克服は容易ではない。

OAUは二〇〇二年にアフリカ連合(AU)に改称され、集団安全保障機能の強化に着手したが、一五カ国で構成される平和・安全保障理事会には常任・非常任理事国のような決定権の差異が設けられておらず、国連安保理よりも意思決定の実効性は弱い。アジアでは、地理的近接性が逆に脅威と利害対立の源泉になっており、集団安全保障を運用するための枠組みすら存在していない。こうした現実は、普遍的安全保障よりも地域的安全保障の実現可能性の方が大きいとはいえないことを示している。

3 協調的安全保障

KEYWORDS
紛争予防
欧州安全保障協力機構
共通の安全保障
アセアン地域フォーラム
信頼醸成措置

論点▼▼▼▼▼対話や交流によって紛争は予防できるのか

1 紛争予防[＊11]と協調的安全保障

人間の健康を管理する方法と国家の安全を保障する政策には類似するところが多い。満員電車で隣の乗客から風邪をうつされた場合、発熱や下痢の症状が出ないように、まずは家庭常備薬で発症を抑止し、仮に症状が悪化すれば病院で治療を受けることになる。しかし、健康でいるための最善策は、日々の体調管理によって風邪を予防することであり、より抜本的な対策としては病原菌が蔓延しないような環境を整備することだろう。こうした「予防」「抑止」「対処」という一連の健康管理は、国家の安全保障にも当てはまる。

前節で紹介した集団防衛や集団安全保障は、紛争の存在を前提に、それが顕在化しないための抑止と顕在化した場合の対処の方法である。これに対して、予防とは、紛争原因の除去に始まり、紛争の発生自体を事前に防止し、また不幸にして発生した紛争の被害を最小限に抑えるまでの広範囲な対策を含む。紛争を引き起こす主体に向けた抑止や対処の施策が比較的限定されるのに対し、主体およびそれを取り巻く環境に働きかけることで紛争自体の発生や拡大を予防する方法は、ホットラインの設置、軍事演習や部隊移動の事前通告、安全保障対話、統治能力の向上、経済開発などきわめて多岐にわたる。

外敵の脅威と国家間戦争を想定した伝統的な安全保障政策の中心は、抑止と対処を目的とする軍事的な対抗措置にあった。しかし、冷戦終結とともに国家間戦争の可能性が低下する一方で、頻発する地域紛争や国内紛争への新たな対応が求められるようになった。また、大量虐殺、貧困、飢餓、難民、人権抑圧、環境破壊、テロ、麻薬、エイズといった人間の生存を脅かす多種多様な問題群が安全保障上の課題として浮上しはじめた。近年、予防という概念への関心が高まっている背景には、こうした国家と軍事力を中心とした伝統的な安全保障では不十分であるとの認識がある。

ところで、武力紛争の予防を目的とする安全保障協力は、すでに冷戦期の米ソ間において、ホットラインの敷設や戦略兵器制限条約（SALT）などに見ることができる。また、欧州では、東西両陣営間の偶発的な武力衝突を回避する方策として、一九七三年発足の欧州安全保障協力会議（CSCE、現在のOSCE：**欧州安全保障協力機構**［*12］）の下で実践されてきた。一九八二年のパルメ委員会報告書は、これを「**共通の安全保障**（common security）［*13］」という概念にまとめ、「信頼醸成措置」や「防御的防衛」などの画期的な政策概念を生み出した。冷戦構造の下で「共通の安全保障」が現実政治の場で広く採用されたわけではなかった。しかし、明確な対立構造が緩和された冷戦後の状況下で、「共通の安全保障」を発展させた安全保障協力として協調的安全保障（cooperative security）という考え方が登場した。

「共通の安全保障」が、恒常的な対立（特定の脅威）を前提として、奇襲や偶発戦争の防止という短期的な予防効果を求める敵同士の協力であるのに対し、協調的安全保障は、敵と味方をあらかじめ区別できない不確実な環境下で、潜在的な敵性国家との安定した協調関係の構築という長期的な予防効果を求めるものである。特定の脅威を想定しない点で協調的安全保障は集団安全保障と類似するが、潜在的脅威への対抗ではなく協調を志向する点で決定的に異なる。したがって、協調的安全保障では、無用な緊張や対立の種を早期に摘み取るための制度化された安全保障対話や多様な信頼醸成措置といった非強制的な手段が中心となる。

協調的安全保障の代表的な枠組みであるOSCEは、北大西洋条約機構（NATO）と旧ワルシャワ条約機構（WTO）加盟国、さらに非同盟、中立国を加えた五六カ国で運営されている。また、東南アジア諸国連合（ASEAN）一〇カ国を中核に、一九九四年に発足した**アセアン地域フォーラム**（ARF）［*14］は、ASEAN拡大外相会議の原対話国だった日本、韓国、米国、カナダ、オーストラリア、ニュージーランドなどのほか、ロシア、中国、モンゴル、北朝鮮、インド、パキスタンなどを含む二六カ国・一機関で構成されている。

協調的安全保障をめぐる論点は、何といってもその有効性にある。第一に、協調的安全保障の中核にある安全保障対話や信頼醸成措置が、はたして紛争防止にとってどこまで有効なのかという問題である。第二に、国家や地域の安全保障にとって、協調的安全保障は、集団防衛や集団安全保障などの安全保障協力と比べてどの程度有用な枠組みかという問題である。

2 信頼醸成措置の予防効果

一般に、予防の効果を正確に把握するのは難しい。なぜなら、予防とは望ましくない何かを起こさないための方策である以上、その何かが起きてしまえば予防の失敗は明白である。しかし、その何かが起きなかった数多くの原因のなかで、特定の予防措置が効を奏したかどうかを客観的に判定するのは至難の技である。たとえば、風邪の予防に行っている早朝の乾布摩擦は、風邪をひいてしまえば効果がなかったことになるが、風邪をひかないからといって、乾布摩擦に予防効果があったかどうかはわからない。

その結果、短期的な効果を実感できないことに不満な人は、乾布摩擦に代わる別の予防方法に切り替える。また、長期的な効果を期待する人は、発病してからの治療と比べればコストもリスクも低いという理由から、とりあえず乾布摩擦を続けておくことになる。いずれにせよ、効果の有無にかかわらず、予防そのものは無条件に肯定的な評価を受けやすく、それが逆効果になる事態を想定することはめったにない。しかし、本当にそうであろうか。予防はたしかに大切ではあるが、誰にとっても予防はよいこととは限らない。いうまでもなく、体力の弱った人にとって早朝の乾布摩擦は逆効果である。

安全保障分野における近年の予防信仰には、病気予防に似た固定観念が見受けられる。一九九〇年代に協調的安全保障という概念が登場して以来、その中心的手段である**信頼醸成措置**［＊15］は概ね肯定的な評価を受けてきた。信頼醸成措置とは、元来、各国の軍事行動の透明性を高め、戦争の危険を低減させる手続きを意味し、情報公開とコミュニケーションによる透明化措置、それらを義務づける規制措置、そして規制の遵守を確保する検証措置から構成されていた。ところが、軍事的な安全保障の向上から政治的な協調関係の構築へとその目的が変化するにつれて、信頼醸成措置は安全保障をめぐる共通認識を形成するプロセスを意味するようになった。言い換えれば、他国の意図に関する認識が不信から安心へと変わるプロセスである。その結果、行動に現れる短期的な成果が得られなくても、長期的な協力に結びつくような対話や交流の継続自体に意義があると見なされるようになった。

しかし、プロセスとしての信頼醸成措置への肯定的評価は、多くの楽観的仮説に基づいている。第一は、信頼醸成措置の波及効果である。ある国家関係が、共通利益か対立利益かのどちらか一方だけを共有することはない以上、潜在的な敵性国家との間でも何らかの共通利益を実現するための協力は可能である。そこで、協力の実現はさらなる共通利益を創出し、さらに協力の幅を広げ深化させていくことができるはずだと想定されている。したがって、対話と交流を通じて相手を理解することから始まる小さな協力は、やがて大きな協力に結びつき、次第に安心に結びつく共通認識を形成していくと考えられる。

しかし、相手を知ることと協力を実現すること、そして協力の積み重ねと共通認識を形成することとの間には大きな飛躍があり、期待された波及効果が自動的に実現するわけではない。情報の開示とコミュニケーションの結果、想定していた以上に深刻な脅威を認識し、対立や緊張を引き起こさない保証はない。同様に、国力の格差を改めて認識した国家が、猛烈な軍拡に走るという事態もありうる。

第二に、プロセスとしての信頼醸成措置には、協調的な国家関係を構築する過程で軍事的な安全保障も向上するという前提が存在する。

しかし、軍事的安全保障の向上が協調的な国家関係に帰着することはあっても、協調的な国家関係が軍事的安全保障の向上をもたらす保証はない。多くの場合、軍事的安全が保障されないところで、協調的な国家関係を構築するのは難しい。欧州では、手続きとしての信頼醸成措置が軍事的安全を向上させた結果、協調的な国家関係が形成され、プロセスとしての信頼醸成措置が続けられている。プロセスとしての信頼醸成措置から着手したアジア太平洋地域において、協調的な国家関係の構築が進展しない原因は、軍事的安全保障協力が棚上げにされているからともいえよう。

事実、ARFでは、信頼醸成措置によって透明性が向上し、安全保障環境の不確実性が取り除かれれば、予測可能で建設的な関係が構築されると期待されていた。しかし、発足から一〇年が経過しても、❶信頼醸成、❷予防外交、❸紛争解決という三段階の安全保障協力は、いまだ予防外交の着手に合意するにとどまり、軍事的な安全保障協力に関しては目に見える成果がないのが実情である。

第三に、信頼醸成措置は低コスト、低リスクの安全保障手段であるため、利害対立を抱えた国家同士が容易に協調的安全保障の枠組みに参加できると考えられている。たしかに、紛争解決のための外交交渉とは異なり、単なる情報交換や人的交流の増大は、行動の自由を制約するコストや、相手に裏切られるリスクも少ないだろう。しかし、力の弱い国にとって情報の開示は脆弱性を暴露するリスクを伴うものである。また、信頼醸成措置の名の下に問題が先送りされ、棚上げされることは、現状に満足する国にとっては利益になるが、現状に不満な国にとってそれはコストとなる。何よりも、低リスク、低コストの信頼助成措置にとどまる限り、国家間協力の成果も限定されたものにならざるを得ない。

このように信頼醸成措置が万能ではないとすれば、協調的安全保障によって何が予防でき、何が予防できないのかを明確にしておく必要があろう。繰り返しになるが、信頼醸成措置とは、他国の意図に関する認識が不信から安心へと変わるプロセスであるとすれば、信頼醸成措置によって予防できる紛争は相互不信が引き起こす紛争に限定される。また、予防が「何かを起こさない」、つまり現状維持を意味するものであるとすれば、信頼醸成措置は現状維持を志向する国家間の意図せざる紛争の予防には有効であっても、現状変更国家によって引き起こされる紛争を予防することは難しいといえる。要するに、信頼醸成措置による協調的安全保障は、悪意や現状変更の意図を持つ国家による紛争の予防には効果が期待できないということになる。ここに、協調的安全保障が、軍事的な強制措置を伴う対抗的安全保障（集団防衛や集団安全保障）との連携を必要とする契機が存在する。

3　協調的安全保障と集団防衛との補完関係

協調的安全保障という概念が登場した当初、それで既存の軍事同盟を代替しうるのか否かという議論が起きた。冷戦終結によって特定の脅威を想定した集団防衛は時代遅れであるとの論調がこれを後押しした。しかし、予防さえすれば、抑止や対処が不要になるわけではないように、協調的安全保障で集団防衛や集団安全保障を代替することはできない。現在では、協調的安全保障と集団防衛は相互補完的な関係にあるという見方が定着している。

しかし、国家の安全保障政策として軸足をどこに置くべきかという段になると、論者のニュアンスは微妙に異なってくる。国家が安全保障のために使用できる資源には限りがある以上、優先順位の設定は単なるニュアンスの違い以上の意味を持つ。一方で、安全保障とは最悪のシナリオを想定し、万が一の事態に備えるものである以上、軍事的な対抗措置を備えた集団防衛の方が重要であり、協調的安全保障はそれを補完するものと位置づける立場がある。他方で、協調的安全保障が集団防衛を代替できないのと同様に、集団防衛も協調的安全保障を代替しえない。どちらも独立した固有の役割を担う以上、どちらか一方に軸足を置くべきではないという立場がある。

冷戦後の欧州では、集団防衛を担うＮＡＴＯが中核に位置し、その外延に旧ＷＴＯ諸国との北大西洋協力理事会（ＮＡＣＣ）、ＮＡＴＯ加盟を希望する諸国との「平和のためのパートナーシップ（ＰＦＰ）」、ＮＡＣＣを発展させた欧州大西洋パートナーシップ理事会（ＥＡＰＣ）という複数の協調的安全保障枠組みが設置され、それらすべてをＯＳＣＥが包含する重層的な安全保障構造が構築されている。予防機能を担うＯＳＣＥと抑止・対処機能を担うＮＡＴＯは補完的に並存している。

他方、アジア太平洋地域では、ＡＳＥＡＮを中心に、その対話国を加えたＡＳＥＡＮ拡大外相会議、さらにその外延にＡＲＦが同心円状に配置されている［**図表5-3**］。ＮＡＴＯに匹敵するのが日米同盟など米国を中心とする二国間軍事同盟網であるが、ＮＡＴＯのように独自の協調的安全保障の枠組みを発展させてはいない。また、ＯＳＣＥとＮＡＴＯが相互作用しながら性格を変容させてきたのとは違って、ＡＲＦと日米同盟とが有機的に連携しているわけでもない。つまり、欧州では、協調的安全保障と集団防衛は車の両輪であるが、アジア太平洋では協調的安全保障は集団防衛の補助輪の地位にとどまっている。

こうした安全保障構造の相違は、欧州とアジア太平洋との戦略環境の違いに根ざしている。潜在的な対立要因はどちらにも存在する。しかし、アジア太平洋地域には、中国と台湾、南北朝鮮、南沙諸島問題をはじめとする未解決の領土問題に加えて、地域秩序のあり方をめぐって大国（米、日、中、露、印）間に見解の相違が存在する。たとえば、不完全ながらも、米国の単極構造が作り出す覇権システムとそれを最も享受する日本は、多極化と勢力均衡システムを志向する中国、ロシアとは異なる地域秩序観を抱いている。アジア太平洋地域では、不透明で不確実な状況がもたらす不安によって触発される意図せざる紛争ばかりでなく、現状変更国家によって意図的に引き起こされる紛争の可能性が排除できない以上、抑止と対処による安全保障協力の必要性は欧州よりもはるかに大きいのである。

そもそも、予防と抑止・対処のどちらが重要かという問いに、無条件で答えを出すことはできない。現実の問題として、完全な予防が困難であれば、抑止と対処への期待は大きくなる。アジア太平洋地域で、協調的安全保障の枠組みづくりが遅れるほど、既存の集団防衛に依存する割合は大きくなるという関係にある。また、先に述べたように、当該地域が抱える戦略環境の性格によって、協調的安全保障と集団防衛の間でどちらに軸足を置くべきかが決まってくるのである。アジア太平洋地域で、今後とも日米同盟を堅持すべきと唱える論者も、将来的には協調的安全保障に置き換えていくべきだと主張する論者も、当面は日米同盟を維持すべしとする見解に収斂するのは地域の戦略環境によるものである。

4 協調的安全保障と軍事的手段

ところで、協調的安全保障と対抗的安全保障（集団安全保障・集団防衛）の補完性をめぐる議論は、協調的安

図表5-3◆アジア太平洋と欧州における協調的安全保障の枠組み

*はオブザーバーとして参加

全保障には軍事的な強制措置が伴わないことが暗黙の前提となっている。そして、協調的安全保障によって武力衝突の可能性を完全になくせない限り、侵略や武力紛争が実際に起きたときに対処すべき強制装置が別に必要となる。また、仮に協調的安全保障が軍事的手段を備えることになれば、それはもはや協調的ではなく対抗的な安全保障協力にほかならず、集団安全保障と変わらないものになると考えられがちである。

しかし、協調的安全保障から軍事的手段を排除する見方は、形成途上にある協調的安全保障の実態を、欧州の経験やアジア太平洋の現実から帰納的に特徴づけただけにすぎず、協調的安全保障の理念から演繹的に導いた姿では必ずしもない。欧州における協調的安全保障は軍事面の協力を排除しているわけでは決してないが、OSCEがNATOを吸収して集団安全保障機構になることはなく、NATOの軍事的機能と重複しないような配慮がなされてきたのも事実である。他方で、アジア太平洋地域では、協調的安全保障の枠組みから軍事的協力は排除されており、紛争の平和的解決を目的とするASEANやARFの描く将来像は、紛争解決手段としての軍事力の行使を必要としない安全保障共同体へと一気に飛躍する傾向がある。

協調的安全保障とは、国家集団内の不特定な脅威とともに、紛争の防止と戦争のリスクを低減するための安全保障協力であるとの定義に立ち戻れば、本来、軍事面を含むあらゆる分野の協力が想定されている。協調的安全保障の枠組みで、すべての関係国にとって顕在的脅威を生み出さない安定した環境を構築するため、軍事的協力が求められる余地は少なくないはずである。

何より、武力や軍隊は、常に強制的・敵対的に使用されるとは限らない。軍事的手段が相手国の価値を剥奪するのではなく、相手国の欲する価値の増大に寄与する場合、それは協調的に使われていることになる。言い換えれば、武力（軍隊）は、国家対国家の戦争に備えるばかりでなく、国内紛争における停戦や武装解除の監視、治安の維持、さらには大災害に対する救援活動など、安全や安定という価値を付与する多様な機能を備えている。

たとえば、冷戦期の平和維持活動（ＰＫＯ）として、国連加盟国の軍隊は停戦・休戦に合意した紛争当事者間の紛争再発の防止に使用されてきた。こうした非強制の伝統的ＰＫＯだけでなく、選挙の準備と監視、人権保護、現地警察の訓練、地雷処理、難民の帰還促進と再定住、道路・水道の整備といった第二世代のＰＫＯなども、集団安全保障が機能しない状況下で生まれた協調的安全保障といえるだろう。また、紛争後の再発防止に限らず、マケドニアに展開したＰＫＯの予防展開などもそうであろう。その意味で、国連は集団安全保障と協調的安全保障の二つの機能を併せ持っているといえる。

国家間紛争だけを念頭に置けば、協調的安全保障の効果は、現状維持国家間で発生する紛争の予防に限定される。しかし、軍事的手段を伴う協調的安全保障は、対抗的安全保障が想定していなかった国内紛争を含む非伝統的な安全保障分野にこそ活躍のフロンティアが広がっているといえよう。

4 国際法と安全保障レジーム

論点▼▼▼▼▼安全保障レジームが成立する背景と、その効用は何か

KEYWORDS
約束遵守問題
相対利得問題
軍備管理交渉
リンケージ
検証制度

1 ルールに基づく安全保障協力

国家の安全を守るには、集団防衛のように共通の脅威に対処するための同盟国同士の協力ばかりでなく、「共通の安全保障」や協調的安全保障のように、顕在的・潜在的な敵性国との協力も必要である。利害が一致しやすい同盟国と比べて、利害が対立する敵性国との協力のほうがはるかに難しいことはいうまでもない。しかし、逆にいえば、利害の対立が深刻で、武力紛争に発展する可能性のある敵性国との協力のほうが必要性は大きいといえる。

むろん、協力によって得られる共通利益がまったく存在しない国家間で協力はありえない。しかし、ある二国間関係が、対立利益だけに完全に支配されていることはきわめて稀である。たとえば、戦争の目的が敵対国の完

全な消滅でもない限り、交戦状態にある国家間においてすら、被害を最小化するという共通利益は存在する。また、戦勝国が、交渉の余地のない無条件降伏を敗戦国に求める場合でも、両者は戦争を終わらせるという一点において協力が必要である。ましてや、一度使用されれば敵味方双方に甚大な被害を及ぼすことが予想される核・生物・化学兵器などの大量破壊兵器や、劣化ウラン弾や対人地雷のように戦闘員・非戦闘員を問わず無用な苦痛を与える非人道的兵器を管理する必要性は大きい。こうした兵器の殺傷能力や非人道性の増大とともに、軍備管理・軍縮の分野での協力はますますその必要性を増している。

ところが、往々にして必要性の大きな協力ほど、その実現が難しい場合が多い。特に安全保障の分野でその傾向は強い。なぜなら、国家の生存を左右する安全保障分野の協力は、仮に協力によってよりよい結果が得られることがわかっていても、協力の約束が破られる可能性が高い(**約束遵守問題**[＊16])。しかも、裏切られたときに被る損害は、経済分野と比べて、取り返しのつかないものになるからである。たとえば、領土紛争を抱えるA国とB国が、係争地からの部隊の撤退に合意したとしよう。A国が合意を厳格に遵守したにもかかわらず、B国が密かに部隊を配備し続けた場合、A国がB国の合意違反を発見したときには、すでに係争地をB国が占領してしまったという事態が起こりうる。

また、協力によってよりよい結果が得られても、双方が手にする利得は同じとは限らない。仮にこの利得の差が勢力関係に反映されると(**相対利得問題**[＊17])、結果的に力の低下を招く側の安全を脅かすことになるため、安全保障協力は特に実現しにくくなる。たとえば、核弾頭を一〇発ずつ保有するA国とB国が、今後五年間に増強できる弾頭数をそれぞれ三〇発と二〇発に限定する交渉に着手したとしよう。B国にとって、五年後に生じる一〇発分の劣勢は自国の安全保障にとって深刻な影響を与えるとすれば、この交渉は成立しない。また、核弾頭を一〇〇発保有するC国と八〇発保有するD国が、二〇発ずつの核弾頭を削減する交渉に着手したとしよう。この安全保障協力は、C・D両国が同数の核弾頭を削減する以上、一見利得の差は生じていないように見える。しかし、削減後の弾頭保有数はC国が八〇発、D国は六〇発となる。その結果、削減前の勢力比五対四は削減後には四対三に広がるため、この**軍備管理交渉**[＊18]はD国にとって相対的な力を低下させる危険な協力に映るのである。

こうしたことから、安全保障協力の実現はきわめて困難であり、仮に実現したとしても、力の強い国が弱い国に押し付けた一時的な協力であったり、リスクやコストを伴わない分だけ効果の小さな協力しか期待できないとされてきた。そうしたなかで、安全保障の分野でも、特定の問題に限定すれば、持続的な協力を実現させる仕組みを構築することは可能であるとする考え方が、八〇年代より台頭しはじめた。その仕組みが、安全保障レジームと呼ばれるものである。

安全保障レジームとは、規範とルールによって国家の行動を規制する国際制度と言い換えることができる。損をするので協力しないとか、相対的な力の低下を招くので協力しない、と考えている国家に、短期的には損をしても長期的には得をするかもしれないという確かな期待や、相対的な力の低下が安全の低下に直結しないよう、国家の利害計算や安全保障認識を変化させる装置である。

前述の係争地からの部隊引き離しを例にとれば、中立国で構成される監視団を常駐させ、合意に違反する行為が発覚すれば、経済制裁や軍事制裁を科すようなルールがあらかじめ設定されていれば、約束遵守問題はかなり克服されるはずである。また、核弾頭の削減交渉の事例では、核弾頭の問題とそれを運搬するミサイルの数および その配置場所、あるいは通常兵器の軍備管理問題とを**リンケージ**[＊19]したり、軍事援助や先端技術の提供によって相対的な力の低下を補うような取引をルール化することで、相対利得問題をある程度は軽減することができるかもしれない。

規範やルールによって国家の行動を規制することは、

特段目新しいことではない。それは古くより、国際法によって行われてきた方法である。不当な武力行使とは何かを定め、交戦国間の敵対行為を規制する一群の武力紛争法や、核の拡散や実験を防止する条約などは、まさに規範とルールの組み合わせにほかならない。この点で、安全保障レジームと国際法はきわめて類似している。しかし、両者は必ずしもイコールではない。安全保障レジームは、国家間の契約として明文化された条約法と明文化されない国際慣習法を含むだけでなく、いまだ慣習法として成熟していない規範やルールまでも含む。つまり、法的拘束力のない単なる決議、宣言、紳士協定であっても、その政治的拘束力が一定の協力行動を導くのであれば、そこには安全保障レジームが成立していると見なされるのである。

たとえば、包括的核実験禁止条約（CTBT）は、一八二カ国が署名し、一五三カ国が批准しているにもかかわらず、発効要件国と呼ばれる特定の四四カ国のうち、米国、中国、インドネシア、エジプト、イラン、イスラエルの六カ国は批准しておらず、北朝鮮、インド、パキスタンは署名も批准もしていない。このように国際法としてはいまだ発効していないものの、批准を拒否する国家の行動を事実上規制しているとすれば、CTBTは安全保障レジームとして機能していると見なすことができる。また、「拡散に対する安全保障構想（PSI）」のように、基本原則を定めた「阻止原則宣言」を支持する国々が、大量破壊兵器・ミサイルおよびそれらの関連物資の移転と輸送を阻止する活動に実質的に参加・協力するような場合も安全保障レジームと呼ぶことができる。二〇一〇年一二月現在、日本、米国、英国、イタリア、オランダ、オーストラリア、フランス、ドイツ、スペイン、ポーランド、ポルトガル、シンガポール、カナダ、ノルウェー、ロシア、デンマーク、トルコ、ギリシャ、ニュージーランド、アルゼンチン、韓国など二一カ国を中心にPSIに基づく安全保障協力が実施されている。

国家の現実の行動に対する拘束力の弱さから、国際法は法の名に値しないとの議論があるくらいであるから、ましてや、国際法よりも規制の緩やかな安全保障レジームの実効性を疑問視する声がある。仮に一定の効果を安全保障レジームに認めるとしても、安全保障レジーム自体が国際協力の産物である以上、安全保障レジームはめったに形成できないとする声も根強い。そこで、以下では現実の安全保障レジームの実効性と形成要因を概観してみることにしよう。

2 裏切りを防止する安全保障レジーム

安全保障レジームに期待される第一の機能は、協力を阻害する裏切りの防止にある。その鍵となるのが、❶ルールが遵守されているかどうかの検証と、❷ルール違反に対する制裁である。有効な**検証制度**［＊20］は、違反行為を抑止するとともに、ルールの遵守を確認することで構成メンバー間の信頼の醸成に役立つ。また、違反に対する対抗措置が備わっているかどうかは、レジームの実効性を最終的に左右する決め手にもなる。この検証と制裁の制度が組み込まれているレジームほど、安全保障協力を導く実効性が高いといえる。

大量破壊兵器の使用や保有を禁止・規制する多国間の不拡散レジームには、核兵器不拡散条約（NPT）、生物兵器禁止条約（BWC）、化学兵器禁止条約（CWC）などが存在する［**図表5-4**］。このうち、核と化学兵器については検証制度が存在するものの、生物兵器に関しては一九九五年以降交渉が難航しており、いまだ検証制度が作られていない。NPTは、国際原子力機構（IAEA）との協定に基づく査察の受け入れを全加盟国に義務づけているが、いまだ約三〇カ国以上が追加議定書を締結していない。CWCが定める検証制度は、条約違反の懸念を持つ締約国が査察の申し立てをすれば、ほぼ自動的に査察が履行されることになっているが、報復的な申し立て査察を恐れて、これまでに一度も査察は実施されていない。

また、制裁に関して、IAEA憲章（第一二条C）、BWC（第六条）、CWC（第一二条四項）は、いずれ

図表5-4◆軍縮・不拡散レジーム

大量破壊兵器、ミサイルおよび国連物資などの軍縮・不拡散体制の概要

	大量破壊兵器			大量破壊兵器の運搬手段［ミサイル］	通常兵器［小型武器、対人地雷等］
	核兵器	化学兵器	生物兵器		
軍縮・不拡散のための条約等	核兵器不拡散条約［NPT］＊ 1970.3発効 ■ IAEA包括的保障措置協定［NPT第3条に基づく義務］ ■ IAEA追加議定書 包括的核実験禁止条約［未発効］［CTBT］＊ 1996.9採択	化学兵器禁止条約［CWC］＊ 1997.4発効	生物兵器禁止条約［BWC］ 1975.3発効	弾道ミサイルの拡散に立ち向かうためのハーグ行動規範［HCOC］ 2002.11立ち上げ ＊HCOCは政治的規範であって法的拘束力を伴う国際約束ではない。	特定通常兵器使用禁止制限条約［CCW］ 1983.12発効 ■ 対人地雷禁止条約 1999.3発効
不拡散のための輸出管理レジーム	原子力供給国グループ［NSG］ 原子力専用品・技術および原子力関連汎用品・技術 ［パート1］ 1978.1設立 ［パート2］ 1992.4設立 サンガー委員会 原子力専用品 1974.9設立	オーストラリア・グループ［AG］ 生物・化学兵器関連汎用品・技術 1985.6設立		ミサイル技術管理レジーム［MTCR］ ミサイル本体および関連汎用品・技術 1987.4設立	ワッセナー・アレンジメント［WA］ 通常兵器および関連汎用品・技術 1996.7設立
新しい不拡散イニシアティブ	拡散に対する安全保障構想［PSI］				

注：図表中の＊は検証メカニズムを伴うもの。
出典：外務省ホームページより。［http://www.mofa.go.jp/mofaj/gaiko/gunso/gaiyo.html］

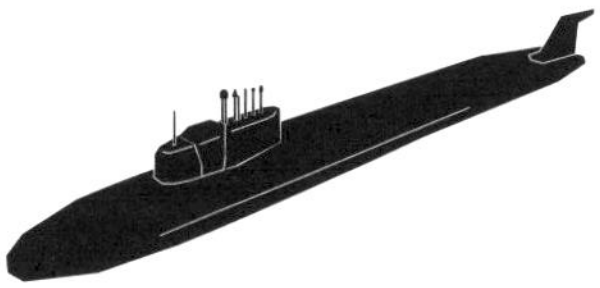

もルール違反に対して国連安保理を関与させる仕組みになっている。しかし、実際のルール違反が、国際の平和と安全に対してどの程度の脅威となるかについて、安保理の見解が一致する保証はない。二〇〇三年の対イラク制裁に際して、制裁を主張する英米とこれに反対するフランス、ロシア、中国が対立したため、国連安保理の枠組み外で米国主導の有志連合が結成されたことは記憶に新しい。二〇〇六年三月には、国連安保理でイランによるウラン濃縮・再処理活動の全面停止を求める議長声明が全会一致で採択されたが、中国とロシアはそれ以上の圧力強化には消極的だった。いずれにせよ、不拡散レジームの制裁措置は、ルール違反が発覚した後にその都度協議されることになっており、検証措置と比べて制度化が遅れている。

検証措置が最も整備された核不拡散レジームは、イランの大規模なウラン濃縮施設の開発をその終了前に検知し、リビアの核兵器開発計画を断念させるという成果を挙げてきた。しかし、インド、パキスタンのようにNPTに参加しない核保有国の出現を許しただけでなく、非核保有国としてNPTに参加していたイラクや北朝鮮による条約違反を防ぐことができなかった。北朝鮮は、一九八五年にNPTに加盟し、九二年にはIAEAの保障措置協定を締結していたが、IAEAの特別査察を拒絶し、九三年にNPTからの脱退を表明した。

一九九四年の米朝「枠組み合意」で、北朝鮮は核兵器開発を凍結し、その見返りとして、米国、日本、韓国は朝鮮半島エネルギー開発機構（KEDO）を通じて重油の提供と軽水炉の建設を約束した。

NPT／IAEAレジームは、非核保有国が核兵器の取得と製造を断念する代わりに、核保有国は非核保有国による原子力の平和利用の権利を認め、これに協力するという取引の上に成立している。その点で、米朝「枠組み合意」とKEDOは、不拡散の見返りに代替エネルギーの提供を想定していないNPT／IAEAレジームを補完する新しいレジームとして位置づけられた。しかし、「枠組み合意」では北朝鮮の凍結作業に対する検証措置が不十分であったため、二〇〇二年一一月以降、ウラン濃縮計画の進行を懸念する米国は重油の供給を停止し、北朝鮮は再び実験炉の再稼動と燃料棒の再処理を開始することになった。結果的に、「枠組み合意」は破綻し、北朝鮮は既に数個の核兵器を保有するといわれている。

二〇〇三年八月以降、米国、北朝鮮に中国、日本、韓国、ロシアを加えた六者協議は、NPT／IAEAレジームや「枠組み合意」／KEDOレジームによって防ぐことができなかった違反行為に対する新たなレジーム形成の試みといえる。二〇〇五年九月の第五回六者協議で、北朝鮮がすべての核兵器と既存の核計画を放棄する共同宣言が出された。共同宣言の発表に際して、北朝鮮との一切の取引を拒絶してきた米国が軟化する姿勢を見せたこと、六者協議から一時離脱した北朝鮮が、六者協議の枠組み自体を壊す意思がないことは、安全保障レジームの有効性には疑問があっても、それが安全保障協力の構築に役立っていることを示している。しかし、二〇〇九年五月に北朝鮮は二回目の核実験を実施し、〇八年一二月以来六者協議は、再開の目途が立っていない。

3 相対利得問題を軽減する安全保障レジーム

安全保障レジームに期待される第二の機能は、協力の結果として生じる相対的な力の格差を是正することにある。

全人類を何度も殺戮するほど大量の核兵器を保有する意味はないため、一定量を超えた核兵器の保有は国家の力の増大に必ずしも直結しない。したがって、核兵器増強の上限を設定する協力は、核兵器の削減や全廃よりも比較的容易ではないかと考えられる。しかし、一九七九年に署名されたSALT（戦略兵器制限条約）は、現状の軍備より上限が高く設定されていた（米国五五〇発、ソ連六〇八発、米ソ各八二〇発を上限）にもかかわらず、米国がソ連に相対的な優位を与えるものと見なしたため、その後、SALTは批准されず、正式に発効することはなかった。

他方で、冷戦終結後の一九九一年に署名されたSTART（戦略兵器削減条約）は、戦略運搬手段を一六〇〇、核弾頭を六〇〇〇にまで削減する本格的な軍備管理・軍縮条約であった。戦略運搬手段と核弾頭について、条約署名時の現状から米国は二九％と四三％、ソ連は三六％と四一％を実際に削減しなくてはならなかったが、一九九四年一二月にSTARTは発効した。SALTとSTARTの相違は、冷戦期と冷戦後という戦略環境の違いが、相対利得に対する敏感性に反映したと理解することは可能である。と同時に、STARTでは戦略運搬手段における米国の相対利得（三六％−二九％＝七％）を核弾頭におけるソ連の相対利得（四三％−四一％＝二％）でバランスをとる形でレジームが形成されていたことによる。

それに対し、通常兵器の保有量は国家の力と安全にほぼ直結するだけに、相対利得問題が起きやすい。したがって、通常兵器を規制する安全保障協力は、核兵器よりもはるかに困難が予想される。その点で、一九九〇年一一月に署名され発効した欧州通常戦力（CFE）条約は、北大西洋条約機構（NATO）加盟国とワルシャワ条約機構（WTO）加盟国が、通常戦力の保有を合意成立時の最大七七％まで削減するという画期的な軍備管理・軍縮協力であった。一九九二年七月には、兵員数を規制するCFE-ⅠAと呼ばれる政治的取り決めも合意された。

CFE条約加盟国は、一九九〇年から一九九九年までに規制対象兵器の六〇％、二〇〇四年までに五三％を実際に減少させた。これは、CFE条約で認められた保有量の約七〇％に相当するもので、同条約が誠実に履行されたことを物語っている。こうしてCFE条約が実効性の高いレジームになった原因には、保有する兵器に関する情報交換と詳細な検証措置が盛り込まれたことで裏切りの可能性が防止されたことに加え、相対利得問題の発生を軽減する仕組みが随所に備わっていたからである。

CFE条約は、二つの軍事同盟ごとの保有総数と一国の保有数に上限を設け、二重の縮小均衡を図った。すでに一九八七年の中距離核戦力（INF）条約によって欧州におけるミサイルシステムが全廃されるなか、東西間の通常戦力の均衡はSALTのように一方に相対的優位を与えるものとは認識されなかった。加えて、二国間取り決めであれば一方の得が他方の損失に直結するゼロサム関係に陥っていたはずの相対利得問題は、多国間取り決めの形式をとったことで緩和された。また、通常戦力の上限を、戦車、装甲戦闘車両、火砲、戦闘機、戦闘ヘリの五つの分野に分けたことも、STARTで見られたような再分配を可能にし、相対利得問題の発生の抑制に貢献した。

たとえば、NATO加盟国でありながらキプロス紛争を抱えるギリシャとトルコは、二国間の枠組みであったなら軍縮が妥結していた可能性は乏しい。ところが、戦闘機の保有量を例にとれば、ギリシャは六五〇機、トルコは七五〇機とするCFE条約の上限を受け入れたばかりか、両国の保有実績が二〇〇四年には逆転する（ギリシャ五四三機、トルコ三五八機）という事態が起きている。同様に、火砲についても、CFE条約はギリシャ一九二〇、トルコ三五二三と定めたが、二〇〇四年の保有実績はギリシャ一九〇九、トルコ一五七三となり逆転した。その一方で、戦車と戦闘装甲車両に関しては、CFE条約の上限と二〇〇四年の保有実績のいずれにおいても、トルコの優位が維持されている。

4 安全保障レジームの形成

安全保障の分野で国際レジームを形成するのは容易ではない。しかし、個別の問題領域に絞れば、潜在的・顕在的な敵対国家間においてもある程度の制度化された安全保障協力が実現しており、そこには規範とルールを束ねた安全保障レジームが介在していた。

それでは、どのようにして安全保障レジームは形成されたのであろうか。一般に、国際レジームの需要面に着目する人々は、当該問題領域に対する各国の利害関心が収斂した結果と説明し、レジームの供給面に着目する人々は、形成のコストを負担しルールを遵守させる能力を持つ覇権国の存在を強調してきた。しかし、本節で取り上げた不拡散や軍備管理の安全保障レジームは、自然発生的に生まれ、意識的な調整努力なしに協力が制度化されたものではなかった。また、特定の覇権国や複数の大国によって押し付けられ、その強制力によって裏打ちされたものでもなかった。むしろ、共通のルールを相互に受け入れるまでの厳しい交渉過程の産物であった。

核不拡散レジームや核兵器の軍備管理レジームが、米ソ間の安定した相互抑止を前提とし、通常兵器の軍備管理レジームが、欧州における東西陣営の力の均衡を前提に成立していたことは否定しがたい事実である。また、安全保障レジームの構築をめぐる交渉過程が、既存の国力の分布や力関係を色濃く反映しているのも事実である。それだけに、冷戦後の核不拡散レジームが動揺を見せているように、レジーム形成時の国際構造の変化は、レジームの基本的性格を変化させる可能性が高い。しかし、安全保障レジームが安全という至上の価値を再生産しうる装置であることが証明されれば、安全保障レジームそれ自体が国家間の力関係を制御する力を身につける可能性は否定できない。

5 安全保障共同体

KEYWORDS
不戦共同体
新機能主義
交流主義
制度主義
民主的平和

論点▼▼▼▼▼恒常的な不戦状況はつくり出せるのか、それともそれは絵に描いた餅か

1 安全保障と共同体の結合

戦争のない世界は人類の長年の夢である。国家間の利害対立は決してなくならないにせよ、紛争解決の手段として武力の行使や威嚇がもはや考えられないような状況が構築できれば、それに勝る安全保障はないだろう。一九五七年、カール・ドイッチュは『政治共同体と北大西洋地域（Political Community and North Atlantic Area)』という書物の中で、複数の主権国家が政治的独立を維持しながら平和裡に共存し、戦争の可能性や準備が一切取り除かれた地域を「安全保障共同体（security community)」と呼んだ。

たしかに、一九世紀後半の米国・カナダ間、二〇世紀初期のノルウェー・スウェーデン間の関係、さらには欧州連合（EU）の前身、欧州経済共同体（EEC）の原

加盟六カ国間（フランス、イタリア、西ドイツ、ベネルクス三国）のように、武力紛争の勃発がおよそ想定されない地域が存在してきたのは事実である。しかし、冷戦時代、安全保障共同体という考え方は夢物語として片付けられ、現実的な安全保障政策や研究の対象として取り上げられることはなかった。

そもそも、安全保障と共同体の結合は、相性の悪い組み合わせであった。冷戦期、安全保障の基本は、国家の生存にかかわる中核的価値や究極的目標（領土の保全、国民の生命財産の保護、政府組織の維持など）を脅かす危機的状況を軍事的手段で回避することにあった。他方、共同体とは、共通の価値やアイデンティティ（帰属意識）を共有する互恵互助の社会を意味する。したがって、強制や恐怖の論理が支配する安全保障と、協調と説得の論理で成り立つ共同体は相容れないものと考えられた。

ところが、ドイッチュの提唱から約半世紀が経過した今、安全保障共同体という概念は、協調的安全保障や安全保障レジームなどの安全保障協力の到達点として、再び現実世界の場で盛んに語られるようになった。そこには、大国間だけでなく、非大国間においても戦争の頻度が冷戦期と比べて著しく低下する一方で、安全保障における非軍事的側面の重要性が相対的に高まってきたという事情がある。また、アジア、アフリカ、ラテンアメリカなどにおける地域主義の高まりを背景に、地域レベルでの協力関係が**不戦共同体**［＊21］の形成に貢献するとの期待が膨らんだことも影響している。

たとえば、二〇〇一年冬季号の『ワシントン・クォータリー誌』において、デニス・ブレア米海軍前太平洋司令官は、いまだ冷戦期の国家間対立を抱えたアジア太平洋地域における安全保障共同体の構築を提唱した。二〇〇三年一〇月には、東南アジア諸国連合（ASEAN）首脳会議が、経済共同体、社会・文化共同体と並ぶ「ASEAN安全保障共同体」なる構想を宣言した。また、同年八月の南部アフリカ開発共同体（SADC）首脳会議で締結された相互防衛協定も、その実現性は別にしても安全保障共同体への意思を確認したものとみなされている。

安全保障共同体の構築が望ましい目標であることに異を唱える者はいない。しかし、その可能性と実現方法に関しては大いに議論の余地が残されている。悲観論によれば、主権を有する諸国家が並存する無政府状況下において、戦争が発生する蓋然性は常にある。仮に戦争が一定期間にわたって起きていないとしても、それは勢力均衡や覇権による一時的な現象にすぎず、共同体の形成を通じて実現されたわけではないとされる。他方、楽観論によれば、主権国家システムの下でも、共通のアイデンティティや規範を共有する一群の国家が地域社会を構成することは可能であり、その結果として不戦共同体が構築されることがあるとされる。国家間戦争の発生可能性や軍事力の相対的重要性が低下した冷戦後世界において、論争の焦点は、単なる不戦状況の創出が可能かどうかではなく、共同体の構築を通じた恒常的な不戦状況、いわば戦争の非制度化をいかに達成できるのかにある。

2 安全保障共同体はいかにして形成されるのか

安全保障共同体をめぐる初期の議論は、戦争の発生が主権国家システムの構造と力学に根ざしていることから、国家主権の克服がその処方箋として強く意識された。その当然の結果として、安全保障共同体は、諸国家が政治的独立を相互に解消し、新しい政治共同体へ平和的に統合される過程で形成されるものと理解された。

こうした文脈から生まれたアプローチに**新機能主義**[*22]がある。新機能主義に基づけば、政治的対立が比較的起こりにくい経済、社会、技術などの実務分野で、国際組織を通じた国家間協力が積み重ねられていくと、政治や軍事といった高い次元の協力へと波及する。そして、政策決定者や政治エリートの忠誠心や期待感が、経験的学習を通じて当該国家から国際組織へと移行し、やがて既成の主権国家を統合した新たな政治共同体が形成されると想定した。

しかし、新機能主義が仮定したような協力の波及は、国家・国民の政治的意思を無視して自動的に成立するようなものではない。国際郵便協定や国際河川の共同管理のように、誰もが便益を得られるような（ポジティブ・サム）問題で協力が可能になったからといって、国境問題のように一方が得をした分だけ他方が損をするようなゼロ・サム問題で協力できる保証はない。また、貿易や投資でどんなに相互協力が深化したとしても、それによって防衛力の整備がまったく不要になるわけでもない。仮に、各国のエリート・レベルで相互学習や一体化が進んだとしても、大衆レベルのナショナルな感情を変容させるのは容易ではない。

欧州統合の動きが、石炭・鉄鋼、原子力、そして共同市場の経済機能分野から始まったのは事実である。しかし、欧州石炭・鉄鋼共同体から欧州防衛共同体（EDC）、そして欧州政治共同体（EPC）への移行は、一九五四年、西ドイツの再軍備をめぐるフランスの懸念や東西対立の一時的な緊張緩和などによって挫折の憂き目に遭っている。また、冷戦後に目を転じても、さまざまな分野でEUの共通政策が打ち立てられる一方で、各加盟国の内部では大衆レベルの反対と抵抗が根強いことも、新機能主義が想定した協力の波及が一筋縄では進まないことを物語っている。

そこで、諸国家が主権を移譲することなく政治的結束を深める形での安全保障共同体を模索したのが、ドイッチュに代表される**交流主義**［*23］と呼ばれるアプローチであった。ここで重視されたのは、新機能主義が軽視した国境を越えた国民同士の相互交流や社会的なコミュニケーションであった。言い換えれば、一定の国家社会間で人、物、カネ、情報などの相互交流が増大すると、次第に友敵感情が我々意識へと変容し、やがて不戦共同体を形成するに至ると考えられた。

しかしここでも、コミュニケーションや取引の量的な変化が、安全保障認識の質的な変化を自動的に引き起こす保証はない。交流の増大は、信頼や協調の機会を提供する一方で、摩擦や紛争の契機にもなる。実際、第一次大戦直前の欧州において、ドイツ、ロシア、イギリス、オーストリア、フランスの間では高度な経済交流が実現していたが、敵対国として交戦したのはまさにこうした貿易相手国同士であった。他方、第二次大戦後、経済的な相互依存関係が深化した先進諸国間では、激しい経済摩擦に直面しながら一度も戦争が起きていないのも事実である。交流なくして共同体の形成はありえないとしても、交流が生み出す紛争の契機を最小限に抑え、信頼と協調の機会を最大限に引き出す装置は何かが問われることになった。

欧州統合の動きを背景に一九五〇年代から六〇年代に登場した新機能主義や交流主義が、荒削りな理論仮説と現実世界との乖離によってその説明力を急速に失うなか、安全保障共同体の構築に果たす制度の役割に関心が注がれるようになった。制度とは、諸国家の行動を規律する規範とルール、そしてそれらの履行を促す国際機構から構成されている。**制度主義**［＊24］の想定は次のようなものである。

第一に、制度は、情報の交換や合意の誠実な履行を監視することによって、持続的な国際協力を促進する。第二に、制度は、短期的利益を長期的な優位に変える可能性や力の不均衡がもたらす利害を減少させる。第三に、制度を構成する規範やルールを通じて、紛争の平和的処理に正当性が付与される。第四に、制度を通じて、構成諸国間に我々意識が芽生えるようになり、そこで醸成された共通のアイデンティティが共同体を形成させることになる。

こうした見方は、米国・カナダやノルウェー・スウェーデンのような自然発生的な安全保障共同体や、先進諸国間だけに安全保障共同体の可能性を限定するのではなく、地域機構を基盤とする第三世界における安全保障共同体の形成に道を開く議論といえる。しかし、このように制度が国家関係を律するパワーとなり、戦争を排除した秩序を形成しうるとする見解には依然として根強い懐疑論が存在する。そこでは、制度を作るのはパワーであって、制度が存在しても戦争の可能性が完全に排除されることはないとされる。

A3 ASEANの理想と現実

安全保障共同体の可能性を信じる者にとっても、また その可能性を疑う者にとっても、ASEANは格好の素材である。一九六七年に発足したASEANは、第三世界で成功した数少ない地域協力機構として冷戦期を生き抜いた。九〇年代に入ると、貿易自由化に向けた経済協力の強化と、政治・安全保障協力の推進に着手すると共に、インドシナ三国とミャンマーを加えて東南アジア全域に拡大した。その一方で、九七年のアジア通貨危機を契機に、ASEANの求心力は著しく低下し、ASEANを支えてきた原則や存在意義が動揺し始めた。特にインドネシアの指導力の低下は、通貨危機への国際通貨基金（IMF）の介入や東チモール問題へのオーストラリアの介入を招いたばかりか、アルカーイダのような国際テロ組織の浸透や域内のイスラム過激派の活動を放置し、ASEANとしての危機管理能力の低下を印象づける結果になった。

しかし、ASEANに対する通貨危機前の楽観論から危機後の悲観論への変化は、二〇〇三年の「ASEAN安全保障共同体」構想によって、再び楽観論へと転じる兆しを見せている。楽観論者は、ASEAN加盟国間で過去四〇年間にわたって一度も戦争が起きていないという事実と、紛争の平和的解決を支える共同体意識の芽生えという二つの理由によって、ASEANを初期の安全保障共同体と位置づけている。

楽観論の根拠は、第一に、ASEAN原加盟五カ国（インドネシア、マレーシア、フィリピン、シンガポール、タイ）が共有してきたASEAN方式と呼ばれる外交規範の存在である。ASEAN方式は、一九七六年の東南アジア友好協力条約に規定された明示的な行動規範（❶主権と領土保全の尊重、❷内政不干渉、❸紛争の平和的解決、❹武力の威嚇と行使の放棄）と、これらの行動規範に地域独自の意味づけと運用を行うための手続き規範（❶協議とコンセンサス、❷非公式主義、❸制度化の忌避）から構成される。そして、ASEAN全体の共通目標として行動規範は繰り返し確認され、意思決定にいたる手続き的規範も遵守されてきたと評価する。

第二に、ASEAN方式は、地域統合を阻害する要因になっていたが、他方でASEAN連帯の源泉であった。たしかに主権尊重や内政不干渉という行動規範は、超国家機構への主権の委譲や全体利益への国益の犠牲を否定する方向に作用した。また、制度化に慎重な手続き規範が、ASEANが発足当初に掲げた経済・社会分野の持続的な域内協力の足枷になってきた。しかし、ASEAN方式という独自の外交規範の共有と社会化を通じて、ASEAN加盟諸国間の間に集合的アイデンティティが形成され、その結果醸成された共同体意識が、ASEANの結束と連帯を促し、成熟した安全保障共同体を発展させるはずであると論じるのであった。

しかし、ASEANがたどってきた現実は、こうした安全保障共同体論者の説明とは幾分異なっていた。第一に、ASEAN諸国の個別行動を見る限り、ASEAN方式は必ずしも遵守されてきたとはいいがたい。たとえば、一九九七年のカンボジア政変を受けて、ASEANは内政問題を理由にカンボジアの新規加盟を延期した。また、欧米諸国から人権侵害の批判を受け続けているミャンマーの軍事政権に対して、タイとフィリピンは柔軟関与政策を主張したが、マレーシア、インドネシアおよび新規加盟のインドシナ三国は内政不干渉原則に固執しつづけた。こうした規範的枠組からの逸脱行動や加盟国諸国間の対立は、ASEAN方式が実体の伴わない単なるレトリックや建前にすぎないのではないのかという疑念を抱かせる。

第三に、ASEANの結束と協調は、ASEAN方式が域外から挑戦を受けたときにしか実現されていない。実際、ASEAN方式は、域内協力ではなく域外協力の面でのみ効果を発揮してきた。しかも、ASEANというアイデンティティを加盟国が等しく共有してきたわけではなく、他のアイデンティティと比べて優先的地位が与えられたわけでもない。特に安全保障に関しては、長年非ASEANベースの二国間協力に限定され、ASEANという枠組みよりも域外大国との同盟や軍事協力のほうが重視されてきた。また、アジア通貨危機後に一時的に鈍化したものの、経済発展を背景に各加盟国の軍備増強は続いている。仮にASEANが地域的アイデンティティの基礎を提供してきたとしても、ASEANの結束や加盟国間の武力の不行使が、共同体意識や我々意識の結果であったことを実証するのは困難である。

ASEANの事例は、北米や西欧という先進諸国を事例に組み立てられた安全保障共同体の論理が、制度を介して第三世界でも通用するのではないかとの期待を抱かせた。しかし、残念ながら、現実はいまだ楽観論を力強く支持するには至っていない。制度は、国家社会間の交流を促し、共通の利益や政策枠組を作り出す重要な装置であるとしても、安定した不戦共同体の基礎となる我々意識の形成に直結するわけではない。制度という装置だけで安全保障共同体を構築できないとすれば、そこには一体何が不足しているのだろうか。

4 成熟した民主国家間の平和

一般に、共同体の土台には、主要な価値の共有がある。原初的な村落であれ近代的な国家であれ、すべての共同体は、村民なり国民が共通の価値によって結びついた想像の産物である。共同体を構成するすべてのメンバーが、共同体の中で発生する紛争の解決に際して、物理的な力の行使に訴えるべきではないとの規範を共有し、それを厳格に遵守するためには、どのような価値を共有している必要があるだろうか。一九八〇年代以降、国際社会に目を向けて、そうした素朴な問いかけに最も有力な答えを提供してきたのが、**民主的平和**〔＊25〕論と呼ばれる考え方である。

民主的平和論の思想的源流は、国際平和を保証する鍵が民主的な政治体制にあることを説いたカントの『永久平和のために』にある。とはいえ、民主国家が非民主国家よりも平和志向的であるかどうかは疑問である。事実、

図表5-5◆民主主義と軍事紛争の関係［1946～1986年］

軍事紛争のレベル	民主国家同士［%］	民主国家と非民主国家［%］	総計［%］
武力行使の威嚇	2［5%］	39［95%］	41［100%］
武力の誇示	4［3%］	116［97%］	130［100%］
武力の使用	8［2%］	513［98%］	512［100%］
戦争	0［0%］	32［100%］	32［100%］
総計	14［2%］	700［98%］	714［100%］
軍事紛争の発生確率	1/277	1/36	1/40

注：軍事紛争の発生確率は、全レベルの軍事紛争の総計を、意味のある2国家群の数で割ったもので、
民主国家同士の二国家群は3,878、少なくとも一方が民主国家の2国家群は25,203、総計29,091で算出している。
出典：ブルース・ラセット［鴨武彦訳］『パクス・デモクラティア——冷戦後世界への原理』［東京大学出版会、1996年］
34頁、表1-2より筆者作成。

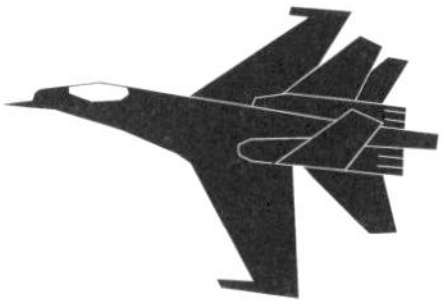

過去二世紀を遡ってみても、戦争に参加した頻度において、民主国家と非民主国家の間には際立った違いは存在しない。しかし、民主国家同士の戦争がきわめて稀であったことは歴史的事実である［**図表5-5**］。ここに、民主的な価値観の共有こそが、安全保障共同体の形成にとって最も重要であるという仮説が引き出されることとなる。

なぜならば、国内において妥協によって政治紛争の解決や平和的な権力移行を可能にする文化や規範が存在すれば、それは他の国家が同様の規範を共有する限りにおいて、つまり相手が民主国家である限りにおいて、対外関係にも同様の規範を適用させると考えられるからである。したがって、民主国家は常に平和志向とはいえないが、民主国家どうしは戦争をしないということになる。裏を返せば、民主的平和論が成立するには、単に複数政党制と自由で公正な選挙という最低限の民主的制度を導入しただけの民主国家では不十分であり、民主的価値を規範として身につけるほど、民主的制度を定着させた民

主国家でなくてはならないことを意味する。

これはNATOという民主国家どうしの集団防衛機構において、民主主義の定着が不十分なトルコとギリシャでは武力紛争の可能性が完全に取り除かれておらず、安全保障共同体の一員とはみなすことができない事情をうまく説明している。また、安定した民主国家や非民主国家と比べると、むしろ民主化の過程にある国家の方が対外紛争を引き起こす可能性が高いという統計データとも符合する。他方で、第二次世界大戦を戦い、文化的、社会的にも異質な日米両国が、紛争解決の手段としてもはや武力に訴える可能性がほとんど考えられない安全保障共同体を構築しているとすれば、それは戦後日本の民主主義が成熟したことに大きく依存していることになろう。

しかし、民主的平和論は、「民主国家どうしが戦争をすることが決してない」とか、「民主国家どうしが武力を用いることは決してない」と主張しているわけではない。また、民主的平和論は、相手が成熟した民主国家であるという認識と、そうであれば相手も平和的行動をとるに違いないという期待によって支えられていることを忘れてはならない。不確実性の高い国際環境において、こうした認識と期待を高めるためにも国際制度の役割は大きい。つまり、安定した不戦共同体の構築には、民主的価値の共有とそれを支える国際制度の両輪が備わっていなくてはならない。

第5章

日本の視点
日米同盟を機軸とする複合的アプローチ

安全保障の基本は、国家の能力に応じて、自助と他国との安全保障協力とを適切に組み合わせることにある。そして、国家が直面する脅威の程度や性質、国家を取り巻く国際環境によって、武力紛争の抑止・対処を目的とする対抗的な安全保障協力（同盟、集団安全保障）と武力紛争の予防を目的とする協調的な安全保障協力への比重の置き方が決まる。

第二次大戦以降、日本が保持しうる軍事力は、戦争放棄および戦力不保持と交戦権の否認を規定する憲法第九条によって、自衛のための必要最小限度に抑えられてきた。専守防衛を国防の基本とする日本は、こうして軍事力に基づく自助努力に自ら厳しい制約を課す一方で、東西対立という厳しい安全保障環境を生き抜くため、自助努力の限界を対抗的な安全保障協力で補完せざるをえなかった。国連の集団安全保障体制が冷戦状況下で機能不全に陥るなか、日本にとって唯一の現実的な選択は米国との同盟であった。以来、日本の防衛的拒否力を「楯」に、米国の攻撃的抑止力を「矛」とする日米安保体制が、日本の安全保障政策の基調となった。

しかし、冷戦の終結と湾岸危機（一九九〇年八月）は、自国の防衛だけを考え、国際安全保障への関与を忌避してきた日本の一国平和主義に見直しを迫った。同時に、九〇年代前半、日本を取り巻く北東アジアの安全保障環境は、北朝鮮の核開発疑惑、台湾海峡危機、そして中国の軍事的台頭といった新たな問題を突きつけた。国際安全保障への建設的な関与と地域的安全保障の確保という要請に、日本は、❶日米同盟の強化、❷協調的安全保障への取り組み、❸軍縮・不拡散の分野における安全保障レジームの形成という政策で対応した。❶〜❸は、日本の安全保障を相互に補完する形で独立して並存するのではなかった。日米同盟が対抗的な安全保障協力という範囲を超えた機能を担うために、さまざまな協調的な安全保障協力との有機的な結合が必要になった。

第一に、日米両国は、一九九六年の「日米安全保障共同宣言」において、冷戦後の日米同盟の意義と役割を再定義し、日米防衛協力の範囲を地理的、機能的に拡大させた。その結果、日米同盟は、日本の平和と安全にとって不可欠であるのみならず、アジア太平洋地域における米軍のプレゼンスを確保する装置として、地域および世界の平和と安定にとっても不可欠なものと位置づけられた。そして、日米同盟をより効果的かつ信頼性あるものとするため、日米両国が、国連平和維持活動（PKO）や人道的な国際支援活動、軍備管理・軍縮などについて幅広い協力を行うことを約束した。二〇〇五年二月と一〇月の日米安全保障協議委員会（2プラス2）では、地域および世界における日米共通の戦略目標が確認され、新たな脅威や多様な事態に対して自衛隊と米軍が一体となって抑止力を強化するための役割分担と基地再編が合意された。

こうして、特定の脅威を想定した二国間同盟から不特定の脅威にも対処する普遍的同盟へと変容した日米同盟は、一方で国連の集団安全保障機能を一部代替し、他方で協調的安全保障を補完する実力装置として、集団防衛の枠を超えた公共財となることを目指すことになった。

第二に、日米同盟を公共財として地域的安全保障の枠組みに組み込むのが、協調的安全保障協力であった。日米同盟とそれを支える日本の軍事的役割の拡大が、不安ではなく信頼を得るためには、日本が国連によるPKOで実績を上げる一方で、地域諸国との対話と交流に積極的に取り組む必要があった。

日本は、集団的自衛権の行使に当たる米軍と一体化した軍事協力だけでなく、国連軍への参加も禁じてきた。しかし、九二年九月のカンボジア国連暫定統治機構（UNTAC）への参加を皮切りに、モザンビーク（九三年五月)、ルワンダ(九四年九月)、ゴラン高原(九六年二月)、東チモール(九九年一一月)、アフガニスタン(二〇〇一年一〇月)での後方支援に限定した国連平和維持活動(PKO)に自衛隊を派遣した。二〇〇一年一二月には、PKO本隊業務への参加凍結も解除された。同時に日本は、二国間の枠組みとして、ロシア(九二年〜)、中国(九三年〜)、韓国(九四年〜)、インド(〇一年〜)などの諸国との間で、安全保障に関する対話や防衛交流を行い、相互の信頼関係を高める一方で、多国間の枠組みとして、一九九四年からはアジア太平洋地域全域の政治・安全保障対話の枠組みであるASEAN地域フォーラム(ARF)やさまざまな多国間共同訓練に参加してきた。

こうした国連を通じた国際平和協力活動は、自衛隊の海外派遣に慎重だった国内世論を変化させ、軍事大国化を懸念していた近隣諸国からも一定の評価を得た。米国の有志連合の一角として自衛隊をイラクに派遣するような事態は、こうした協調的な安全保障協力を段階的に積み重ねることなしには実現しなかったであろう。

第三に、個別の分野で日本が重視したのは、軍縮・不拡散レジームの強化である。特に、唯一の被爆国であり非核三原則(核兵器を持たず、作らず、持ち込ませず)を堅持する日本にとって、核とミサイルの軍縮・不拡散は、日本の安全保障に直結する課題でもある。日本は、包括的核実験禁止条約(CTBT)の発効促進、国際原子力機構(IAEA)保証措置の強化、ミサイルの輸出管理といった普遍的ルールの強化に取り組む一方で、「アジア不拡散協議」(二〇〇三年一一月および二〇〇五年二月)を主催するなどして国際ルールの履行を近隣諸国に促してきた。

国連の集団安全保障が本来の機能を果たせるようになるまで、日米同盟、協調的安全保障、安全保障レジームの三者は相互補完的に日本と地域の安全保障を支えていくことになるだろう。将来、その先に地域レベルの安全保障共同体が構築されるかどうかはいまだわからない。少なくとも、自由、民主主義、法の支配、人権、市場経済といった基本的な価値や規範を共有する米国や西欧諸国、ならびにオーストラリア、ニュージーランドといった国々との間では、利害対立を戦争で解決することはおよそ考えられない状況が出現している。しかし、多様性に富んだ東アジア諸国間では、制度的枠組みの形成は遅れており、我々意識の醸成にはまだまだ時間がかかりそうである。九〇年代末よりASEANを中心に動き出した東アジア共同体構想に対して、日本は、貿易と投資、IT、金融、国境を越える問題（テロ、不正薬物取引、海賊、人身取引、不拡散など）、開発支援、エネルギー、環境保全、食糧などの分野での機能的協力を積み上げていくアプローチを重視している。今後、共同体の範囲をめぐり、ASEAN＋3（日本、中国、韓国）に限定したい中国と、東アジア首脳会議の枠組みを軸に、より開かれた共同体を目指す日本との間で外交的駆け引きが予想される。

KEYWORDS解説

1 勢力均衡と同盟

［＊1］
勢力均衡

一般に、❶力の均等な状態、❷ある国もしくは同盟に圧倒的な力を持たせない政策、❸圧倒的な大国の出現を阻止するために中規模国家が随時合従連衡するシステムを指す。ただし、均衡（バランス）とは単に比べるという意味であって、常に均等を意味するわけではない。

［＊2］
見捨てられ・巻き込まれ

見捨てられる不安とは、同盟関係にある一方の国家が、必要な時に同盟相手国から支援を得られない可能性に対する懸念を抱くこと。他方、巻き込まれる不安とは、同盟関係にある一方の国家が、同盟相手国が関わる紛争に、不本意ながら引きずり込まれる懸念を抱くこと。

［＊3］
集団防衛

特定の敵や脅威に対する共同防衛を目的に創設された二国間または多国間の同盟体制。北大西洋条約機構やワルシャワ条約機構など、国連憲章第五一条に規定される集団的自衛権に基づいて形成される伝統的な安全保障方式。

［＊4］
集団安全保障

相互不可侵を誓った複数の国家間で、その誓いに反する行動をとる国が現れた場合、それを全体に対する戦争もしくは脅威とみなし、一致協力して経済制裁や軍事制裁などの強制措置を集団的に課すこと。第一次大戦後、勢力均衡に代わる新しい安全保障方式として導入された。

［＊5］
バンドワゴン

「勝ち馬に乗る」という意味で、力の強い側と同盟を組むことでその力の恩恵にあずかることを期待する同盟、あるいは脅威の側と同盟を組んで安全を確保してもらうことを期待する同盟の形態。いずれも強国や脅威に対抗するバランスとは反対の同盟形成の方法。

2 国連と集団安全保障

［＊6］
多国籍軍

国連安保理の決議や勧告を受けて、複数の国家で編成する軍隊のこと。一九九一年の湾岸戦争では、米国の主導で中東諸国を含む約三〇カ国が参加。アフガニスタン（二〇〇一年）やイラク（二〇〇三年）での対テロ戦争のように国連の授権がない場合を「有志連合」と呼ぶ。

[＊7]
国連軍

国連憲章で規定された国連軍は、侵略行為への軍事的制裁を基本任務とし、加盟国が安保理との特別協定に基づき提供した兵力で構成され、安保理の下の軍事参謀委員会が戦略的責任をとることになっていた。

[＊8]
国連平和維持活動

国連総会や安全保障理事会の決議によって設置される部隊によって、停戦成立後の平和を維持し、交渉による紛争解決の条件作りを目的とする活動。国連憲章上の根拠は曖昧であるが、紛争の平和的解決を定めた第六章と強制的措置を定めた第七章の中間に位置づけられる。

[＊9]
フリーライダー

費用負担を回避しながら、便益だけを手に入れる存在をフリーライダー（ただ乗り）という。集団安全保障が提供する安全は、ある国が消費したからといって減少するわけではなく（共同消費性）、また一国の消費が他国の消費を妨げない（非排他性）ため、フリーライダーを発生させる。

[＊10]
欧州協調

一九世紀の欧州において、英国、ロシア、プロシア、オーストリア（のちにフランスが参加）の四大国が、抑制と均衡を基礎に、定期的な国際会議を開いて重要問題を協議する方式が定着した。別名ウィーン体制とも呼ばれ、大国間の協調による平和の代名詞となった。

3 協調的安全保障

[＊11]
紛争予防

対立の根本原因を除去し、対立が紛争に発展するのを防止すると同時に、紛争が発生した場合にはその拡大を抑制すること。紛争の発生予防と抑制には「予防外交」や「予防展開」、紛争後の再発防止には「平和構築」という方法が考えられている。

[＊12]
欧州安全保障協力機構

欧州安全保障協力会議（CSCE）を母体として、冷戦終結後の一九九五年に現在の名称に変更。欧州における民主主義体制の構築と強化、武力行使の抑止、基本的人権の保障などにおける加盟各国の協力・推進を目的とした国際機関。加盟国は欧州各国を中心に五六カ国。

[＊13]
共通の安全保障

東西両陣営が対峙する冷戦期の欧州で、誤認や事故に基づく偶発的な軍事衝突を回避する方策として生まれた概念。戦争回避という共通目的のために敵同士が協力し、先制攻撃の恐れがないことを確認しあう枠組み。

[＊14]
アセアン地域フォーラム

一九九四年、政治・安全保障問題に関する対話と協力を通じ、アジア太平洋地域の安全保障環境の向上を目的として発足。現在、ASEAN（東南アジア諸国連合）一〇カ国をはじめ、計二六カ国およびEUの外交当局と国防・軍事当局の代表が参加する。

〔＊15〕
信頼醸成措置

敵対関係にある国家間の対立が武力紛争に発展しないよう、軍事情報の公開や透明化を図り、行動の予測可能性を高めるなど、軍事上の不信感を取り除くための措置。国防白書の公表、部隊移動の事前通告、軍事演習へのオブザーバー参加、ホットラインの敷設などを含む。

4 国際法と国際レジーム

〔＊16〕
約束遵守問題

協力をすればお互いに利得を増大できることがわかっていても、相手が約束を守る保証がないため、裏切られた場合の損失を考えて協力が実現できなくなること。相手の意図や行動に対する不信感や不確実性が原因で起きる問題。

〔＊17〕
相対利得問題

協力することで現在の利得よりも大きな利得（絶対利得）を獲得できることがわかっていても、新たに獲得する自分の利得と相手が獲得する利得の差（相対利得）がもたらす喪失感、またそれが力の格差に反映する懸念によって、結果的に協力が妨げられること。

〔＊18〕
軍備管理交渉

偶発戦争や核戦争を防止するため、兵器の開発・生産・配備・使用を規制する措置を調整すること。究極的な軍備撤廃をめざす軍縮とは異なる。軍備管理の成果には核不拡散条約や戦略兵器制限条約、軍縮の成果には中距離核戦力条約や戦略兵器削減条約などがある。

〔＊19〕
リンケージ

単独で処理しようとすると妥協が難しい問題を、別の問題と絡ませて同時に処理することで、交渉の妥結を容易にする方法をリンケージという。反対に、一括して処理するのが難しい複雑な問題群を、別々の問題として切り離して処理する方法をデカップリングという。

〔＊20〕
検証制度

約束の誠実な履行または不履行を確認すると同時に、確認行為によって約束違反を未然に防止する具体的な方法をあらかじめルール化しておくこと。具体的には、情報の収集と検討、データの申告と交換、関連施設等への査察と監視などがある。

5 安全保障共同体

〔＊21〕
不戦共同体

国家間で、戦争の準備や戦争の可能性がまったく考えられない状況。この不戦共同体の思想は、一九五一年の欧州石炭・鉄鋼共同体（ECSC）を実現し、その後、欧州連合（EU）の前身となる欧州共同体（EC）の発展過程に引き継がれた。

[＊22]
新機能主義

国益の対立が比較的少ない経済・社会・福祉分野で始まった協力が、政治・安全保障分野での協力へと波及し、政府・民間レベルを問わず、さまざまな利害対立が平和的に処理され、最終的に共通利益を増大せしめる政治共同体が創設されるという考え方。

[＊23]
交流主義

国家間で人、モノ、カネ、情報などの相互交流が進むと、〝われわれ意識〟が共有されるようになる。その結果、両国間に紛争が発生しても、その解決手段として武力の行使が抑制されるという考え方。つまり、コミュニケーションの量的変化が認識の質的変化を引き起こすというもの。

[＊24]
制度主義

一定の規範や手続きを備えた国際制度は、国家間協力を促進する自律した機能を持つという考え方。目前の損得勘定や力関係に基づく協力は短期的な効果しか持ちえないが、国際制度にはより持続的な効果が期待される。

[＊25]
民主的平和

民主主義的な政治体制をとる国家は、戦争の当事者になることはあっても、互いに戦争をすることはないという仮説。古くはカントの『永久平和のために』、近年ではドイルやラセットらによって議論され、米国大統領の演説の中にもしばしば登場する考え方。

参考文献

第1章

何を守るのか――拡大する安全保障の概念

赤根谷達雄・落合浩太郎［編著］『増補改訂版「新しい安全保障」論の視座』［亜紀書房、二〇〇七年］
衛藤瀋吉・山本吉宣『総合安保と未来の選択』［講談社、一九九一年］
加藤秀治郎・渡邊啓貴［共編］『国際政治の基礎知識［増補版］』［芦書房、二〇〇二年］
ジョセフ・S・ナイ［田中明彦、村田晃嗣訳］『国際紛争――理論と歴史［原書第5版］』［有斐閣、二〇〇五年］
人間の安全保障委員会『安全保障の今日的課題』［朝日新聞社、二〇〇三年］
サミュエル・ハンチントン［鈴木主税訳］『文明の衝突』［集英社、一九九八年］
レスター・ブラウン［福岡克也監訳］『フード・セキュリティー――誰が世界を養うのか』［ワールドウォッチジャパン、二〇〇五年］
モード・バーロウ、トニー・クラーク［鈴木主税訳］『「水」戦争の世紀』［集英社新書、二〇〇三年］
山影進『対立と共存の国際理論――国民国家体系のゆくえ』［東京大学出版会、一九九四年］
山本吉宣・河野勝［共編］『アクセス安全保障論』［日本経済評論社、二〇〇五年］

第2章

安全を脅かすものは何か――伝統的脅威

マイケル・イグナティエフ［中山俊宏訳］『軽い帝国――ボスニア、コソボ、アフガニスタンにおける国家建設』［風行社、二〇〇三年］
江畑謙介『世界の紛争、日本の防衛』［PHP研究所、一九九九年］
江畑謙介『二〇一五 世界の紛争予測』［時事通信社、二〇〇一年］
小此木政夫［編］『金正日時代の北朝鮮』［日本国際問題研究所、一九九九年］
ポール・ケネディ『大国の興亡』［草思社、一九八八年］
中西寛『国際政治とは何か』［中公新書、二〇〇三年］
防衛研究所安全保障研究会［編］『これからの安全保障環境』［亜紀書房、一九九九年］
松村昌廣『動揺する米国覇権』［現代図書、二〇〇五年］
宮田律『イスラム世界と欧米の衝突』［NHKブックス、日本放送出版協会、一九九八年］
山本吉宣［編］『アジア太平洋の安全保障とアメリカ』［彩流社、二〇〇五年］

第3章

安全を脅かすものは何か――非伝統的脅威

テロ対策を考える会［編著］宮坂直史［責任編集］『「テロ対策」入門――遍在する危機への対処法』［亜紀書房、二〇〇六年］
宮坂直史『日本はテロを防げるか』［ちくま新書、二〇〇四年］
黒澤満［編著］『新版 軍縮問題入門』［東信堂、二〇〇五年］

マイロン・ウェイナー［内藤嘉昭訳］『移民と難民の国際政治学』［明石書店、一九九九年］
土井全二郎『現代の海賊――ビジネス化する無法社会』［成山堂書店、交通ブックス２１４、二〇〇四年］
鈴木陽子『麻薬取締官』［集英社新書、二〇〇〇年］
マルク・ルブラン［北浦春香訳］『インターポール――国際刑事警察機構の歴史と活動』［白水社、文庫クセジュ、二〇〇五年］
伊勢崎賢治『武装解除　紛争屋がみた世界』［講談社現代新書、二〇〇四年］
大芝亮・藤原帰一・山田哲也［編］『平和政策』［有斐閣、二〇〇六年］
松本仁一『カラシニコフ』『カラシニコフⅡ』［ともに朝日新聞社、二〇〇四年、二〇〇六年］

第4章 何で安全を担保するのか――手段

石津朋之［編］『戦争の本質と軍事力の諸相』［彩流社、二〇〇四年］
藤原帰一『テロ後――世界はどう変わったか』［岩波新書、二〇〇二年］
田中明彦『「新しい戦争」時代の安全保障――いま日本の外交力が問われている』［都市出版、二〇〇二年］
納家政嗣『国際紛争と予防外交』［有斐閣、二〇〇三年］
ゴードン・A・クレイヴ、アレキサンダー・L・ジョージ［木村修三ほか訳］『軍事力と現代外交――歴史と理論で学ぶ平和の条件』［有斐閣、一九九七年］
村山裕三『経済安全保障を考える――海洋国家日本の選択』［日本放送出版協会、二〇〇三年］
浅田正彦［編］『兵器の拡散防止と輸出管理――制度と実践』［有信堂高文社、二〇〇四年］
江畑謙介『情報と戦争』［ＮＴＴ出版、二〇〇六年］
ジョセフ・S・ナイ［山岡洋一訳］『ソフト・パワー――21世紀国際政治を制する見えざる力』［日本経済新聞社、二〇〇四年］
防衛庁［編］『防衛白書』［二〇〇五年、二〇〇六年］

第5章 どのように安全を担保するのか――方法

船橋洋一［編著］『同盟の比較研究――冷戦後秩序を求めて』［日本評論社、二〇〇一年］
西原正・土山實男［共編］『日米同盟Ｑ＆Ａ１００』［亜紀書房、一九九八年］
土山實男『安全保障の国際政治学』［有斐閣、二〇〇四年］
山田満他［編著］『新しい平和構築論――紛争予防から復興支援まで』［明石書店、二〇〇五年］
村井友秀・真山全［共編］『現代の国際安全保障』［明石書店、二〇〇七年］
吉川元［編］『予防外交』［三嶺書房、二〇〇〇年］
ロバート・コヘイン［石黒馨・小林誠訳］『覇権後の国際政治経済学』［晃洋書房、一九九八年］
ヘドリー・ブル［臼杵英一訳］『国際社会論――アナーキカル・ソサイエティ』［岩波書店、二〇〇〇年］
ブルース・ラセット［鴨武彦訳］『パクス・デモクラティア――冷戦後世界への原理』［東京大学出版会、一九九六年］
渡辺昭夫・土山實男［共編］『グローバル・ガバナンス』［東京大学出版会、二〇〇一年］

あとがき

本書『安全保障のポイントがよくわかる本』は、防衛大学校の有志教官で構成する「安全保障学研究会」が、一九九八年二月に初版刊行した『安全保障学入門』の姉妹編として編まれた。『安全保障学入門』は、安全保障に関する体系的な教科書を目指し、時流に左右されない理論的な考察に比重を置いた。それに対し、本書は、幅広い知識の習得よりも知的な刺激を味わうことにこだわり、安全保障をより身近な問題として考える力を養うための一助となることを目指した。いわば、安全保障環境と政策とを結ぶ複数のアプローチに焦点を当てた。

そこで、本書では最初に論点を提示し、それに答えるという方式を採用した。そして、論点を踏まえたうえで、日本がとってきた立場や政策を各章の末尾に「日本の視点」として紹介した。各論点は、あえて「○か●か」という二項対立の問いかけや、「なぜ〜なのか」という謎解きの形をとった。ただし、それらすべての論点に対して、唯一の正解なるものを導き出したわけではない。白でも黒でもない灰色の答えであったり、答えを導くためのヒントを示唆しただけで終わっているものもある。単純明快な答えを期待した読者にとっては、回りくどく思われた方もいたはずである。しかし、序論でも述べたように、さまざまな見方があることを知ったうえで、自分なりの考えを形作っていくというプロセスを大事にしたいという本書の趣旨をご理解いただければ幸いである。

実のところ、提示した論点に答えるという作業は、企画当初の思惑に反して、執筆陣にとって思いのほか難しいものであった。ひとつには、論点を提示すること自体の難しさもさることながら、執筆者の考えを読者に押しつけるのを極力避けたいと願ったためである。もうひとつには、初めて安全保障に関する書物を手にした読者へのわかりやすさを追求すると同時に、すでに安全保障を専門的に学んでいる読者にも読み応えのあるものにしたいとの欲張った願いのせいである。実際にそうしたもくろみがどこまで実現できたかは、読者の皆様のご判断にゆだねたい。

最後に、本書の刊行にあたっては多くの方々のお世話になった。特に、本書の刊行を強く勧めてくださった亜紀書房の木村隆司編集長、ならびに原稿の細部に目を通し貴重なコメントをいただいた阿部唯史氏には心より御礼申し上げたい。

二〇〇七年七月

防衛大学校安全保障研究会

責任編集

武田康裕

執筆者紹介［掲載順］

武田康裕［たけだ・やすひろ］責任編集
防衛大学校国際関係学科教授。一九五六年生まれ。東京大学大学院総合文化研究科国際関係論専攻博士課程中退［学術博士］
専攻▼国際政治学、比較政治、東アジア安全保障
著書▼『民主化の比較政治――東アジア諸国の体制変動過程』［ミネルヴァ書房、二〇〇一年］
共編著▼『新訂第４版 安全保障学入門』［亜紀書房、二〇〇九年］
担当▼序論・第５章・あとがき

久保田徳仁［くぼた・のりひと］
防衛大学校国際関係学科准教授。一九七五年生まれ。東京大学大学院総合文化研究科国際社会科学専攻博士課程中退
専攻▼国際政治学・国際システム論・意思決定論
論文▼「人間と人間集団の意思決定――失敗の政治心理学」山本吉宣・河野勝［共編］『アクセス安全保障論』［日本経済評論社、二〇〇五年］、「国連平和維持活動への要員提供に対する植民地化の影響」村井友秀・真山全［編著］『安全保障学のフロンティア――二一世紀の国際関係と公共政策』［明石書店、二〇〇七年］
担当▼第１章

西原正［にしはら・まさし］
財団法人平和・安全保障研究所理事長、前防衛大学校長。一九三七年生まれ。米国ミシガン大学大学院政治学科博士課程修了［政治学博士］
専攻▼国際安全保障、東南アジア国際関係
著書▼『戦略研究の視角』［人間の科学社、一九八八年］
編著▼『国連ＰＫＯと日米安保』［亜紀書房、一九九五年］
担当▼第２章

宮坂直史［みやさか・なおふみ］
防衛大学校国際関係学科教授。一九六三年生まれ。早稲田大学大学院政治学研究科後期博士課程中退
専攻▼国際政治学
著書▼『国際テロリズム論』［芦書房、二〇〇二年］、『日本はテロを防げるか』［ちくま新書、二〇〇四年］
編著▼『テロ対策入門』［亜紀書房、二〇〇六年］
担当▼第３章

岩田修一郎［いわた・しゅういちろう］
防衛大学校国際関係学科教授。一九五二年生まれ。米国ハーバード大学大学院修士課程修了［東アジア研究］
専攻▼米国の国防政策、軍備管理
著書▼『核戦略と核軍備管理：日本の非核政策の課題』［日本国際問題研究所、一九九六年］
論文▼「単極構造時代の軍備管理――大量破壊兵器の規制条約と米国の対応」『国際安全保障』二〇〇三年九月
担当▼第４章

安全保障のポイントがよくわかる本

「安全」と「脅威」のメカニズム

二〇〇七年八月一六日 第一版第一刷発行
二〇一一年四月二五日 第一版第三刷発行

編著者▼
防衛大学校安全保障学研究会

責任編集▼
武田康裕

発行所▼
株式会社亜紀書房
〒一〇一・〇〇五一 東京都千代田区神田神保町一・三二
電話▼〇三・五二八〇・〇二六一 FAX▼〇三・五二八〇・〇二六三
振替▼〇〇一〇〇・九・一四四〇三七
http://www.akishobo.com/

印刷・製本▼
株式会社トライ
http://www.try-sky.com/

装幀▼
日下充典

本文イラストレーション▼
小峯聡子

本文デザイン▼
KUSAKA HOUSE［神保由香］

Printed in Japan
ISBN978-4-7505-0705-7